잃어버린 불상을 찾아서

1910-2010년까지,
도난 불교문화재와
숨은 이야기

잃어버린 불상을 찾아서
1910-2010년까지, 도난 불교문화재와 숨은 이야기

2015년 7월 30일 1판 1쇄 발행

지은이 이숙희

펴낸이 김현표
본부장 최진선
편집 최나래
디자인 신정민

펴낸곳 **미진사**
주소 경기도 파주시 광인사길 103
전화 031-955-6266
팩스 031-955-6267
이메일 mijinsa@mijinsa.com
홈페이지 www.mijinsa.com
등록번호 제406-2013-000126호

ISBN 978-89-408-0513-8
값 18,000원

잃어버린 불상을 찾아서

1910-2010년까지,
도난 불교문화재와
숨은 이야기

이숙희 지음

미진사

목차

3. 시도지정문화재 불상의 도난 및 미수 사건

4. 비지정문화재 불상의 도난 및 미수 사건

5. 기사를 통해 알려진 불상 도난 사건과 뒷이야기

책을 내면서

오래전의 일이다. 홍익대학교대학원 미술사학과에 들어온 지 얼마 되지 않아 이구열 선생의 『한국문화재비화』라는 조그만 문고판을 읽게 되었다. 이 책을 읽는 동안 기막힘과 깊은 탄식에 젖었다. 언젠가 이런 책을 꼭 써보리라는 다짐까지 하게 되었다.

그 마음을 아득하게 잊어버리고 있다가 문화재와 관련된 일을 하면서 그 기억이 새삼 떠올랐다. 생각은 꿀떡 같았지만 게으른 탓에 차일피일 미룬지 여러 해가 지나갔다. 그러다 막상 쓰려고 하니 문화재 전부를 다루어야만 문화재 도난의 심각성을 제대로 이해할 수 있을 텐데, 그러기에는 역량이 부족함을 절실히 느꼈다. 그래서 전공 분야인 불상에 국한하여 도난 기록을 찾고, 당시 사건의 전말을 전한 뒤 유물의 중요성을 미술사적인 입장에서 정리하기로 했다. 물론 불화를 포함하여 불교 공예, 석탑 등 불교문화재 전반에 대해 몽땅 적을까 하는 생각도 있었지만 분량이 너무 많아지는 점도 문제였다.

문화재 도굴과 도난, 밀반출, 불법적인 거래는 오래전부터 끊임없이 있어 왔다. 임진왜란 때부터 일제강점기에 이르기까지 수백 년에 걸쳐 무덤을 파헤친 무자비한 도굴꾼에 의해 우리 문화재가 수난을 당하였으며, 광복 이후에는 문화재 절도범이 등장하면서 지속적으로 피해가 늘어났다. 1960년경에는『한국문화재보호법』이 제정되면서 땅이나 바다 속에서 발견된 문화재를 신고했을 경우, 수백에서 수천에 이르는 보상금이 지급되게 되었다. 이에 따라 문화재에 대한 일반인들의 관심이 높아지면서 경상도와 전라도 지역에서 각종 도난 사건이 끊임없이 일어났다. 1970년대에는 좀도둑보다 전문적인 문화재 절도범들에 의해 불상이나 복장물, 불화 등과 같은 불교문화재를 집중적으로 도난당하였다. 특히 이 시기에는 사찰의 불상이나 불화, 탑 등이 자고나면 없어진다고 할 정도로 도난 횟수가 빈번하였다. 1980년부터 1990년대까지는 관리가 다소 소홀한 능묘 앞을 지키는 문인석, 무인석, 석양, 석호 등과 같은 석물들이 절도 대상으로 인기가 높았다. 2000년대 이후에는 큰돈은 되지 않지만 불법 거래를 하기에 적당한 것으로 서원이나 향교, 사당, 종갓집 등에 보관되어 있던 현판, 영정, 족보, 교지, 고문서류 등이 도난당하였다. 문화재를 훔치는 수법 또한 단순한 절도 행위에서부터 전문가의 솜씨, 기상천외한 방법에 이르기까지 매우 다양하였다.

도난된 불상들은 각기 다른 수많은 사연을 간직하고 있다. 그동안 문화재감정위원으로 일하면서 지속적으로 불상이 도난되는 현실을 보았다. 그러면서 잃어버린 불상들을 위해 뭔가 정리하여 기록으로 남겨야 한다는 마음의 짐 같은 것이 생겼다. 그것은 아무도 알아주지 않는, 잊힌 불상들을 기억할 수 있도록 일깨워주는 일이고, 궁극적으로는 문화재 도난 방지에도 미력하나마 도움이 될 것이라는 생각에서 비롯되었다. 이 글은 지난 세월 동안 도난되어 잃어버렸거나 다행히 되찾아온 우리 불상들의 이야기를 쓴 것이다.

전체 내용은 7장으로 이루어져 있다. 제 1-4장은 실제 불상 도난 과정과 수법, 유물의 중요성에 대한 이야기이다. 1910년에서 2010년까지 도난 신고된 불상 중에서 시대 양식을 대표하는 불상이거나 도난 과정이 비교적 알려져 있는 불상을 대상으로 하였다. 제 5장은 도난 후 행방이 묘연하여 불상의 소재지는 알 수 없지만, 신문기사를 통해서 알려진 불상도 도난 수법에 따라 나누어 정리하였다. 이는 국보, 보물로 지정된 불상 뿐 아니라 아직 주목받지는 못했지만 잊어서는 안 되는 이름 없는 불상들까지도 그 가치를 알린다는데 의미가 있다. 제 6장은 도난된 불상들이 어떤 유통 과정을 거쳐 국외로 밀반출되고 불법 거래가 이루어지는지에 대한 이야기이다. 제 7장은 큰 의미에서는 같은 맥락으로 볼 수 있지만, 북한에서 도굴된 문화재 밀반출과 중국에서 가짜로 만들어진 위작에 대한 문제를 다루었다.

1910년에서 2010년까지의 신문기사 중 불상 도난과 관련된 내용을 모으는데 의외로 오랜 시간이 걸렸다. 기사 중에는 글씨가 깨진 경우도 있고 구어체여서 이해하기 어려운 문장도 더러 있었다. 불상을 도난당하는 과정이 자세히 기록되어 있는 경우도 있지만, 대부분 도난 시기나 과정, 범인이 누군지조차 전혀 알지 못하는 경우가 허다하였다.

모든 불상은 그 시대를 상징하는 이미지와 종교적 이상을 갖고 있다. 그 때문에 불상에게서 깊은 종교적 신앙심과 역사적 상상력, 예술적 감동을 동시에 받을 수 있는 것인지도 모른다. 그러나 이를 모르는 사람은 불상을 그저 돈이 되는 커다란 돌덩어리로만 생각할 뿐이다. 천 년이 넘는 세월동안 견디어 온 불상을 훼손하고 훔쳐 가는데 어떤 마음의 죄의식도 느끼지 못하는 것이다.

예부터 불상의 머리나 얼굴, 손 등을 훼손하는 것은 부처님의 신체에 상처를 내는 것이라 여겨 막중한 죄에 해당되었다. 7세기 중엽 중국 당나라 때 편찬된 『법원주림』에 보면, 지옥 가운데 가장 혹독한 곳인 아비규환 지옥에 떨어지는 자는 이승에 살았을 때 가장 큰 다섯 가지 죄인 오역죄를 지은 사람이다. 첫 번째로 아버지를 죽인 죄인, 두 번째로 어머니를 죽인 죄인, 세 번째로 스님을 죽인 죄인, 네 번째로 부처님의 신체에 상처 난 죄인, 다섯 번째로 교단의 화합을 깨뜨리는 죄인을 말한다. 그중 부처님의 신체에 상처를 냈다는 죄목은 부처님을 공양하고 받들기 위한 조형물인 불상을 파괴하는 것과 같은 의미이다. 이렇듯 불상을 훼손만 해도 가혹한 처벌이 따르는데,

훔치거나 복장물을 꺼내는 행위야말로 더한 형벌을 받을 것이라는 데에는 예나 지금이나 크게 차이가 없을 것이다.

한때 사찰의 중심이 되어 많은 신앙을 받았던 불상들이 여기저기 떠돌아다니며 제 역할을 하지 못한 채 버려지고 잊혀진다고 생각하니 마음 한구석이 아려온다. 언젠가 모두 제자리로 돌아올 것이라는 기대를 해 본다.

우리 불상의 수난은 아직 끝나지 않았다. 지금도 어디선가 도난되고 밀반출되어 제자리를 잃어버린 숱한 불상들이 있다. 모든 문화재가 그렇듯 한번 도난되어 국외로 밀반출되면, 제자리로 다시 돌아오는 경우는 극히 드물다. 그렇기 때문에 도난을 방지하기 위한 노력이 무엇보다 필요하다. 그리고 이 모든 일을 행하기에 앞서 문화재를 지키고 길이 보존하겠다는 의식과 의지를 가지는 것이 중요하다. 이는 우리 시대의 중요한 과제이자 살아가는 이유이기도 하다.

잃어버린 불상 이야기

우리나라 문화재라고 하면, 으레 불교문화재를 떠올리게 된다. 그만큼 불교와 관련된 조각, 그림, 공예, 건축이 많이 남아 있기 때문이다. 국가가 지정한 국보나 보물, 지방유형문화재, 문화재 자료도 불교문화재가 대부분을 차지하고 있다. 그럼에도 불구하고 불교문화재는 주로 사찰의 전각이나 주지실, 금고 등에 보관되어 있고 효율적인 관리 체계가 이루어져 있지 않아 종종 도난당하는 일이 생기게 된다. 도난 문화재 중 절반 이상이 불상, 불화 등과 같은 불교문화재이며, 지정되지 않은 비지정문화재이다. 이렇듯 불교문화재 도난 문제는 오랫동안 계속되어 온 우리들의 고질병이다.

사찰의 불교문화재는 대부분 산중에 있거나 인적이 드문 곳에 있기 때문에 거의 무방비 상태에서 도난을 당한다. 사찰 내의 도난 행위는 다양한 방법으로 이루어진다. 대개 사찰이 비어 있는 틈을 타서 불상을 훔치거나 몽둥이로 사람을 위협해서 빼앗아 가는 것이 가장 흔한 수법이다. 불교 신자로 가장하여 법당 안에 숨어있거나 기도하는 척 불공을 드리다가 불상을 훔쳐가기도 한다. 심지어 큰 불상인 경우 머리 위로 그물을 던져 타고 올라가 이

마의 백호를 빼가거나 작은 불상을 절취해 가는 수법도 사용한다. 또 대범하게도 사찰 내 도난 방지 장치의 선을 절단기로 자르거나 법당의 벽을 뚫고 들어가 금고 안에 있는 불상을 훔쳐가는 경우도 종종 있다. 무지한 승려가 불교 신자와 결탁하여 절 안에 있는 불교문화재를 직접 훔치거나 사찰의 주지스님이 불교문화재를 자기 소유인양 집으로 옮겨 놓았다가 수년 후에 시중에 내다팔다가 들통이 나는 일도 적지 않다. 특히 불상 복장물의 경우 도난 여부를 확인하는 것조차 어려운 실정이다. 불경스럽다는 이유로 불상의 몸에 손을 대지 않는 경우가 많기 때문이다. 이러한 점을 이용하여 문화재 전문 절도범들이 법당에서 예불이 진행되는 동안 불상의 등이나 밑바닥 부분을 열고 경전, 고문서 등을 닥치는 대로 훔쳐가기도 했다. 5m가 넘는 큰 불상의 경우 2-3일 동안 먹을 식량을 가지고 들어가 불상 안에서 기거하면서 사다리를 이용하여 복장물을 모조리 훔치는 기상천외한 수법도 있다.[1]

국립박물관이나 개인박물관에 소장되어 있는 문화재도 예외는 아니다. 국립박물관 소장의 국보급 문화재를 도난당한 경우는 여러 차례 있었다. 1927년 국립경주박물관 소장의 금관총에서 발견된 순금제 유물 중 부피가 큰 금관을 제외한 허리띠, 귀고리, 팔찌, 반지 등을 모조리 도난당한 일이 있었다. 이 사건이 최초의 문화재 도난 사건이었다. 유물은 모두 회수되었으나 범인은 끝내 잡히지 않았다. 1945년에는 서울박물관에 전시 중인, 금령총과 서봉총에서 발견된 금관들을 몽땅 도난당한 사건도 있었다. 다행히 진품이 아니라 만일의 경우를 생각해서 만들어 놓은 복제품이었다. 또 1950년 대구박물관에서는 전시 중이던 순금귀고리 5개를 도난당하기도 했다. 결국 유물도 범인도 모두 찾지 못하였다.

금관총에서 발견된 금관은 1956년에 경주박물관에서 또 한 번 도난당하는 수난을 겪었는데, 범인이 유물실에 숨어 있다가 금관을 훔쳐 달아난 것이었다. 국보가 두 번 도난당하는 충격적인 사건이었으나 다행히 복제품이었다. 얼마 후 범인은 잡혔지만 서천에 묻었다고 하는 가짜 금관은 비에 쓸려내려 갔는지 찾지 못하였다.

그중에서 가장 엽기적인 문화재 도난 사건은 1967년 덕수궁미술관에서 일어난 연가7년명 금동불입상 도난 사건과 2003년 국립공주박물관에서 일어난 금동보살입상 도난 사건이다.[2] 이 국보급의 두 불상은 모두 되찾아 제자리에 진열되어 있지만 연가7년명 금동불입상은 범인이나 범행 목적, 동기 등이 끝내 밝혀지지 않았다. 또한 전라남도 증심사 5층석탑에서 발견된 국보 제 211호 금동석가불입상과 국보 제 212호 금동보살입상은 1950년 6·25 한국 전쟁 중에 행방불명 되었는데, 아직까지 찾지 못한 채 수수께끼로 남아 있다.[3]

지정문화재는 아니지만 2004년 12월 27일 국립경주박물관 경내에서 전시 중이던 석인상이 감쪽같이 없어지는 사건이 발생하였다.[4] 이 석인상은 되찾지 못했으며, 범인에 대한 아무런 정보나 단서조차 파악하지 못하였다. 그 당시 경주박물관만 해도 야외 전시물이 별다른 보안장치 없이 그대로 방치되어 있었다. 국립박물관이 이런 실정인데, 대학박물관이나 개인박물관, 사찰 성보박물관의 경우 더욱 심각한 상황이었다. 1998년 12월 14일 충청남도 서천군 월남 이상재 선생 유물전시관을 비롯하여 2000년 6월 4일 경상북도 영주 장말손 유물전시관, 2000년 9월 24일 해남 대흥사 유물전시관, 최고의 보안시스템을 자랑하는 경기도 용인시의 호암미술관 전시실 등에서도 문화재를 도난당한 적이 있다.[5]

최근에는 능묘 앞에 있는 문인석, 무인석, 석호, 석양, 동자석과 같은 비지정문화재들을 대량으로 도난당하고 있는 실정이다. 무덤을 지키고 보호하는 역할을 하는 석상들을 훔쳐서 개인의 정원이나 미술관에 세워두는 것이 무슨 의미가 있는지? 능묘 앞의 석물들이 대부분 한적하고 외진 곳에 위치하는 데다가 보안장치가 전혀 없기 때문에 어두운 밤을 틈타 굴삭기가 장착된 2.5톤 트럭을 이용하면 손쉽게 가져갈 수 있다. 심지어 트럭을 몰고 다니며 사찰 내의 불상, 기단석, 탱화를 비롯하여 향교, 서원, 문중재실에 보관된 문집, 전적과 같은 고서, 현판, 교지, 족보, 문짝까지 값이 나갈만한 물건은 모조리 싹쓸이하고 있는 실정이다.

도난 문화재는 국가지정문화재보다 지정되지 않은 비지정문화재가 훨씬 많다. 비지정문화재는 보존과 관리가 소홀하여 유물의 수량이나 소재지가 제대로 파악된 경우가 별로 없고, 또 도난당했다 하더라도 신고가 잘 이루어지지 않으므로 전체 도난 규모를 정확하게 파악하기가 어렵다. 그만큼 비지정문화재는 훔친 후 불법적인 거래로 처분하기가 쉽고, 잡혔을 경우에도 그 죄질에 비해 법적인 처벌이 약하다. 이 때문에 비지정문화재가 문화재 전문 절도범들에게 좋은 먹잇감이 되고 있다.

최근 프랑스에 있던 외규장각 도서 반환 교섭을 계기로 약탈문화재 반환 문제가 국민적으로 큰 관심을 불러 일으켰다. 그러나 문화재 도난의 심각성 자체에 대한 인식은 아직까지 부족하다. 일단 문화재를 잃게 되면, 다시 돌아오기란 그리 쉽지 않다. 도난 불교문화재 중 일부는 되찾거나 간혹 범인이 양심의 가책을 느껴 스스로 돌려주는 경우도 있지만, 대부분은 원래의 자리로 돌아오지 못하고 있다.

이 책은 1910년에서 2010년에 이르기까지 도난당하였거나 도난 미수에 그친 문화재 중 불상을 중심으로 하여 그 도난 과정과 유물의 중요성에 대해서 적은 것이다. 또 신문기사를 통해 알려지게 된 도난 불상에 대해서도 함께 정리하였다. 그러나 이외에도 기록에 남아 있지 않고, 도난당해도 신고되지 않은 채 사라져 버린 불상에 대한 비화가 얼마나 많을 것인가? 그리고 그 실상을 어떻게 다 조사하여 파악할 수 있을 것인가? 이 잃어버린 불상이야기는 이렇게 제한된 자료를 통해서나마 도난된 불상의 실상을 소개한 것에 불과하다.

국보급 불상의 도난 및 미수 사건

1

01 세상에 이름을 남기고 싶었던 도적의 허황된 야심이 부른 해프닝

연가7년명 금동불입상

우리나라 불상 최대의 도난 사건은 1967년 10월 24일 오전 10시경 덕수궁미술관 2층 제 3실 유리진열장에 전시되어 있던 연가7년명 금동불입상이 감쪽같이 사라진 일이다(도 1-1, 1-2). 이 불상은 경비원 김모 씨가 잠깐 화장실에 가기 위해 자리를 비운 사이에 없어졌다. 진열실에는 이날따라 구경 온 손님들이 많이 있었다. 더욱이 이날은 9시 40분부터 11시까지 정전이 되어 제 3실이 어두운 상태였는데, 이때 불상이 없어진 것이다. 국보 제 119호에 해당하는 이 불상은 도난당한지 12시간 57분 만에 무사히 돌아왔지만 누가, 왜 훔쳐갔는지 그 배후에 대해서는 지금까지 밝혀지지 않았다. 당시 신문에 실린 사건의 전말을 보면 다음과 같다(도 2, 3).[1]

> 덕수궁미술관은 그날도 여느 때와 같이 9시에 문을 열고 관람객들을 받아들였는데, 10시 40분쯤 당시 경비를 담당했던 김모 씨가 불상을 도난당한 사실을 발견하였다. 불상이 있어야 할 진열장 안에는 불상이 사라지고 범인이 남긴 쪽지만 있었다.

도 1-1. 연가7년명 금동불입상,
고구려(539년), 높이 16.2cm,
경남 의령 발견, 국립중앙박물관
도 1-2. 불상의 뒷면, 명문

德壽宮미술관에陳列한

國寶 百19號 佛像도난

"24時間안에 돌려주겠다"

놓였던자리에怪쪽지

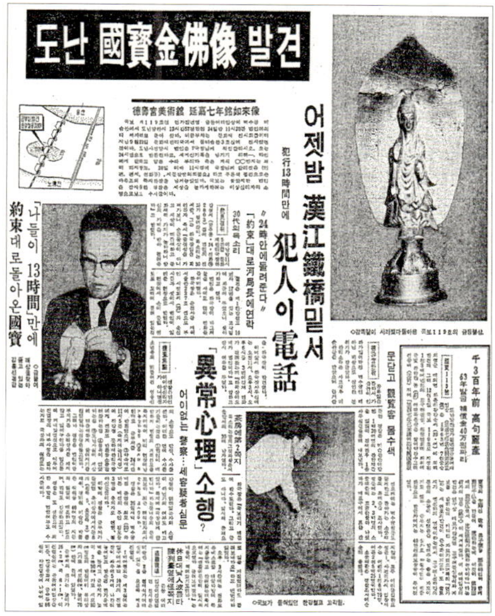

도난 國寶金佛像 발견

어젯밤 漢江鐵橋밑서

犯行13時間만에 犯人이 電話

「나들이 13時間」만에 約束대로 돌아온 國寶

「異常心理」소행?

千3百年前 高句麗產

도 2. 『동아일보』, 1967년 10월 24일

도 3. 『조선일보』, 1967년 10월 25일

> 국장님(문화재관리국장)께 직접 알려라. 오늘 24시 안으로 반환한다고. 밤 12시까지 돌려주겠다고. 세계 신기록을 남기기 위해 범행을 한 것이다. 타인에게 알리거나 얕은 수작 부리지 말라. - 24일. 이때 11시경에 국장께 알리겠다(인편, 편지, 전화 등). 지문감정 의뢰 불요.

문화재관리국(지금의 문화재청)은 불상이 도난된 사실을 즉시 경찰에 알리고 국보 불상이 국외로 반출되는 것을 막기 위해 전국에 있는 국제공항과 국제항만을 봉쇄하고 철저한 검색을 실시하도록 지시하였다. 범인은 쪽지에 남긴 약속대로 오전 11시 30분과 오후 3시, 오후 6시 등 세 번에 걸쳐 국장에게 전화를 걸었는데 "미안하다. 돌려 주겠다."는 말만 되풀이 하였다. 또한 유네스코회관 건너편 태궁다방 입구에 남겨두었다는 쪽지에는 다음과 같은 내용이 적혀있었다.

> 갑자기 놀라게 해서 미안하다. 물건은 약속대로 오늘 중 반환하겠다. 과실이든 고의든 책임은 국장에게 있는 것이며 물건은 영영 나타나지 않을 것이다. 반환료는 보상금의 반인 20만 원으로 정한다. 모두 번호 미상의 현금으로 가져와라. 나는 국장님의 얼굴을 아니까 꼭 색안경을 끼고 직접 그 돈을 신문지에 싸서 정각 20시(24일) 서울역 정문 앞(시계탑)에서 기다려라. 누구든지 맡긴 물건을 찾으러 왔다고 하면 침착하게 곧 내어주고 바로 국장실로 와서 소식을 기다려라. 모두 확인한 후 알려드리겠다. 요즘 유괴범 같이 죽은 뒤 천금을 갖다 주어도 소용없고, 범인을 조각 낸다 해도 소용없으니 국장님께서 생각 한번 잘못하면 우리 두 사람은 희생되더라도 물건은 영영 자취를 감추어 버릴 것이다. 형사라면 거의 다 아니까 무사히 반환되기를 빌며 그친다.

그 뒤에도 범인은 몇 차례 전화를 걸고 쪽지를 남겼는데, '20시에 역 정문에서 만나자', 또는 '역전 여행사 옆에 21시에 오라', '만복상회에서 물건을 사고 돈을 맡겨놓고 가되, 덕수궁에서 왔다는 사람에게 전하라고 하라'는 등 지시만 하고 결국 나타나지 않았다.

마지막으로 그날 밤 11시 5분쯤 범인은 문화재관리국 국장에게 다시 전화를 걸어 "금불상을 가져가 보니 순금동상이 아니고 세상이 떠들썩하고 문화재적 가치가 높다고 하니 양심의 가책을 느껴 돌려주겠다. 불상은 한강 철교의 제 3교각 16번과 17번 침목 받침대 사이 밑 모래밭에 묻어 놓았으니 찾아가라."라는 말만 하고 끊어버렸다. 반신반의한 국장은 부인, 운전사와 함께 한강 철교 밑으로 달려갔고, 불상은 비닐봉지에 싸인 채 모래 속에 묻혀 있었다. 다행히 파손된 곳 하나 없이 완전한 모습이었다. 범인은 24일 오전 11시 30분부터 금불상을 돌려주기까지 국장의 집과 사무실에 여섯 번의 전화를 하였으나 서울말을 하는 30대 남자의 목소리로 추정할 뿐 윤곽을 파악하지 못하여 끝내 잡지 못했다.

연가7년명 금동불입상의 도난 사건은 현장에 일부러 증거를 남기고 약속대로 24시간 안에 불상을 다시 돌려준 특이한 경우에 속한다. 당시 국장이 경찰에 알리지 않고 단독으로 행동하여 한강 철교 밑 모래밭에서 불상을 되찾았다는 점과 불상에 묻어 있던 모래가 한강 모래와 사질이 다르다는 점, 범인에게 20만 원을 주고 불상을 찾았다는 것 등의 이야기가 나돌면서 여러 의혹을 받기도 하였다.[2] 결국, 연가7년명의 국보 불상은 되찾았지만 현장검증에서 단서를 찾지 못하여 범인에 대해서는 전혀 알아내지 못한 채 미궁에 빠져버린 사건이었다.

연가7년명 금동불입상은 1963년 7월 16일에 경상남도 의령군 대의면 하촌리에서 발견된 것으로[3] 그해 12월 5일에 국보 제 119호로 지정되었다. 높이 16.2cm의 작은 크기로 광배와 대좌를 모두 갖춘 완전한 형태이다. 광배 윗부분에 금이 가고 형태가 약간 휘어져 있으나 보존 상태는 매우 좋은 편이다. 광배 뒷면에는 '연가7년인 기미년에 고구려 낙랑 동사의 주지이며 공경하는 제자인 승연을 비롯한 사도 40인이 현겁천불을 만들어 유포한 제 29번째인 인현의불을 비구 법영이 공양한다延嘉七年歲在己未高麗國樂浪東寺主敬弟子僧演師徒卅人共造賢劫千佛流布第卄九因現義佛比丘法穎所供養'는 47자의 긴 명문이 새겨져 있다.[4] 이 불상은 옛 신라 지역인 경상남도 의령에서 발견되었다. 그러나 명문에 의해 '평양에 있는 동사라는 절에서 539년에 제작된 천불 중 하나인 인현의불로 고구려의 불상'이라는 중요한 사실을 알 수 있다.[5] 이렇듯 크기가 작은 금동불상은 몸에 지니고 이동하기 쉽기 때문에 불상이 발견된 지역과 제작국이 서로 일치하지 않는 경우가 있다. 이는 불상의 제작지를 추정하는데 출토지보다는 양식 고찰을 가지고 판단하는 것이 무엇보다도 중요하다는 사실을 알려준다.

'연가'라는 연호는 중국이나 일본에서는 사용한 적이 없고 우리나라 문헌에도 기록되어 있지 않지만 고구려의 독자적인 연호일 가능성이 있는 것으로 보고 있다. 그렇다 하더라도 '연가7년'이라는 연호와 '기미년己未年'이라는 간지干支의 연대가 서로 맞지 않아 여전히 문제로 남아 있다. 일반적으로 기미년을 기준으로 중국 북위 불상과 양식적인 비교를 해보면 연가7년은 고구려가 평양으로 천도한 뒤 약 100년이 지난 때인 안원왕 9년인 539년에 해당하는 것으로 추정된다.[6] 최근에는 연가延嘉를 연수延壽와 관련있는 것으로 보고 장수왕 7년, 즉 419년 또는 479년으로 올려 보는 설도 있다.[7] 그러나 연가7년명 불상을 5세기 초로 보는 것은 하나의 가능성일 뿐 다른 불상과의 관계나 양식적 특징으로 볼 때는 단정하여 말하기 어렵다.

연가7년명 금동불입상은 얼굴과 두 손이 몸에 비해 큰 편이다. 긴 얼굴에는 눈, 코, 입이 분명하게 표현되었고 입가에 약간의 미소를 띠고 있다. 삼국시대 초기 여래상으로는 드물게 머리에 나발이 뚜렷하고 육계가 큼직하게 표현되었다. 신체의 윤곽은 거의 드러나지 않지만 날씬한 몸 위에 양쪽 어깨를 덮은 두꺼운 옷을 입고 있는데 옷자락이 좌우로 날카롭게 뻗어 있다. 이 불상에 보이는 길쭉한 얼굴과 날씬한 몸매, 두꺼운 법의, 좌우로 뻗은 옷자락 등은 중국 북위 불상에서 볼 수 있는 공통된 특징이다. 특히 법의 안에 내의를 입고, 오른쪽 어깨에서 내려온 옷자락이 가슴을 가로질러 왼쪽 손목 위에 걸쳐진 표현은 북위 효문제(467-499) 때 실시한 한화정책漢化政策: 중국 한나라의 정치와 제도로 돌아가고자 함의 일환으로 한나라 복식에 영향을 받은 것이다.

손을 보면 오른손은 어깨 높이까지 올리고 손바닥을 밖으로 향하게 한 시무외인施無畏印을 하고, 왼손은 아래로 내려 손바닥을 밖으로 향하게 한 여원인與願印을 하고 있다. 여원인의 경우 넷째와 다섯째 손가락을 구부리고 있는데, 이는 삼국시대 불상에서 많이 볼 수 있는 특징이다. 이러한 손 모양에는 '중생의 모든 두려움을 없애주고, 중생이 원하는 바를 모두 들어주겠다'는 의미가 있다. 광배는 몸 전체를 감싸고 있는 보주형의 거신광배로 화염문이 가득 장식되어 있다. 대좌 또한 양감이 있으면서 연판문의 끝이 날카롭게 처리되어 생동감이 있다.

연가7년명 금동불입상은 6세기의 북위 불상에 비해 얼굴의 세부 표현이나 옷자락의 마무리가 명확하지 않고 간략하게 처리되었다. 그러나 광배의 화염문이나 연화대좌의 표현에서 볼륨감과 역동적인 조형미가 엿보인다. 또, 우리나라 불상 중에서 연대를 알 수 있는 가장 이른 시기의 불상으로 옷자락이 몸 양쪽으로 뻗치는 강하고 직선적인 조형감 등에서 고구려 불상을 대표하는 예가 될 수 있다. 뿐만 아니라, 상 자체에서 명문을 볼 수 있는 보기 드문 예이며, 불상의 제작지, 조성 시기와 함께 당시의 천불신앙을 알 수 있다는 점에서도 우리나라 불상 연구에 중요한 자료가 된다.

02 대범하고 치밀하게 도난당한 불상

공주 의당면 금동관음보살입상

국립공주박물관에 전시되어 있던 국보 제 247호 금동보살입상은 다들 잠이 든 한밤중에 도난당하여 세상을 떠들썩하게 했던 것으로 유명하다(도4).[8] 2003년 5월 15일 밤 10시 25분경 문화재 전문 절도범 2명이 국립공주박물관에 침입하였다. 전기충격기와 흉기로 당직하고 있던 박모 씨를 위협하여 청테이프로 양손을 결박하고 입을 막은 후 1층 전시실의 진열장 유리를 깨고 국보급 금동보살입상 1점을 꺼내어 달아난 것이다. 이와 함께 1986년 충남 보령에서 발견된 고려시대의 〈청자상감포류문대접〉과 〈청자상감국화문고배형기〉, 그리고 공주 계룡면 하대리에서 출토된 조선시대의 〈분청인화문접시〉 등 비지정문화재인 도자기 3점도 훔쳐 갔다.

당시 박물관에는 당직자 1명과 청원경찰 2명이 근무하고 있었으며 전시실 안에는 적외선 시스템과 2층에만 폐쇄회로(CCTV)가 설치되어 있었다. CCTV가 없는 1층의 유물을 훔쳐간 것으로 보아 범인들은 사전 답사를 통하여 치밀하게 범행을 계획한 것으로 보인다. 그렇지만 세간의 주목을 받고 있는 국보급 금동보살상을 훔쳤다는 사실로 본다면, 범인들은 전문적인

도 4. 공주 의당면 금동관음보살입상, 백제(7세기 전반), 높이 25cm, 국립공주박물관

절도범이라기 보다는 문화재를 처음 털어보는 초짜범일 것이다.

공주 의당면 금동보살상은 도난당한 후 곧바로 밤 10시 44분경 공주경찰서에 신고되었다. 국립박물관에서 국보가 털린 엽기적인 사건에 전국에서 베테랑 경찰들이 긴급 수사본부로 착착 모여 들었다. 범인이 30대 중반 정도로 170cm 정도의 키에 몸이 호리호리하고 경상도 말씨를 사용했다는 사실을 알아내고, 범인 두 명 중 복면을 하지 않았던 한 명의 몽타주를 작성하여 전국에 수배하였다. 그리고 도난된 불상이 국외로 밀반출될 것을 염려하여 국제공항과 국제항만에 있는 전국 문화재감정관실과 공항경찰, 세관 등에도 비상령을 내렸다. 당시의 급박한 상황을 말해주는 신문기사의 내용이 전해지고 있다.[9]

> 박모 학예연구사는 당직실에서 책을 보고 있는데 갑자기 괴한 2명이 들이닥쳐 흉기로 위협하여 결박하였다고 말했다. 당시 박물관에는 당직실에서 20m 정도 떨어진 경비실에 청원경찰 2명이 근무하고 있었으

나 괴한의 침입을 전혀 눈치채지 못했다. 범인들은 불과 15분 만에 문화재를 챙겨 달아났다. 경찰은 국보로 지정된 문화재는 시중에 판매하는 것이 불가능하다는 점에서 미리 판로를 확보한 청부강도일 가능성이 크다고 보았다. 또한 CCTV가 설치된 2층 전시실에는 침입하지 않은 점에서 범인들이 사전답사를 하는 등 치밀하게 계획한 것으로 보고 있다.

국보에 해당하는 불상을 또 도난당한 충격적인 사건이었으나 범인에 대한 아무런 단서도 찾지 못하고 시간만 흘러갔다. 그러던 중 범인들이 국보급 불상을 판매할 루트를 확보하지 못한 채 수사망이 좁혀오자 경기도 용인시 명지대학교 인근에 있는 서울우유 대리점 출입문 쪽에 놓여 있던 빈 화분 안에 불상을 버려둔 채 도망가 버렸다. 이 불상은 이렇게 도난당한지 한달 만에 전혀 훼손되지 않은 채 되돌아왔으며, 범인 또한 일망타진하였다. 경찰은 검거된 용의자 임모 씨가 문화재를 가지고 있는 공범 박모 씨에게 '국보를 훼손하면 돌이킬 수 없다. 특정장소에 불상을 가져다 놓은 뒤 연락하라.'고 메시지를 보낸 사실을 알아내고 이 불상을 회수하게 되었다고 밝혔다. 그러나 〈청자상감포류문대접〉, 〈청자상감국화문고배형기〉, 〈분청인화문접시〉 등 도자기 3점은 행방이 묘연하여 끝내 찾지 못하였다.[10]

한편, 국보급 문화재 4점을 훔친 혐의로 구속된 3명의 문화재 전문 절도범 중 임 씨와 박 씨는 청송교도소에서 알게 된 사이이다. 박 씨가 사업실패로 빚더미에 올라 임 씨에게 빌린 5000만 원을 갚기 어렵게 되자 함께 범행을 계획한 것으로 밝혀졌다.[11] 두 사람은 모두 문화재와 관련된 전과가 없는 것으로 알려졌다. 임 씨는 5월 18일 골동품 상인 A씨를 찾아가 국보 불상 등 공주박물관 강탈 문화재 4점을 내놓으며 처분을 부탁했다가 A씨의 제보로 24일 새벽에 검거된 것이다. 그러나 임 씨는 "누군가에게서 받은 골동품을 처분하려 한 것은 사실이나 그것이 국립공주박물관에서 강탈한 문화재는 아니다."라고 하며 국보 도난 사건과의 관련성을 부인하였다. 또 그는 골동품을 자신에게 넘긴 인물과 박 씨의 정체에 대해 말을 하지 않았다. 경찰은 용의자들의 차량인 녹색 마티즈 승용차 트렁크에서 범인들이 당시에 입었던 검은색 옷과 사건 발생 후 박물관 부근에서 발견된 못뽑기 연장과 동일한 것을 찾아내어 증거물로 제시하였다. 그리고 범행 당일 이전 범인들이 수일간 공주박물관 부근에서 휴대전화를 집중적으로 사용한 사실도 밝혀냈다. 경찰은 이들이 부산에서 배편을 이용하여 훔친 문화재를 밀반출하려고 했던 것으로 보고 있다.[12]

공주박물관 소장의 이 금동보살입상은 충청남도 공주 의당면 송정리에서 발견된 것으로 백제 말기인 7세기 보살상의 전형적인 특징을 보여주는 대표적인 예이다.[13] 전반적으로 부드럽고 온화한 조형감을 보여주며, 특히 무릎을 살짝 구부린 신체의 곡선미와 지물을 쥐고 있는 모습이 매우 자연스럽다. 날씬한 몸매와 양 어깨에서 내려오는 천의가 몸 앞에서 교차하는 형식 등은 고구려 불상의 특징을 따르고 있다. 그러나 미소를 띠고 있는 넓적한 얼굴이나 부드럽게 늘어진 천의자락, 큼직한 연잎으로 구성된 연화대좌 등에서는 중국 남조 미술과 관련된 백제 특유의 온화함이 나타난다. 머리 위에 쓴 보관에는 가운데에 화불化佛이 표현되었고 양쪽으로 머리카락이 길게 내려와 어깨 위를 덮고 있다. 오른손은 위로 들고 왼손은 아래로 내린 채 연봉우리와 정병을 쥐고 있는데, 도상적 특징으로 보아 관음보살로 추정된다. 양쪽 어깨를 살짝 덮으면서 길게 내려온 천의가 허리 밑에서 교차되어 있다. 그 위로는 목걸이 중앙에서 한 줄로 내려온 영락 장식이 둥근 꽃 장식을 중심으로 하여 다시 두 갈래로 나뉘어 몸 뒤쪽으로 돌아가면서 상의 뒷면에까지 표현되었다. 보살상의 앞·뒷면에 X자 형태로 교차한 천의와 U자 형태로 길게 내려와 있는 천의자락의 형식은 백제계 보살상에서 많이 볼 수 있는 특징이다. 그러나 머리카락을 사실적으로 표현한 점이나 Y자 형태의 영락 장식이 두 갈래로 갈라지는 형식은 중국 수대의 보살상에서 나타나는 새로운 요소이다. 이러한 백제 보살상은 일본의 7세기 하쿠호시대의 불상에도 영향을 주었던 불상 형식이다.

03 세상을 놀라게 한 금부처 밀송 사건의 전말

부여 규암리 금동관음보살입상

1950년 3월 7일 김포공항에서 일본으로 가는 비행기로 금부처 한 구가 밀반출될 뻔 하였다가 공항검색대에서 적발된 사건이 있었다(도5).[14] 국보급의 불상을 대한민국 외무부 비서실장의 이름으로 주일대표부 비서관에게 보내는 서류처럼 가장하여 일본으로 밀반출하고자 시도한 것이다. 이 사건은 그 배후관계가 매우 주목되었다.

불상을 밀반출하려던 박모 씨는 평안도 출신으로 일본 도쿄東京에 살면서 수천만 원의 재산을 가진 무역상이었다. 그는 주일한인 대표로 구성된 시찰단의 일원으로 우리나라에 온 적이 있었다. 그때 서부항공주식회사에 비행기운임을 전부 외상으로 하였는데, 그 외상값을 갚기 위해 2,500달러의 미군표를 우리나라에 주재하고 있던 모 외국인에게 빌렸다. 문제의 불상 역시 모 외국인으로부터 선물로 받은 것인데, 이를 도쿄에 가져가기 위해 미군표와 함께 포장하여 주일대표부에게 보내는 외무부 물건으로 가장하고 외무부 비서실장의 자동차로 운반한 후 화신사장인 박모 씨가 일본으로 가는 편에 보내려고 하다가 김포공항에서 발각된 것이다.[15]

사실, 이 '금부처 밀송 사건'은 외무부의 명의를 도용한 것으로 국제적으로 우리나라의 체면을 손상시켰을 뿐 아니라, 국보급의 불상이 일본으로 밀반출되기 직전에 적발된 소위 '문화재 밀반출 사건'이었다. 그럼에도 불구하고 세관 당국에서는 이 사건을 대수롭지 않은 것으로 보고 세관의 즉결처분으로 끝내려고 했다. 반면, 외무부 당국에서는 이 사건과 외무부가 관련이 있는 듯하다고 하여 장관 특명으로 사건의 내용을 조사하는 한편, 외무부 관련설의 사실여부를 규명하게 하였다.[16] 이렇듯 이 금부처 사건은 한동안 세간의 화제가 되었으나 끝내 박 씨와 외무부와의 관련성이나 사건의 배후관계를 밝히지 못한 채 흐지부지 끝나고 말았다.

그런데 이번 사건의 주범인 박 씨는 지난 2월 18일에도 같은 수법으로 일본에서 서울로 오는 특별비행기에 재봉틀 3대와 무거운 트렁크 등을 실어 밀반입한 적이 있었다. 주일대표부 명의로 대한민국 외무부 비서실장에게 보내는 관용물처럼 꾸몄던 일인데, 이 물건 역시 박 씨 집에 보관되어 있다는 사실이 밝혀졌다. 이런 모든 정황으로 볼 때 박 씨는 고미술품에 많은 관심을 가지고 있고, 이를 구입하거나 판매하는 일에 깊이 개입되어 있는 사람으로 보인다.[17]

당시 불상을 감정한 국립박물관 전문가는 "신라 중엽 이후의 금불상으로 제작기법의 기묘함으로 보아 백제 공인의 수법이 여실함을 발견하였으며 소형 입상금불로서는 국보급이라 할 만한 일품이다."라고 하였다.[18] 또 "삼국시대 말기의 작품으로 지금으로부터 1,300여 년 전에 만들어진 것으로 현재 우리나라에 있는 당시 제품으로는 그만큼 큰 것은 드물다. 길이가 약 15cm이고 충분히 국보적 가치가 있다. 박물관에도 그와 비슷한 백제시대의 제품이 국보로 보존되어 있다. 시가는 500만 원 정도이고 청동에 도금한 것이다. 입수경로를 잘 몰라 감정이 곤란하다."고 하였다. 당시 신문 지면에 실린 불상은 금불상이 아니라 구리로 만들고 금을 입힌 금동보살상으로 부여 규암리에서 발견된 금동관음보살입상이다.

부여 규암리 금동보살입상은 1907년 어느 날 농부가 밭을 갈다가 우연

도 5. 부여 규암리 금동관음보살입상, 백제(7세기 전반), 높이 21.1cm, 국립부여박물관

도 6. 금동관음보살입상, 백제(7세기 전반), 높이 26.4cm, 일본 오사카 개인소장

히 발견한 것이다. 땅에 쇠솥이 묻혀 있어 꺼냈는데, 솥 안에 높이 21.1cm와 28cm의 보살상 2구가 나란히 들어 있었던 것이다. 바로 이 2구의 보살상 중 하나로 현재 국보 제 293호로 지정되어 있다. 이 두 보살상은 일본 헌병대에게 압수되어 있다가 1년 후 경매에 나왔는데, 이때 니와세 히로아키庭瀨博幸라는 일본인이 구입하였다. 니와세는 두 상 중 큰 금동보살상 1구를 1922년 당시 대구에서 큰 병원을 하고 있던 일본인 수장가 이치다 지로市田次郎에게 되팔았다(도6). 이 자는 8·15 광복 후 미군정기에 불상을 직접 몸에 품고서 일본 오사카大阪로 밀반출한 사람으로 알려져 있다. 이렇게 판매된 금동보살입상을 한동안 이치다가 가지고 있었으나 지금은 누구의 손에 들어갔는지, 어디에 있는지 그 소재지를 전혀 알 수 없다.[19] 니와세가 소장한 나머지 1구의 금동보살입상도 1939년 이후 언제인가 니와세 노후유키庭瀨信行의 손으로 넘

어갔다.[20] 그후 독립을 하면서 압수하여 국립중앙박물관에서 소장하였는데, 이 금동보살입상이 바로 '금부처 밀송 사건'의 주인공이다.

부여 규암리에서 발견된 금동보살입상은 전반적으로 신체 비례가 균형이 잡혔으며 간결하면서도 세련된 조형미를 보여주는 대표적인 백제 불상이다. 머리가 작아지고 신체는 길어졌다. 늘씬한 몸매와 오른쪽 무릎을 살짝 구부리고 서 있는 우아한 자태, 어깨에서 발 아래까지 자연스럽게 늘어진 옷자락 등에서 백제 특유의 부드러운 조형감이 잘 나타나 있다. 특히 둥근 얼굴에 미소를 머금은 채 오른손은 가슴 위로 보주를 쥐고 왼손은 천의자락을 엄지와 검지로 살짝 쥐고 있는 모습에서는 여유로우면서 여성적인 자태마저 풍긴다. 앞모습 뿐만 아니라 뒷모습은 더욱 그러하다. 세 개의 커다란 꽃잎으로 이루어진 보관 정면에 화불이 뚜렷이 새겨져 있어 관음보살상임을 알 수 있다.

부여 규암리 금동보살입상은 6세기 후반의 백제 보살상에서 보이는 특징과 달리 허리가 잘록하게 들어간 신체에 입체감이 강조되어 있고 천의도 몸 양쪽으로 부드럽게 흘러내렸으며, 몸 앞에는 선각으로 간략하게 옷주름이 표현되었다. 또한 양쪽 어깨에서 내려온 영락장식이 둥근 꽃장식을 중심으로 허리 밑에서 교차되어 무릎까지 길게 걸쳐 있으며, 상의 뒷면에도 똑같은 형태의 영락이 장식되었다. 이러한 특징은 7세기에 제작되는 보살상에서 주로 볼 수 있으며, 중국 수대 보살상과 관련이 있는 새로운 요소이다.[21] 대좌 역시 원형으로 연꽃이 넓고 큼직하면서 둥근 맛이 강하여 백제적인 특징이 엿보인다.

부여 규암리 금동보살입상과 한 쌍을 이루는 전 일본 개인 소장의 금동보살상은 크기가 조금 큰 편이며 미소를 띤 얼굴표정이나 한쪽 다리에 힘을 빼고 서있는 삼곡자세, 입체감이 강조된 신체 표현 등에서 조형미가 뛰어나며 조각 기법 또한 정교하다. 그러나 규암리 보살상과는 달리 몸 전체를 장식한 영락이 없고 천의가 몸 앞에서 두 번 가로질러 늘어져 있는 점이 특징인데, 이는 중국 수대 불상에서 유행했던 형식이다.[22] 특히 몸을 심하게 틀

도 7. 금동보살입상, 백제(7세기 중엽), 높이 11.5cm, 국립중앙박물관

어 엉덩이가 살짝 튀어나온 자세는 삼국시대 불상에서는 많이 볼 수 없는 새로운 요소이다.

이렇듯 이 두 보살상이 모두 백제 지역에서 출토되었지만 양식적으로는 다소 차이가 있으므로 같은 시기에 함께 조성되었는지 좀 더 주의 깊게 살펴볼 필요가 있다. 아울러 이 백제 금동보살상들은 경상북도 선산군 고아면에서 발견된 신라시대의 금동관음보살입상과도 양식적으로 매우 유사하여 삼국시대 불상 연구에 중요한 자료적 가치가 있다.

그런데 나중에 알게 된 사실이지만, 실제로 밀반출 사건에 연루된 불상은 부여 규암리 금동관음보살입상이 아니라 출토지를 알 수 없는 금동보살입상이었다.[23] 1950년 3월 9일자 『동아일보』에 사진이 잘못 실린 탓에 국보 제293호 부여 규암리 금동관음보살입상이 줄곧 밀반출 사건의 주인공으로 여겨져 왔던 것이다.

'금부처 밀송 사건'의 진짜 주인공인 금동보살입상은 1950년 4월 13일에 서울 세관으로부터 국립중앙박물관에 입수된 이후 현재는 국립부여박물관에 전시되어 있다(도7). 전반적으로 부식이 많이 진행된 상태여서 얼굴 표정이나 세부 표현을 자세히 알 수 없으나 불상의 특징을 파악하는 데에는 전혀 무리가 없다. 높이 약 11.5cm로 크기는 작지만 날씬한 몸매에 몸을 틀고 서 있는 자세라든지, 연봉우리를 손에 살짝 쥐고 있는 모습 등에서 부여 규암리 금동관음보살입상과 상당히 유사하다. 대좌가 3단으로 되어 있는 것만 다를 뿐 거의 같은 시기에 조성된 것으로 보인다. 처음 이 보살상이 세상에 나왔을 때에는 국보급이라고 할 정도 많은 관심을 받았지만 이후 제대로 조사가 이루어지지 않아 여태껏 문화재로 지정되지 않았다.

04 불교 신자로 가장하여 계획적으로 훔친 불상

영주 흑석사 목조아미타불좌상

경상북도 영주시 이산면 석포리 흑석사 극락전에 안치된 국보 제 282호 목조아미타불좌상은 1999년 3월 20일에 도난당하는 수난을 겪었다(도8-1). 범인들은 3개월 동안 사찰 주위를 탐색한 후 뒷산에 잠복하고 있다가 범행을 시도했는데 처음엔 실패하였다. 그러자 불교 신도로 가장하여 법당에서 기도를 하는 척하다가 주지가 자리를 비운 틈에 자물쇠를 뜯고 불상을 절도하였다. 이 사실을 알게 된 주지의 신속한 신고를 받고 출동한 경찰이 도주로를 차단하고 범인들과 격투한 끝에 붙잡았다.[24] 이렇듯 흑석사 목조아미타불좌상은 도난 직전에 범인들을 붙잡아 도난 위기를 가까스로 넘겼다.

흑석사 목조아미타불좌상은 조선 초기에 왕실에서 발원하여 조성한 것으로 새로운 불상 양식을 보여주는 이례적인 예에 속한다. 원래 정암산 법천사에 있었다고 하나 광복 이후 이곳으로 옮겨진 것으로 보인다. 좌우의 협시 보살은 없어지고 본존불인 아미타불상만 남아 있다. 법천사를 지광국사 현묘탑비가 있었던 강원도 원주군 부론면 법천리 절터로 볼 수 있지만, 그곳은 오봉산이라 불리고 있어 산이름이 다르다. 법천사는 현재 정확히 어디에

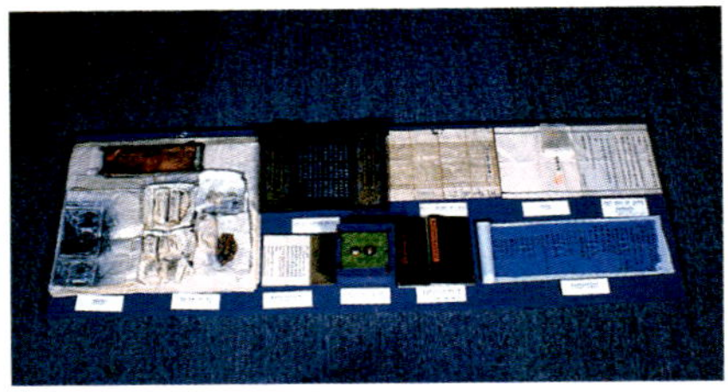

도 8-1. 흑석사 목조아미타불좌상,
조선(1458년), 높이 72cm, 경북 영주
도 8-2. 흑석사 목조아미타불좌상의 복장물

소재하는 절인지 알 수 없다.

흑석사 아미타삼존불상은 1992년에 개금불사를 할 때, 몸속에서 불상 1구를 비롯하여 전적 7종 14점, 직물 38점, 기타 5점 등 많은 유물이 나왔다(도 8-2). 그중 『감지은니묘법연화경』 제 4권(국보 제 282호)과 『백지금니변상도』는 흑석사의 불교 신도 회장이었던 전모 씨 등 3명이 주지스님의 부탁으로 몰래 보관하고 있다가 문화재 밀매업자에게 싼 값에 팔아넘겼다.[25] 불상의 복장물 중 사리는 도난당할 것을 염려하여 때때로 위탁하는 경우도 있는데, 흑석사의 복장물도 1996년 5월부터 7월까지 1년 이상 근처 이산파출소 무기고에 보관되었던 적이 있다(도 9).[26] 이는 그만큼 사찰의 문화재 관리나 도난에 대한 대비책이 부족했던 실정을 말해준다.

『아미타삼존복장기』의 명문을 보면, 1458년(세조 4) 조선 태종의 둘째 아들인 효령대군이 태종의 후궁 의빈 권씨, 명빈 김씨와 함께 왕실의 평안을 위하여 관음·지장보살을 협시로 하는 흑석사 아미타삼존불상을 조성한 것이라는 내용이 있다.[27] 특히 명빈 김씨는 경기도 남양주에 있는 수종사 팔각오층석탑에서 발견된 32구의 금동불상 중 금동석가삼존불상을 비롯한 일부 불상을 발원하여 조성했을 정도로 불심이 깊었던 왕실의 후궁이다.[28] 조선

文化財 수시로 파출소무기고 보관

영주黑石寺 불상 복장유물… 사찰측 "도난우려 사리만 가끔 위탁"

국보(國寶)인 문화재가 파출소 무기고에 보관되고, 세계문화유산에 지정된 해인사 대장경판이 땅바닥에 아무렇게나 쌓인 채 판전에는 연탄불마저 피우는 등 문화재 보호에 비상이 걸렸다.

경북 영주시 이산면 석포리 흑석사(黑石寺) 조선 초기 아미타불(국보 282-1호·1458년 제작·높이 72㎝)의 복장유물(국보 282-2호)중 일부가 96년 5월부터 지난 7월까지 1년 이상 근처 이산파출소 무기고에 보관됐던 것으로 밝혀졌다.

복장유물에는 태종의 후궁 등이 시주해 언제 불상을 만들었다는 기록 등 불상 제작과정을 밝힌 글도 있어 당시 직조술이나 서지 연구에 매우 귀중한 자료다. 이 절 부광([illegible])스님은 『사리를 도난당하지 않기 위해 때때로 파출소 무기고에 맡기긴 했지만 곧 되찾곤 했다』고 말했다. 그러나 이산파출소는 『절에서 가로 60㎝, 세로 50㎝쯤 되는 봉인된 여행용가방을 여러날씩 맡기곤 했다』고 밝혀 절에서 맡긴 문화재가 상당수 임을 시사했다.

이산파출소는 『지난 7월 「유물을 온양민속박물관에서 보관하게 됐다」며 여행용가방을 가져간 뒤로는 더 이상 보관을 의뢰하지 않았다』고 덧붙였다. 한편 문화재관리국이나 영주시청측은 『복장유물을 무기고에 보관시켰다고 사찰측에서 알린 적이 없다』고 말했다. 지정 문화재의 보관장소를 옮기는 「현상(現狀)변경」은 반드시 문화재관리국 등에 알리도록 문화재보호법은 규정하고 있다.

해인사도 대장경판 마구쌓아 훼손될판

"당국 寺刹유물보존에 적극 나서야"

해인사 대장경판 중 동사간고(東寺刊庫)에 보관된 경판 1천6백여판들은 지난달 2일부터 시작된 동사간고 지붕보수공사 때문에 서사간고(西寺刊庫)로 옮기면서 판가(板架) 부족으로 2~3m 높이로 땅바닥에 마구 쌓아놓아 훼손이 우려되고 있다. 게다가 강희 등이 어는 것을 막기 위해 연탄불까지 피워놓았던 것으로 드러났다. 목제유물 주변에는 화재를 막기 위해 불을 피우지 않는 것이 상식이다. 연탄가스가 판전에 어떤 해를 미쳤는지 현재로서는 알 도리가 없다. 해인사가 충분히 예상되는 여러 문제점에도 불구하고 겨울철공사를 강행했던 것은 보수공사비를 쓰지 않을 경우 국고에 환수되기 때문이었던 것으로 알려졌다.

문화재관리국은 지난 7월 해인사 대장경판전의 보수공사를 위해 문화재전문가로 구성된 기술지도단까지 구성했지만 최근까지 한번도 열지 않았다.

서사간고에 경판들이 어떻게 보존되고 있는지도 모르고 있다가 최근 언론에서 문제를 제기하자 직원을 급파할 정도였다.

문화재관리국측은 『이달초 기습한파가 닥치자 스님들이 연탄불을 피웠으며, 바로 그날 철수할 것을 지시했다』며 『동사간고 공사가 끝나는대로 경판을 판가로 옮길 것』이라고 밝혔다.

익명을 요구한 문화재위원은 『몇몇 사찰에서 소장 문화재를 마치 자신들의 것인양 생각한다면 큰 오산이며, 문화재 당국도 사찰문화재 보존을 사찰측에만 맡겨서는 안될 것』이라고 지적했다.

<愼亨浚기자>

◇국보 282호 경북 영주시 黑石寺 아미타불좌상(위)과 불상 伏藏유물로 나온 사리와 사리함.

도 9. 『조선일보』, 1997년 12월 9일

초기에는 억불숭유 정책으로 인해 불교가 크게 위축되었으나 오랫동안 이어져온 전통 때문에 왕실의 왕비와 후궁들 사이에서는 여전히 불상이 조성되었다.

흑석사 목조아미타불상은 눈꼬리가 살짝 올라간 얼굴 표현이나 어깨가 좁고 상체가 유난히 길게 표현된 신체 비례, 수평으로 입은 내의, 띠매듭 등에서 고려 후기 불상의 특징을 따르고 있다. 그러나 조선 초기의 불상으로서는 낯선 모습인데, 불상의 얼굴이나 신체 표현에서 부처라기 보다는 개성이 강하고 현세적인 이미지를 보여주기 때문이다. 반면, 끝이 뾰족한 육계肉髻를 중심으로 장식된 2개의 계주髻珠는 중국 원대 티베트 불교의 영향을 받은 것이다. 이러한 모습은 고려 말부터 나타나기 시작하는데 조선시대 불상에서도 많이 볼 수 있다. 오른쪽 어깨 위에서 단을 이루며 접힌 옷자락과 왼쪽 어깨 위에 넓게 주름 잡힌 옷주름 표현 등도 중국 명대 불상에서 비롯된 것으로 조선시대 불상에서 흔히 볼 수 있는 특징이다. 흑석사 목조아미타불상은 복장기에 의해 조선 초기 왕실에서 발원한 아미타삼존불상임과 발원자와 조성시기, 불상의 명칭까지 정확하게 알 수 있는 중요한 작품이다.

05 도난 하루 만에 골동품상에서 되찾아온 불감

순천 송광사 목조삼존불감

전라남도 순천시 송광면 신평리 송광사 경내 성보박물관에 소장된 목조삼존불감은 1962년 12월 20일 국보 제42호로 지정된 후 10년이 지난 1974년 10월 9일 새벽에 도난되었다(도10). 10월 9일 오전 8시경에 한글날 휴일을 맞아 송광사에 놀러왔던 전매청 직원 5명이 성보박물관 출입문의 빗장자물쇠가 열려 있는 것을 발견하고 주지에게 알려주어 도난 사실을 알게 되었다.

사찰에서는 유물을 안전하게 보관하기 위해 전시가 끝나면 금고 안에 보관을 하고 저녁 7시부터 새벽 5시까지 30분 간격으로 2명의 스님이 순찰을 해왔다. 유물을 도난당하기 전인 8일에는 관람객 200여 명에게 유물을 관람시키고 마지막으로 오후 7시에 박물관의 자물쇠를 잠갔다는 것이다. 그런데 문화재 전문 절도범들이 박물관 철제출입문의 자물쇠를 부수고 들어가 금고 안에 보관 중이던 국보 제 42호 목조삼존불감과 보물 제176호 금동요령(도11), 그리고 진열장에 있던 지방문화재 제 28호 고봉국사주자원불(도52) 등 귀중한 문화재 3점을 훔쳐서 달아난 것이다.[29]

그중 목조삼존불감과 주자원불은 10월 10일 오전 인천시 남구 숭의동

도 10. 송광사 목조삼존불감, 통일신라, 전체높이 14.5cm, 폭 7.5cm, 전남 승주 송광사성보박물관
도 11. 금동요령, 라말려초, 높이 21.5cm, 전남 승주 송광사성보박물관

153번지에 있는 골동품상 고전사古錢社에서 도난당한지 하루 만에 되찾았다. 주인 이모 씨는 "9일 밤 8시 반경에 키가 168cm 가량인 30대 남자가 삼존불감과 주자원불 등 2점을 가지고 와서 비싼 물건을 사겠느냐고 제의했다. 100만 원을 달라고 해서 노는 날이니 10일에 돈을 지불하겠다고 한 뒤 선금으로 5,000원만 주고 물건을 보관하고 있다가 도난된 문화재임을 알고 문화재관리국 서무과장 윤모 씨에게 신고했다."고 하였다. 또한 범인은 주인 이 씨에게 "판돈 중 10만 원은 문화재를 건네준 대처승에게 주어야한다."고 말했다고 하여 공범이 있음을 시사하였다(도12).

경찰은 유력한 용의자로 지난달까지 송광사에 있다가 사찰 측과의 불화로 쫓겨난 전 송광사 교무부장 절도전과 1범 안모 씨와 주지와의 알력으로 쫓겨난 강모 승려를 수배하였다. 안 씨는 송광사에서 관광객 안내를 맡았었다. 그런데 지난 3월 22일 송광사박물관에서 대원군의 〈국화초그림〉 1점과 〈완당 김정희화첩〉을 훔쳤다가 주지에게 들켜 쫓겨났다. 또 지난 8월 12일에는 해남 대흥사에서 염주 3개를 훔쳤고, 9월 18일 전라남도 장성군 백양사에서 영정 6점을 훔치는 등 주로 전라남도 지역의 사찰을 떠돌아다니면서 문화재를 훔쳐 팔아왔던 것이다. 강씨 역시 지난 8일 광주 증심사 주지를 송광사 주지로 추대하려다 쫓겨났던 승려였다.[30] 치안국은 송광사 국보 도난 사건의 범인 안 씨를 범행 38일 만인 11월 15일 오후 3시경 전라남도 진도군 지산면 임지리 면사무소에서 검거하였다. 안 씨는 그동안 강원도 장성읍의 탄광 등지에서 광부로 가장하여 숨어 있었는데, 본적인 지산면 면사무소에 호적초본을 떼러갔다가 면직원의 신고로 잡혔다. 행방을 몰랐던 금동요령도 강원도 삼척군 장성읍 문곡리 김모 씨의 집 근처 야산에서 찾았다.[31]

國寶盜難…하루만에 찾아

「木彫三尊불감」…仁川골동품商서

30代男子가 팔려고 맡겨

金銅요령은 아직行方몰라

文化財管理局서 確認·回收

盜難無防備상태…常任管理者·특수보호시설 갖춰야

80萬원달라 흥정

도 12. 『동아일보』, 1974년 10월 10일

송광사 목조삼존불감은 6·25 한국전쟁 때에도 한차례 위기를 넘긴 적이 있었다. 이 불감이 약탈당할 것을 염려하여 스님들이 피난을 갈 때 땅속에 묻어 두었던 것이다. 그런가 하면, 한 해 전인 1949년 8월 한여름날 국군 토벌대장이었던 양모대위가 순찰차 들러 절을 돌아보고 난 다음 그중 마음에 들었던 목조삼존불감을 달라고 요구한 일이 있었다. 당시 주지였던 이모 스님은 목숨을 걸고 이를 단호하게 거절하였다. 그후 계속되는 양대위의 온갖 협박과 위협에도 주지스님의 신념과 기개로 끝내 굴복하지 않고 목조삼존불감을 지켜내었다.[32] 그리하여 지금도 송광사 성보박물관에 온전히 모셔져 있다.

송광사 목조삼존불감은 높이 14.5cm, 폭 7.5cm로 원통형이다. 펼치면 가운데 감실을 중심으로 양쪽에 작은 감실이 달려 있는 여닫이 형식이다. 이 목조불감은 송광사를 개창한 16국사 중 보조국사 지눌(1158-1210)이 중국 당나라에서 가져온 것이라고 하나 정확한 기록은 전하지 않는다. 원래 불감은 몸에 지니고 다니기 위한 목적으로 제작되었으며, 주로 집에 모셔두거나 개인적인 예배의 대상으로 사용되었다. 또한 불상을 봉안하고 장엄화하는 전각과 같은 역할을 하므로 크기는 작지만 독립된 형태를 가지고 있는 것이 특징이다.[33]

불감의 감실에는 장막처럼 늘어진 천개 위에 보주와 비천이 장식되었다. 그 아래에는 연좌대좌 위에 앉아 있는 석가불좌상을 중심으로 문수보살과 보현보살상이 좌우 감에 배치되어 있다. 그러나 일반적인 석가삼존불상과는 달리 석가불은 나한과 보살이 함께 배치된 군상이며, 보살은 사자와 코끼리를 대좌 형식으로 하고 있는 것이 특이하다. 본존불인 석가불상은 양쪽 어깨를 덮고 있는 통견의 법의를 입었으며, 오른손은 가슴 위로 들어 시무외인을 하고 왼손은 무릎 위에서 옷자락을 움켜쥐고 있다. 이와 같이 왼손으로 옷자락을 움켜쥐고 있는 표현은 시무외인과 함께 인도의 간다라 불상에서 많이 볼 수 있는 손 모양이다. 석가불상 주위에는 협시 보살과 함께 나한상 2구가 배치되어 있어 5존불 형식이며, 그 앞쪽에는 공양 보살상 2구가 한쪽 다리를 내린 유희좌의 자세로 앉아 있다. 오른쪽 감실에는 실천을 통해 자비를 나타내는 보현보살이 코끼리 위에 반가좌로 앉아 있고 손에 막대기 모양의 지물을 쥐고 있다. 왼쪽 감실에는 지혜를 상징하는 문수보살이 사자獅子 위에 앉아 있으며 보현보살과 같은 지물을 들고 있다. 문수와 보현보살의 대좌 옆에는 각각 보살입상 1구가 서 있으며, 그 앞쪽에는 옷을 입지 않은 이국적인 모습의 특이한 인물상이 배치되어 있다. 이처럼 좁은 공간 안에 여러 상을 빽빽하게 조각하였지만 복잡하게 않게 거리에 따른 공간감이나 입체감을 잘 표현하였다. 각 상의 세부 표현에서도 섬세한 조각 기법과 장식성이 서로 잘 어우러져 있다.

송광사 목조삼존불감은 크기는 작지만 독립된 형태를 가지고 있다. 박

달나무로 만들어진 점이나 불감의 형식, 복잡하고 섬세한 구성 등이 일본 와카야마高野山 콘고부지金剛峯寺에 소장되어 있는 중국 당대의 목조불감과 매우 유사하다. 불상의 세부 표현이나 이국적인 인물상 등에 중국 당대의 요소가 나타나 있어 중국에서 전래된 불감일 가능성이 있다.

송광사 목조불감은 우리나라에 현존하는 불감 중에서도 특이한 예에 속한다. 불상 양식 뿐 아니라 당시의 건축 양식을 함께 살펴볼 수 있어 중요한 자료라 할 수 있다. 이외에도 불감으로는 간송미술관 소장의 금동불감을 비롯하여 지리산 천은사 금동불감, 미국 하버드대학 포그미술관에 소장된 금동불감, 국립중앙박물관 소장의 금동불감 2점, 경기도 양주 수종사 5층석탑 발견의 금동불감 등 모두 6점이 알려져 있다. 그중 조선 초기에 제작된 수종사 금동불감 1점을 제외하면 대부분 고려시대에 제작된 작품들이다.

보물급 불상의 도난 및 미수 사건

2

01 보물로 지정되자마자 사라진 운명

강화 백련사 철조아미타불좌상

인천시 강화군 하점면 부근리에 위치한 백련사 관음전의 철조아미타불상은 1989년 4월 10일에 보물 제 994호로 지정되었으나 그해 12월에 도난당하였다(도13). 12월 11일 밤 10시에서 다음날 새벽 4시 사이에 문화재 전문 절도범들이 백련사 관음전의 창호지를 뚫어 안으로 걸린 문고리를 푼 다음 들어와서 불상을 훔쳐간 것이다.[1] 그 후 지금까지도 행방이 묘연하다. 백련사는 숲이 울창한 곳에 위치하고 있는데, 『고려속장경』을 보관했던 곳이라 전한다. 조선 말 병인양요(1866) 때 프랑스군이 장녕전에 불을 지르자 권필이라는 자가 숙종과 영조의 초상화를 들고나와 북문을 통해 이 절에 피신시켰다고 한다.

백련사 철조아미타불상은 광배와 대좌가 모두 없어진 상태이지만 고려 초기 철불에서 보이는 개성 강한 이미지와는 다르게 종교적인 단아함이 엿보여 고려 후기 불상의 특징을 보여준다. 또한 철을 재료로 하여 만들었는데도 주물 과정에서 생기는 결함이 없고 표면도 거칠지 않다.

철불은 통일신라 후기부터 고려 초기에 이르기까지 한때 유행하였다.

신라 진골귀족들 간에 반란이 끊이지 않았던 불안정한 시기였다. 강성한 세력으로 등장한 지방 호족들의 힘을 보여주기에 철조불상이 효과적이었는지 철로 만든 여래상들이 많이 조성되었다. 당시 잦은 전쟁으로 인하여 동을 대신해 값싸고 손쉽게 구할 수 있는 철로 불상을 조성하게 된 이유도 있을 것이다.

백련사 철조아미타불좌상은 높이 51.5cm, 폭 34cm의 크기로 결가부좌를 하고 있다. 다리에 비해 상체가 긴 편이다. 어깨는 좁고 밋밋하여 대체로 신체 비례가 알맞지 않다. 약간 네모난 얼굴에는 좁은 이마와 가늘고 긴 눈, 짧은 인중이 있으며 오뚝한 콧날과 작은 입이 표현되었다. 자비로운 인상이라기보다는 무표정한 느낌을 준다. 턱은 이중으로 처리되어 약간 통통한 편이며 그 아래 짧은 목에는 수행의 세 단계를 상징하는 삼도三道가 굵게 새겨져 있다. 이러한 얼굴 표현은 같은 강화도 지역에 있는 고려 후기의 하점면 석불입상과도(도14) 유사하여 시대 양식과 지역적 특색이 함께 반영된 것

도 13. 백련사 철조아미타불좌상, 고려 후기, 높이 51.5cm, 인천 강화군
도 14. 하점면 석불입상, 고려 후기, 높이 280cm, 인천 강화군

으로 보인다. 또한 나발이 표현된 머리 위에는 큼직한 육계와 함께 중앙 계주가 장식되었다. 불상의 계주 장식은 중국 당대에 성립되어 유행한 것으로 우리나라에서는 통일신라 후기에 나타나기 시작하여 고려시대 불상에서 크게 유행한 불상 형식이다.[2]

법의는 양쪽 어깨를 덮고 있는 통견으로 입었다. 왼쪽 가슴 위에 장식된 금구金具와 수평으로 입은 내의, 띠매듭 등은 고려 후기 불상에서 흔히 볼 수 있는 모습이다. 오른쪽 어깨 위를 덮은 둥근 형태의 옷자락과 왼쪽 어깨에 표현된 Ω자 모양의 옷주름 역시 고려 후기 불상의 특징이다. 특히 가슴 위에 표현된 젖가슴과 배 위를 수평으로 가로지르는 옷깃은 고려 후기부터 조선 초기의 불상에서 나타나는 요소이다. 두 손은 아미타불의 상징인 선정인禪定印을 하고 있는데, 무릎 위에서 두 손을 서로 포갠 채 엄지손가락을 살짝 맞댄 모습이다. 고려시대의 아미타불상은 대개 가슴 앞에서 엄지와 셋째 손가락을 맞대는 설법인을 하고 있는 경우가 많지만, 선정인의 아미타불상은 보기 드물다.

백련사의 철조아미타불좌상은 강화도 지역에서는 보기 드물게 남아 있는 고려 후기의 불상으로 자료적 가치가 있으며 지역적 특색이 반영되어 토착화된 불상의 조형미를 보여준다는 점에서도 의미가 있다.

02 부처의 영험으로 2년 만에 다시 돌아온 불상

고창 선운사 금동지장보살좌상

전라북도 고창군 아산면 선운사로 250번지 선운사에 있는 조선 초기의 금동지장보살좌상은 1963년 1월 21일에 보물 제 279호로 지정되었다. 일제강점기 때 도난당하였다가 2년 만에 다시 돌아온 것이다(도15). 그 후 관음전에 봉안되어 있었던 것을 2014년에 지장보궁전地藏寶宮殿이 완성되면서 그곳으로 옮겨 모시고 있다. 당시 도난 과정에 대해서는 알려진 바가 없고 사찰에서 전하는 기록에만 간략하게 적혀 있다.[3]

1936년 여름 어느 날 문화재 절도범은 일본인 2명과 함께 공모하여 금동지장보살상을 훔쳤다. 그 뒤 거금을 받고 불상을 일본으로 팔아넘겼다. 그런데 일본으로 건너간 후 지장보살상의 영험이 나타나기 시작하였다. 이 불상을 불법으로 구입한 소장가의 꿈에 수시로 지장보살상이 나타나서 "나는 본래 전라도 고창 도솔산에 있었으니 어서 그곳으로 돌려 보내달라."고 한 것이다. 처음에는 대수롭지 않게 생각하였으나 이후 병이 들고 가세가 점점 기울게 되자 지장보살상을 다른 사람에게 팔았다. 그러자 다른 소장자 역시 꿈에 지장보살이 끊임없이 등장하고 집안에 우환이 끊이지 않았다. 그 후에

도 15. 선운사 금동지장보살좌상, 조선 초기, 높이 83cm, 전북 고창

도 16-1, 16-2. 반환사진, 사진 뒷면

도 지장보살상은 몇 차례에 걸쳐 옮겨 다녔으나 매번 같은 현상이 나타났다. 이러한 사실이 알려지면서 어쩔 수 없이 고창경찰서에 연락하여 모셔갈 것을 부탁하게 되었다. 그리하여 선운사 승려들과 경찰들은 1938년 11월에 일본 히로시마로 건너가서 지장보살상을 다시 모셔오게 되었다. 그때 찍은 기념사진이 남아 있으며, 사진 뒷면에는 불상 반환과 관련된 내용이 간략하게 적혀 있다(도 16-1, 16-2).

지장보살이란 중생을 구제하기 위해서 영원히 부처가 되지 않겠다는 보살이다. 석존이 열반한 후 미륵불이 세상에 나올 때까지 육도六道를 윤회하고 고통 받고 있는 중생들을 한 사람도 남김없이 구제하겠다는 보살을 말한다. 인도에서는 크게 신앙되지 않았으나 우리나라와 중국, 일본 등 동아시아에서는 죽은 후 지옥의 고통에서 구해주는 것으로 믿어 일반 대중들에게 깊은 신앙을 받았다. 우리나라의 경우 『삼국유사』 권 4 「진표전간眞表傳簡」 조에 의해 신라 경덕왕 때 진표율사로부터 지장보살이 신앙되기 시작하여 고려시대에서 조선 초기에 걸쳐서 크게 유행하였음을 알 수 있다.

선운사 금동지장보살좌상은 종교적 영험 때문인지 신라나 고려의 불상과는 다른 불심이 엿보인다. 높이 1m 정도의 아담한 크기에 단독상으로 모셔져 있다. 단독상일 경우 좌우에 지하세계를 주재하는 시왕十王을 거느리고 명부전에 안치되며, 삼존불상은 지장보살 좌우에 도명존자와 무독귀왕이 배치되는 것이 일반적이다. 그러나 선운사 금동지장보살상은 좌우에 협시나 시왕상들이 남아 있지 않고, 관음전에 봉안되어 있었다고 하니 전각의 성격과도 맞지 않는다.

전반적으로 상체가 크고 두 다리가 빈약하여 신체 비례가 부자연스럽다. 머리에 두건을 쓴 전형적인 지장보살의 모습인데, 좁은 띠가 이마를 감싼 후 양쪽 귀를 덮으면서 가슴 아래까지 길게 내려와 있다. 어깨 위를 덮고 있는 두건은 머리 뒤쪽에서 매듭으로 묶였으며, 그 아래로 층단을 이루는 주름이 표현되었다. 두건을 쓴 지장보살상은 중국 당대에 번역된 『지장시륜경』에서 유래되었으나 중국이나 일본에서는 그 예를 찾아볼 수 없고, 서역과 우리나라에서만 나타나는 특이한 형식이다.

이목구비가 작고 가운데로 몰려 있으며, 얼굴이 넓적하고 턱이 이중으로 처리되어 살찐 모습이다. 몸에는 양쪽 어깨를 덮은 통견의 법의를 걸쳤는데 왼쪽 가슴 부분에 가사를 묶은 띠매듭과 사각형의 장신구가 표현된 것이 특이하다. 결가부좌한 두 다리는 옷으로 덮여 있고 그 위로 옷주름이 한쪽 방향으로 쏠리듯이 일률적으로 표현되었다. 드러난 가슴 위에 수평으로 입은 내의와 내의를 묶은 띠매듭이 보이며 세 줄로 내려온 목걸이가 장식되었다. 이러한 착의법과 장신구는 고려 후기부터 조선시대까지의 불상에 나타나는 전형적인 특징이다. 또한 오른손은 위, 왼손은 아래에 두고 엄지와 넷째 손가락을 살짝 구부리고 있다. 손의 위치나 오른손에 손금이 새겨져 있는 점 등이 같은 경내에 있는 고려 후기의 도솔암 금동지장보살상(도17)과 매우 유사하다. 지장보살의 지물은 석장과 보주가 일반적이지만 도솔암 지장보살상의 경우는 손에 법륜法輪를 쥐고 있다. 법륜은 불교의 진리를 상징하는

도 17. 도솔암 금동지장보살좌상, 고려 후기, 높이 97.5cm, 전북 고창

것으로 중생을 번뇌와 고통에서 벗어나게 해주는 공덕을 가졌다는 보배로운 구슬와 같은 상징성이 있다.

선운사에는 지장보궁전 금동지장보살상 외에 도솔암 도솔천내원궁 금동지장보살상(보물 제 280호), 참당암 약사전 석조지장보살상(전라북도 유형문화재 제 33호)이 전해지고 있다. 이와 같이 선운사 경내에 고려 후기에서 조선 초기에 이르는 3구의 단독 지장보살상이 모셔져 있다는 사실은 예부터 이 지역에서 지장보살 신앙이 널리 유행하였음을 말해준다.

03 세상에 나오자마자 자취를 감춰버린 불상

광주 증심사 금동불입상과 금동보살입상

광주광역시 동구 증심사길 177번지 증심사 5층석탑에서 나온 금동불입상과 금동보살입상 2구는 언제 도난되었는지 모르게 감쪽같이 사라져 버렸다(도18).[4] 1933년 증심사 5층석탑에서 발견된 후 두 불상은 국보 제 211호와 국보 제 212호로 각각 지정되었으나 6·25 한국 전쟁 이후 행방을 알 길이 없어 지정문화재에서도 해제되었다.

국보급 두 불상의 마지막 모습을 본 것은 1950년 5월이었다고 한다. 당시 광주 조선대학에서 한국 고미술에 대한 특별강좌가 있었다. 국립박물관의 김재원 관장과 최순우 선생이 특별강좌를 마치고 광주 근방의 문화재를 살피고자 광산군 효지면에 있는 증심사로 갔을 때였다. 증심사에 있어야 할 두 국보불상이 없었다. 공비 출몰로 사찰이 불안하다고 해서 경찰서장이 가져갔다는 주지스님의 말씀이었다. 다시 경찰서로 갔을 때 서장은 금고에서 소중히 보관하던 불상을 일행 앞에 내보여주었다. 그러나 6·25의 혼란이 가신 뒤 여러 전문가들이 다시 확인하려 했을 때는 이미 두 불상의 행방을 알 길이 없었다. 서장은 바뀌고 불상은 간 곳이 없었던 것이다. 당시의 서장에

도 18. 증심사 5층석탑, 조선, 높이 247.5cm, 광주시 동구

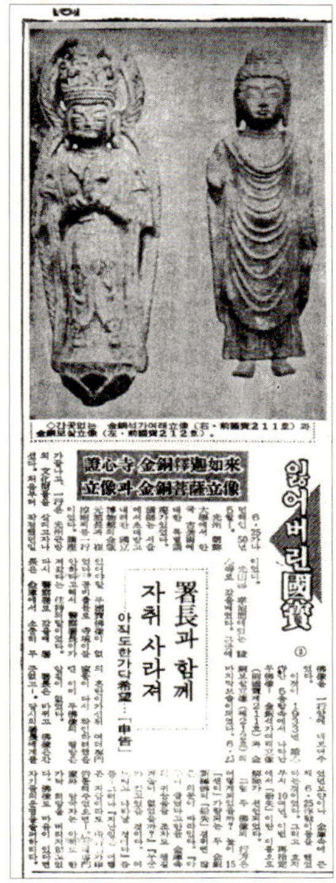

잃어버린 國寶 ③

證心寺 金銅釋迦如來立像과 金銅菩薩立像

署長과 함께 자취 사라져

아직도 한가닥 希望…[申告]

도 19. 『경향신문』, 1963년 2월 5일

게 물었던 모양이나 금고 속에 둔 채 6·25 전쟁 중 이동했다는 것이다. 그리고 흐지부지 10여 년이 지난 후 재지정에서 분실이란 이름으로 국보지정 해제가 선언되었다.

당시 신문에 실린 금동불입상과 금동보살입상은 높이 15cm 정도 되는 작은 크기로 뚜렷하지는 않지만 전체 형태와 얼굴 윤곽 정도는 알아볼 수 있다(도19). 금동불입상은 머리 위의 육계가 큼직하며 둥근 얼굴에 근엄한 표정이 엿보인다. 양쪽 어깨를 덮은 통견의 법의는 가슴 위에서 U자형으로 흘러내려 발목 위에까지 늘어져 있다. 두 손은 각각 위와 아래로 향하여 시무외인과 여원인을 하고 있다. 이러한 스타일은 전형적인 통일신라시대 불상의 모습이다.

반면, 금동보살입상은 여래상과 달리 두광과 신광을 갖추고 있다. 얼굴이 넓적한 편이고 머리에는 보관을 쓰고 있다. 보관 밑으로 앞머리가 내려와 있는 것이 보인다. 두 손은 가슴 앞에서 합장을 하고 있다. 대체적인 특징으로 볼 때 이 금동보살입상은 고려시대 이후에 조성된 것으로 추정된다.

이 두 불상은 어디에 있을까? 꼭꼭 숨어 세상에 드러나지 않는 불상에게 한 가닥의 희망을 걸어본다. 언젠가는 당당하게 등장할 것이라 믿는다.

04 숱한 시련을 이겨낸 불상의 귀환

당진 영탑사 금동삼존불상

충청남도 당진군 면천면 성하리 영탑사에서 발견된 금동삼존불상은 1964년 9월 5일에 보물 제 409호로 지정되었으며, 두 번의 도난 위기를 넘긴 것이다[(도20)]. 첫 번째는 1928년 8월 12일 오후 6시 30분쯤 충청남도 예산군 고덕면 용곡리에 사는 전직 순사 이모 씨가 영탑사에 봉안되어 있던 금동삼존불상을 훔쳐서 팔려고 하다가 붙잡혀 불상을 되찾아온 일이다[(도21)].[5] 두 번째는 1975년 6월 30일 새벽에 또 도둑이 들어 법당 안에 있던 금동삼존불상을 도난당하는 수난을 겪었다. 영탑사 금동삼존불상은 이렇게 두 번 도난당한 후 크게 훼손된 상태로 1년 6개월 만에 다시 돌아왔다. 당시의 기사 내용은 이러하다[(도22)].[6]

불상 도난 사건의 주범인 전과 9범 김모 씨는 특수절도죄로 대전교도소에서 복역하면서 알게 된 유모 씨, 송모 씨와 함께 1975년 6월 30일 새벽 2시쯤 영탑사 대웅전의 문을 드라이버로 뜯고 들어가 고려시대의 금동삼존불상을 훔쳤다. 먼저 훔친 불상을 서울에 거주하는 송 씨의 집에 숨겨두고 구입자를 물색하였다. 그러던 중 송 씨가 가정불화로 갑자기 자살을 하였

도 20. 영탑사 금동삼존불상, 고려 전기, 본존불 높이 27.5cm, 우협시 18cm, 좌협시 17.8cm, 충남 당진

다. 이후 불상을 내주기를 거부하는 송 씨의 아버지에게 김 씨는 300만 원을 주고 불상을 구입하였다. 왼쪽 협시 보살상만 떼어 유 씨에게 300만 원에 처분해 달라고 맡기고, 나머지 오른쪽 협시 보살상과 본존불은 형무소 동기인 이모 씨에게 판매하도록 의뢰하였다. 유 씨는 보살좌상 1점을 부산 박 씨에게 보관하게 하였다. 그리고 이 씨는 고향친구인 이모 씨 부부를 통해 5000만 원에 팔아 달라고 했으나 팔리지 않자 제주도 남경기념사 주인 이모 씨와 밀반출을 모의하였다. 이 씨는 지난 10월 25일과 11월 27일 제주도에 내려가 남경기념사 이 씨를 통해 일본인에게 연락하여 내년 초에 우리나라에 들어올 때 팔기로 하였다.

이번 사건을 배후에서 조정한 것으로 보이는 유 씨는 서울 모 대학 사학과 출신으로 공주 K여중에서 미술교사를 하다가 승려생활까지 했던 사람이다. 지난 1968년 1월 현충사에서 이충무공의 난중일기를 훔쳐 밀반출하려 한 일 외에도 1963년 서울 성동구 삼성동 봉은사의 승려로 있으면서 보물 321호인 고려시대의 청동은입사향로를 훔쳤으며, 1966년에는 양산 통도사에서 동제 불상 3구를 훔쳐서 팔아넘긴 적이 있다. 1974년 9월에 공주 동혈사에서 추사 김정희가 쓴 〈구국제민救國濟民〉이란 현판을 훔쳐 부산 모 골동상에 30만 원을 받고 팔았던 것도 유씨였다.

서울 동대문경찰서는 영탑사 금동삼존불상을 훔친 김 씨와 이를 일본인에게 팔아넘기려던 이 씨, 남경기념사 주인 및 이를 보관하고 있던 박 씨 등 8명을 특수절도 및 『문화재보호법』 위반, 장물취득 혐의 등으로 검거하였

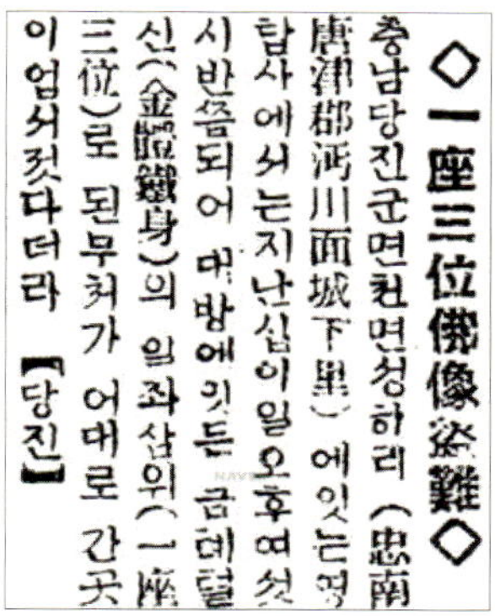

◇一座三位佛像盜難◇

충남당진군면천면성하리(忠南唐津郡沔川面城下里)에잇는영탑사에서는지난십이일오후여섯시반쯤되어 며방에잇든 금데털신(金鍍鐵身)의 일좌삼위(一座三位)로 된무처가 어대로 간곳이업서젓다더라 【당진】

도 21. 『동아일보』, 1928년 8월 19일

보물409호 금동삼존불상을 훔친 범인들과 되찾은 보물.

寶物佛像을 훔쳐내 日人에팔려다 잡혀

5名令狀申請

人蔘酒등15%引上

소주·淸酒값도 곧오를듯

出庫價格

行政考試2次合格者발표

一黨3名을

養成組織등

日密入國者에間諜教育…送北

도 22. 『동아일보』, 1976년 12월 3일

다. 수배 중이었던 유 씨는 주범 김 씨가 검거되자 밀양군 단장면 표충사 근처 손모 씨 집에 은신하고 있었는데, 6일 새벽 부산시경 형사대가 급습하자 대구 동구 신천동에 있는 처갓집으로 도망가 숨어 있다가 집주인의 신고로 경찰에 붙잡혔다.[7] 일본으로 밀반출하려던 불상은 서울과 부산에서 각각 압수하였다. 이렇게 영탑사 삼존불상은 모두 되찾았으나 오른쪽 협시 보살상을 떼어놓은 데다 떨어뜨려 팔목 부분이 파손되는 등 크게 손상된 상태였다.

당진 영탑사 금동삼존불상은 연화대좌 위의 비로자나불상을 중심으로 좌우에 협시 보살상이 배치되어 있는 특이한 형식의 불상이다. 높이는 본존불 27.5cm, 왼쪽 보살상 17.8cm, 오른쪽 보살상 18cm로 본존불이 협시 보살에 비해 유난히 큰 편이다. 이렇게 크기나 양식적 특징에서 다소 차이가 있어 원래부터 한 짝이었는지 의심스럽다. 본존불은 육각형 대좌 위에 앉아 있고, 협시 보살상은 중대에서 뻗어 나온 연화줄기 위에 표현된 연꽃 위에 각각 앉아 있는 모습이다. 삼존불상은 모두 옷자락이 대좌 위를 덮고 있는 상현좌 형식으로 표현되어 있다. 특히 육각형 대좌는 통일신라시대의 대좌 형식을 따른 것이나 중대와 하대석에 뚫려 있는 안상眼象이 특이하며, 반마름꼴 형태로 늘어진 옷자락은 형식화되어 있다.

본존불은 상체가 결가부좌한 다리보다 너무 크고 당당하여 비례가 적당하지 않다. 머리 중앙에 큼직한 계주가 장식되어 있고 얼굴은 네모난 편으로 원만한 느낌을 준다. 양쪽 어깨를 덮은 통견의 법의는 일률적인 옷주름으로 표현되었으나 왼쪽 어깨 위에 가사끈의 매듭이 사실적으로 표현되었다. 본존불은 지권인을 하고 있는 비로자나불상인데 반하여 협시 보살은 보관에 화불化佛과 병이 새겨진 관음과 세지보살을 배치하여 도상적으로 맞지 않다. 일반적으로 비로자나불상의 협시 보살로는 문수와 보현보살이 배치되는 것이 원칙이다. 두 보살상은 앉아 있는 자세나 두 손의 형태 등 양식적 특징에서 같은 틀로 만들었다고 할 수 있을 정도로 유사하다. 머리 위에 쓴 높은 보관 밑으로 머리카락이 내려와 어깨 위에까지 늘어져 있고 가슴 위로는 세 줄의 목걸이와 군의를 묶은 리본 형태의 매듭 등이 표현되어 있는데 이는 고려시대 불상에서 볼 수 있는 특징이다.

05 불상을 훔치려다 덜미 잡힌 승려

양산 통도사 은제도금아미타삼존불상

통도사 성보박물관에 소장되어 있는 은제도금아미타삼존불상은 1981년 3월 15일 오전 7시쯤 도난당하였다(도23). 그리고 다음달인 4월 4일 부산 골동상에 의해 일본으로 밀반출되기 직전에 되찾았다. 대구 중부 경찰서는 4일 불상을 훔친 통도사 승려 황모 씨를 검거하고 절도 혐의로 구속영장을 신청하였다. 불상은 부산 중구 광복동 삼보당에서 회수하였다. 승려 황 씨는 지난달 15일 오전 7시쯤 통도사 김모 승려의 방 캐비닛 안에 있던 불상을 훔쳐서 삼보당 주인에게 250만 원을 받고 팔아넘겼다(도24).[8]

황 씨가 훔친 통도사 은제도금아미타삼존불상은 거의 파손되지 않은 채 금빛이 찬란하며 정교하게 만들어진 조선시대의 불상이다. 2012년 2월 22일에 보물 제1747호로 지정되었다. 높이 11cm, 폭 11.8cm로 크기가 작은 편이며, 연화대좌 위에 입상과 좌상으로 구성된 삼존불상이라는 점에서 특이하다. 현재 두껍게 도금되어 있어 원래의 모습을 많이 잃어버렸지만 상 전체가 둔중한 느낌을 주며 조각 기법 역시 세련되지 못하고 투박하다. 1989년에 실시한 1차 조사 때 불상 내부에 복장이 납입되어 있다는 사실이 확인

도 23. 통도사 은제도금아미타삼존불상, 조선(1450년), 높이 11.2cm, 경남 양산 통도사성보박물관

되었는데, 2004년에 본존불 대좌 밑바닥에 뚫려 있는 지름 2.2cm의 작은 구멍에서 금, 은, 진주, 수정, 마노, 직물 등 30여 건의 복장물과 『조성발원문』이 발견되었다.[9] 이 발원문은 세종 32년인 1450년 5월에 조사造士 해료海了가 약 400여 명의 승속과 향도들이 뜻을 모아 불상을 조성하였을 때 기록한 것으로 시주자의 이름이 모두 나열되어 있는 것이 주목된다. 특히 발원문 속에 나오는 '원성미타삼존동발원願成彌陀三尊同發願'이라는 내용을 보면, 이 불상이 15세기 중엽인 조선 초기에 조성된 아미타삼존불상임을 알 수 있다.[10] 한때는 발원문의 연대를 중수된 시기로 보고 통일신라시대에 제작된 상으로 추정하기도 하였다.[11]

불상의 존명과는 다르게 아미타불상이 석가불이 취하는 항마촉지인을 하고 있으며, 관음과 세지보살상 역시 경권經卷을 두 손으로 비스듬히 잡고 있다. 이러한 아미타삼존불상의 형식은 강원도 금강산 은정골에서 발견된 것으로 조선중앙역사박물관 소장의 금동아미타삼존불상과 하버드대학 새클러박물관 소장의 은제삼존불상 등 조선 초기의 불상에서 볼 수 있다. 이 세 상은 시기적으로 비슷한 때 조성된 것으로 보이며 통도사 삼존불상 역시 금강산 지역에서 전세된 상이라는 점에서 이 지역의 특성으로 이해된다. 본존불 아미타불좌상은 몸에 비해 머리가 약간 큰 편으로 신체 비례가 적당하지 않다. 표현된 가슴이나 팔뚝의 형태를 굵고 뭉뚝하게 처리한 점 등은 조선시대 불상에서 흔히 볼 수 있는 특징이다. 그러나 머리 위에 육계肉髻가 표현되어 있지 않고 보주寶珠 형태의 계주髻珠가 큼직하게 표현된 점, 한쪽 어깨에 걸친 두터운 우견편단 법의의 굵은 옷주름 표현 등은 새로운 요소로서 중

국 원과 명대의 티베트 불상 양식이 반영된 것이다. 특히 정상계주는 고려 말에 티베트 양식의 불상과 함께 전해져 조선 초기에 이르기까지 나타나는 불상 형식이다. 좌우의 협시 보살상은 모두 연화좌 위에 입상으로 서 있다. 천의자락이 휘날리는 모습이 예스러우나 보관이나 천의 표현에서는 화려하고 장식적인 요소가 엿보인다. 특히 보관 중앙에는 관음과 세지보살의 상징인 화불化佛과 보병寶甁이 각각 새겨져 있다.

대좌는 팔각 중대에 앙련의 상대와 복련의 하대로 구성된 연화대좌이다. 그 아래에 낮은 1단의 화형대花形臺가 있으며, 각 면에는 안상眼象과 귀꽃을 장식하였다. 보살상은 본존불의 연화대좌에서 좌우로 뻗어 나온 연꽃줄기 위에 놓인 단판 연화좌 위에서 있는 형식이다. 이러한 3단의 연화대좌는 충청남도 당진군 면천면 성하리 영탑사에서 발견된 고려시대의 금동삼존불상(도20)과 동국대학교박물관에 소장되어 있는 고려 말의 아미타오존불상 등에서 볼 수 있다.

通度寺승려 金銅佛像 훔쳐

日搬出 직전 회수

羅代의 三尊如來… 국보급

◇도난됐다가 밀반출 직전에 되찾은 통도사의 금동삼존여래불상과 불상을 훔쳤던 승려 黃씨.

도24. 『조선일보』, 1981년 4월 5일

통도사 아미타삼존불상은 오랫동안 진위 문제로 논란이 되어 왔으나 불상의 복장물이 발견되면서 1450년 조선 전기에 조성되었다는 사실이 확인되었다. 양식상 중국 원과 명대의 불상에서 영향을 받은 외래적 요소가 남아 있어 조선시대의 불상을 연구하는 데 중요한 자료가 된다.

06 기상천외한 수법으로 불상의 속을 턴 범행의 종말

경주 기림사 소조삼신불상

경상북도 경주시 양북면 호암리 419번지 기림사 대적광전에 봉안된 소조삼신불상은 1997년 3월 17일 복장물을 도난당할 뻔하였으나 다행히 미수에 그쳤다(도25-1, 25-2).[12] 이 사건으로 인하여 기림사 비로자나불상의 복장에서 나온 고려, 조선시대의 사경과 판본들이 널리 알려지게 되었다(도25-3). 현재 불상과 복장전적들은 모두 보물 제958호와 제959호로 지정되어 있다.

기림사 소조비로자나불상의 복장전적은 이전에도 도난당하여 되찾아 온 적이 있다. 1993년 12월 5일 문화재 전문 절도범들이 기림사 유물전시관의 진열장 측면 0.7cm 유리에 스카치테이프를 붙이고 깨뜨린 다음 훔쳐갔는데, 이번 사건도 같은 범인들의 소행으로 보고 있다.[13] 기림사 주지인 법일 스님은 “15일 오후 대적광전에 봉안된 삼존불상 중 왼쪽에 있는 높이 3m인 소조 노사나불상의 왼쪽 팔꿈치와 밑부분이 손이 들어갈 정도로 부서져 있는 것을 발견했다. 범인들이 불상을 훼손한 뒤 안에 있는 귀중품을 훔쳐간 것으로 추정된다.”고 하였다. 사고가 난 대적광전은 지난해 12월부터 보수공사 중이어서 일반인들의 출입을 금지해 왔으며, 삼존불상의 훼손을 방지하기

도 25-1. 기림사 소조비로자나삼존불상, 조선(16세기), 높이 335cm, 경북 경주

도 25-2. 본존불 비로자나불상

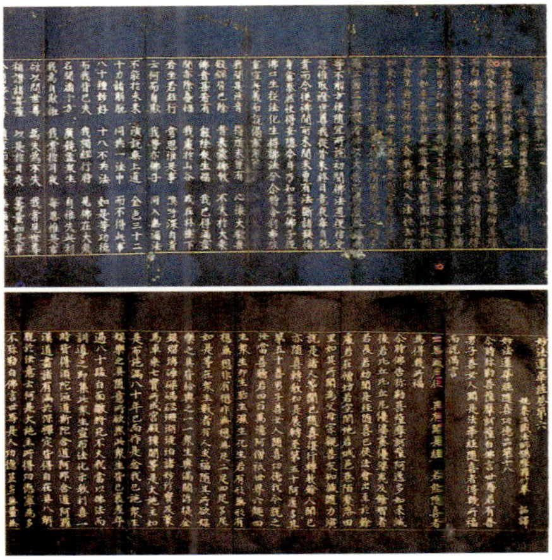

도 25-3. 감지은니묘법연화경 (권 2, 권6), 크기 31.9×11cm, 고려(1348년)

위해 나무판으로 가려둔 상태였다. 중앙의 소조비로자나불상 복장에서 나온 54권 71책의 경전은 대부분 조선 중종연간(1506-1544)에 제작된 것이다. 그중에는 고려시대 사경 연구에 중요한 자료로 1348년 고려 후기에 제작된 『상지은니대반야경』과 『백지금니불경』 등이 포함되어 있다.

복장물은 불상을 조성하거나 보수할 때 몸 안에 봉안하는 불사리佛舍利, 수정 구슬, 거울, 유리병, 곡식, 향목, 다라니陀羅尼 등의 물건을 의미한다. 이는 불상이 단순한 조각이 아니라, 종교적인 상징물로서 신성함과 생명력을 불어넣은 생명체임을 상징하는 것이다. 『조상량도경』에 의하면, 불상의 복장 안에는 사리와 사리통, 5곡, 5색실, 불경, 의복, 다라니 등을 넣는다고 한다. 특히 오방과 오색 등은 밀교의 금강계 5불 사상에서 영향을 받은 것으로 5방위와 색깔을 상징하는 것이다.[14] 그러므로 불상의 몸에서 종교적인 의미를 지니는 상징물인 복장물을 훔쳐가는 행위는 불상 자체를 죽이는 것과 같은 의미이다.

중국에서는 8세기 당나라 때 불상 안에 복장을 넣기 시작하였다고 하나 실제의 예는 송대 이후의 불상에서 많이 볼 수 있다. 우리나라에서도 통일신라시대 불상에 복장을 넣기 시작하여 고려시대 불상에서 본격적으로 유행하게 되었다. 고려시대에 목조불상이 많이 제작되면서 금동불이나 석조불상에 비해 불상 속에 복장을 안치하기가 용이했던 점도 하나의 요인이 되었다. 그 예로 보림사 목조사천왕상의 팔과 다리 부분에서 전적 200여 책이 나왔으며, 해인사 목조비로자나불상 안에서는 고려시대의 의복 10여 점이 발견되어 주목을 받았다.

기림사 소조불상의 복장물을 도난당한지 2년 후인 1999년 3월 22일에 국보 및 보물급을 포함한 문화재 200여 점(100억대 상당)을 도굴하거나 훔쳐 밀매한 문화재 전문 절도범 9명이 적발되었다. 서울지검 형사5부는 그중 경주 기림사의 불상을 깨뜨려 복장 유물을 훔치거나 고분을 도굴해 온 혐의로 손모 씨와 김모 씨 등 문화재 전문 절도범 6명을 구속·기소하였다. 검찰은 또 이들로부터 문화재를 몰래 사들여 팔아온 혐의로 문화재 매매업자 오모 씨를 불구속 기소하고 이모 씨 등 도굴범 2명을 지명수배하였다.

검찰에 따르면, 손 씨는 1997년 3월 경주 기림사에서 소조비로자나삼존불상 중 석가모니 불상의 몸통에 드릴과 칼 같이 예리한 도구로 구멍을 뚫은 뒤 불상 내부에 들어있던 〈금니천룡탱화金泥天龍幀畵〉와 금사 및 비단조각, 『부모은중경』, 『묘법연화경』 7책, 『능엄경』, 『금강반야바라밀경』 등을 훔쳤다고 한다. 또한 〈금니천룡탱화〉는 국보급으로 평가되며 부르는 것이 값일 정도로 귀한 문화재라고 밝혔다. 손 씨는 1996년 2월 전라남도 순천시 선암사 불조전佛祖殿에 들어가 후불탱화를 칼로 오려내 훔친 혐의도 받고 있었다. 손 씨를 비롯한 절도범들은 수배 중인 이 씨로부터 풍수지리로 묏자리와 보물 매장터를 찾아내는 방법 등을 전수 받아 전국을 돌아다니며 문화재를 도굴하였다. 이들이 훔치거나 도굴한 문화재 중에는 신라 고분에서 발견된 금관, 청자오리연적과 같은 뛰어난 작품도 포함되어 있다. 검찰은 "문화재 전문 절도범 중 1인자로 꼽히는 손 씨가 대전에서 부인의 명의로 '고당古堂'이라는 골동품상을 운영하였고, 주 고객이 일본인이었던 점에 비춰 상당수의 도굴문화재가 해외로 빠져나간 것 같다"고 말했다.[15]

한편 소조불은 흙으로 만든 후 햇볕으로 자연 건조한 것을 말한다. 내구성이 약하여 쉽게 파손될 수 있지만, 형태를 자유롭게 만들고 수정할 수 있기 때문에 사실적인 조각이 가능하다. 기림사 소조삼신불상은 복장물에 의해 1564년(명종 19년)에 중수된 조선 초기의 불상이며 현존하는 소조불상 중에서 가장 이른 시기의 예로 밝혀졌다. 법신인 비로자나불상을 중심으로 좌우에 아미타불상과 약사불상이 배치된 삼신불三身佛 형식으로 되어 있다. 이러한 삼신불은 화엄사상을 바탕으로 중국 당대 9세기에 성립되었으며, 우리나라에는 고려 말에서 조선 초에 유입되어 유행하였다. 『화엄경』에서는 법신 비로자나불상을 가운데 두고, 화신 석가불과 보신 노사나불을 좌우에 배치하는 경향이 있다.[16] 우리나라의 경우는 문헌상으로 982년경 금강산 장안사의 삼신불상과 1183년 용천사 소조삼신불상이 중수되었다는 기록이 있다. 그러므로 늦어도 고려 초기에는 조성된 것으로 추정되나 삼신불의 모습에 대해서는 구체적인 내용이 없다. 현재 남아있는 삼신불의 예는 조선 16세기에 조성된 보은 법주사 소조삼신불상을 비롯하여 17세기 이후로 내려가는 삼신불상들이다.

기림사 소조삼신불상은 모두 3m가 넘는 대형의 불상이다. 손의 형태만 각각 다를 뿐, 크기나 얼굴 표현, 신체 비례, 법의의 착의법 등은 거의 유사하다. 이 삼신불상은 전반적으로 머리와 두 다리에 비해 상반신이 장대하여 비례가 맞지 않는다. 머리 위의 육계는 높고 큰 편이며, 중앙에 작은 계주가 놓여 있다. 약간 네모난 얼굴에는 가늘게 뜬 눈과 뭉툭한 콧등이 표현되었으며, 표정이 없으나 종교적인 엄숙함이 엿보인다. 유난히 넓고 당당한 어깨와 가슴은 건장하면서도 경직된 모습이다. 왼쪽 어깨 위에서 접혀있는 옷자락과 왼쪽 무릎 위 나뭇잎 모양의 옷자락 등은 고려시대에 나타나기 시작하여 조선 전기의 불상에서도 보인다. 반면에 가슴 위에 수평으로 입은 내의와 주름 표현, 두 다리 사이로 무겁게 늘어진 법의의 옷주름은 조선 후기 불상에서 볼 수 있는 특징이다.

기림사 소조삼신불상은 임진왜란(1592)과 정유재란(1598)으로 불타버린 사찰이 중건되기 시작하면서 17세기 이후인 조선 후기에 일시적으로 유행하게 되는 대형 소조불상의 한 예로 중요한 자료라 할 수 있다.

07 여러 차례 수난을 겪고 돌아오기까지

영암 도갑사 목조문수·보현동자상

전라남도 영암군 군서면 도갑리 8번지에 위치한 도갑사 목조문수·보현동자상은 1988년 10월 26일 도난당한 후 회수되었다. 그리고 1997년 12월 27일에 또 도난될 뻔 하였다가 미수에 그쳤다(도26-1, 26-2). 두 번의 도난 위기를 넘긴 것이다. 원래는 도갑사 입구에 있는 해탈문 안에 인왕상과 함께 안치되어 있었으나 도난 사건 이후 도갑사 도선국사성보관으로 옮겨 보관 중이다. 문수·보현동자상은 우리나라에서 보기 드문 예로 유일하게 보물 제1134호로 지정되어 있다. 문수동자는 지혜를, 보현동자는 실천을 상징한다.

문수·보현동자상은 높이 각각 107cm, 112cm로 크기 차이가 거의 없으며 특징이나 조각 기법도 유사하다.[17] 원래 보살상으로 표현되는 것이 일반적이나, 동자의 모습을 하고 사자와 코끼리 등 위에 몸을 틀고 걸터앉아 있는 자세가 특이하다. 이렇게 사자와 코끼리를 타고 있다는 점에서 문수동자와 보현동자로 추정하는 것이다. 문수보살이 동자의 모습으로 표현되는 것은 모든 부처가 문수보살의 지혜를 통해 정법을 알고 불가에 태어나기 때문이다.

도 26-1. 도갑사 목조문수동자상, 조선 전기, 높이 166cm, 전남 영암 도선국사성보관
도 26-2. 도갑사 목조보현보살상, 조선 전기, 높이 164cm, 전남 영암 도선국사성보관

문수와 보현이 동자상으로 절 입구에 봉안될 때에는 인왕과 함께 사악한 기운을 물리치는 호법신장의 역할을 한다. 오랜 세월 탓에 채색이 벗겨지고 많이 바랬으나 오히려 예스러운 맛을 준다.

전반적으로 문수·보현동자상들은 대좌인 사자상과 코끼리상에 비해 작은 편이어서 왜소하게 보인다. 작은 얼굴에 늘씬한 신체를 가지고 있어 여성스러운 모습이다. 머리카락은 위로 올려 두 갈래로 나누고 붉은 띠로 묶었으며, 얼굴에서는 어린아이와 같은 천진난만한 표정이 엿보인다. 몸에는 긴 도포를 입었고 양쪽 어깨를 감싸는 천의자락이 발밑에까지 내려와 있다. 오른쪽 무릎 아래에는 바지를 묶을 때 생기는 특이한 옷주름이 표현되었는데, 이는 조선 후기의 불화에서 종종 볼 수 있다. 문수동자는 왼쪽 다리를 반가좌한 채 오른쪽 다리를 늘어뜨리고 있지만, 보현동자는 두 다리 모두 아래로 내리고 걸터앉아 있어 약간 차이가 있다. 동자상과 대좌는 따로 만들었으며,

두 손은 후대에 다시 만들어 끼워 넣은 것이나 손가락 끝마디가 모두 파손되었다. 대좌인 사자상은 동자상과 달리 사실적이고 생동감 있게 표현되었다. 코끼리상 또한 힘차게 서 있는 모습이나 채색이 거의 남아 있지 않다.

1960년 5월 해탈문을 보수하는 과정에서 발견된 상량문에 의하면, 1473년(성종 4년)에 해탈문이 완성되었다고 하니 문수와 보현동자상도 이때 함께 조성된 것으로 보인다. 도갑사 문수·보현동자상은 우리나라에서 보기 드문 동자상이고 조선 초기라는 조성연대가 비교적 확실하다는 점 등에서 중요한 자료이다.

도갑사에서 볼 수 있듯이, 문수보살와 보현보살이 한 짝을 이루는 것은 중국 당나라에서 번역된『다라니집경』권 1에 의거한 것이다.[18] 그 내용을 보면 다음과 같다.

> 문수보살은 모두 백색으로 머리 뒤에는 빛이 있으며 사자를 타고 있다. 칠보영락으로 된 보관을 쓰고 있으며, 천의를 입고 온갖 장엄을 하였다. 보현보살은 흰코끼리를 타고 있는 모습으로 표현되었다. 이때의 본존은 진금색에 붉은 가사를 입고 칠보관을 쓰고 몸 전체에서 광명을 내며, 손으로 모다라를 맺고 칠보로 장엄한 연화좌 위에 결가부좌하고 있는 석가불 또는 비로자나불상이다.

이와 같이 보관을 쓴 석가불(비로자나불)을 주존으로 좌우에 문수와 보현보살이 배치된 삼존불상은 인도에서는 오래된 예를 볼 수 없고 중국 당대 7세기 후반 이후에 크게 유행하였던 불상 형식이다. 실제 벽화나 조각상으로는 돈황석굴이나 운강석굴, 용문석굴, 사천석굴 등에 다수 남아 있으며, 대부분 코끼리와 사자가 입상으로 표현되었다.

이와 유사한 예로 경상남도 하동 쌍계사 문수·보현동자상이 있다(도27-1, 27-2). 이 동자상은 사자 등 위에서 두 다리를 내리고 앉아 있는 모습이다. 이 역시 2002년 12월 13일에 도난되었다. 또 한 예로는 1997년 2월 18일 도갑

도 27-1. 쌍계사 문수동자상, 조선 후기, 높이 40cm, 경남 하동 성보전
도 27-2. 쌍계사 보현동자상, 조선(1705년), 높이 118.7cm, 경남 하동 성보전

사 경내에서 발견한, 고려시대의 것으로 추정되는 청동문수동자상이 있다(도28).[19] 높이 15cm 정도의 작은 상이지만 사자 등 위에 놓인 연화좌에 앉아 있는 것으로 완전한 형태를 갖추고 있다.

우리나라에서도 『삼국유사』 권 4에 '문수보살이 사자보좌 위에 앉아 있다'는 신라시대의 기록이 있어 일찍이 사자문수상이 조성되었다는 것을 알 수 있다.[20] 비로자나불과 문수·보현보살이 결합한 삼존불상은 통일신라시대에 등장하였는데, 경상북도 성주군 법수사 절터와 경주 불국사에서 각각 발견되었다. 그 중 법수사 석조비로자나삼존불은 본존불과 보살상이 완전히 파손된 상태로 사자좌와 코끼리좌만 경북대학교박물관 앞에 덩그러니 놓여 있다(도29-1, 29-2, 29-3, 29-4).[21] 처음 발견되었을 때에는 불·보살상의 몸체가 어느 정도 남아 있었으나 지금은 너무 많이 훼손되었다. 사자와 코끼리상은 사각형의 받침대 위에 무릎을 꿇고 앉아 있는 모습으로 머리와 다리 부분이 없어졌는데, 보살상이 앉았던 안장 위에 장식된 구름문과 연화문, 코끼리 머리 위의 굴레와 사자의 날카로운 발톱이 표현된 것으로 보아 문수와 보현보살의 대좌가 확실하다.

불국사 석조비로자나삼존불상 역시 1970년 6월에 불국사 토량처리공사 중에 발견되었으나 현재 협시 보살상들은 없어졌고 심하게 파손된 본존불과 대좌인 사자좌와 코끼리좌만 남아 있다(도30-1, 30-2).

2004년경 박사논문을 쓰면서 자료수집차 불국사에 갔을 때의 기억이 새삼 떠오른다. 자료에 필요한 상들이 어디에 있는지를 알 수 없어 여기저기 둘러보다가 불국사 경내 기념품 판매소 앞마당에 완전히 분리된 채 아무렇게 놓여있는 석조의 잔편들이 눈에 들어왔다. 언뜻 보면, 불상의 대좌라고는 도저히 생각할 수 없을 만큼 퇴락한 모습으로 세월의 무상함을 절감케 하였다. 불국사 비로자나삼존불상이 그 원형을 잃어버렸다는 사실이 얼마나 안타깝고 답답했던지. 지금도 눈에 잘 띄지는 않지만 불국사 경내 종각鐘閣 근처에 설치된 철책 안에 모셔져 있다. 경주 불국사는 유구한 역사를 자랑하는 신라 최고의

도 28. 도갑사 청동문수동자상, 고려, 높이 15.2cm, 전남 영암군 도선국사성보관

도 29-1. 법수사 석조비로자나삼존불상, 통일신라(9세기), 경북대학교박물관 경내
도 29-2. 본존 비로자나불좌상
도 29-3. 사자좌, 높이 38cm, 폭 93cm, 대좌 높이 118cm, 폭 63cm
도 29-4. 코끼리좌, 높이 57cm, 폭 94.5cm, 대좌 높이 119cm, 폭 62.5cm

도 30-1. 불국사 사자좌와 코끼리좌, 통일신라(9세기), 높이 110cm, 폭 50cm, 경북 경주
도 30-2. 코끼리좌

유적지로 문화재가 여기저기에 널려 있을 정도로 많지만 정작 그것을 지키고 보존하는 데에는 다소 게으른 것 같다.

시도지정문화재 불상의 도난 및 미수 사건

3

01 비가 억수같이 내리는 한밤중에 사라진 불상

서산 문수사 금동아미타불좌상

충청남도 서산시 운산면 태봉리 산 25번지에 위치한 문수사 극락보전의 금동아미타불좌상은 1993년 7월 24일 비가 억수같이 내리던 한밤중에 감쪽같이 사라졌다(도31). 문화재 전문 절도범들이 극락보전의 뒷벽을 뚫고 들어와 불상을 절취해 갔는데, 지금까지 불상의 소재지를 알 수 없다.[1] 이 불상은 1974년 8월 31일 충청남도 유형문화재 제 34호로 지정된 것이다.

문수사 금동아미타불좌상은 대좌와 광배를 모두 결실하였지만 완전한 형태를 갖추고 있다. 불상 내부에서 복장이 발견되어 조성연대를 확실히 알 수 있는 고려 후기의 대표적인 작품이다.[2] 복장기에 의하면, 고려 충목왕 2년인 1346년 9월 8일에 승려, 문무관, 일반대중, 노비에 이르는 300여명이 발원하여 조성하였다고 한다. 이와 같이 많은 불교 신자들에 의해 아미타불상이 조성되었다는 것은 고려시대에 중앙에서 지방에 이르기까지 아미타신앙이 널리 확산되어 있었다는 것을 말해준다.

문수사 금동아미타불좌상은 높이 70cm, 폭 50cm의 크기로 머리가 신체에 비해 작고, 결가부좌한 두 다리의 폭이 넓어 전반적으로 안정감 있는

도 31. 문수사 금동아미타불좌상, 고려(1346년), 높이 70cm, 충남 서산

모습이다. 머리 위에는 큼직한 반원형의 계주髻珠가 장식되었으며, 얼굴에는 표정이 없지만 인간적인 모습에 부드럽고 착한 인상이다. 두 손은 아미타불의 상징인 설법인說法印을 하고 있는데, 오른손은 가슴 위로 올리고 왼손은 배 앞에 두고 각각 엄지와 셋째손가락을 맞대고 있다. 법의는 두꺼운 통견通肩으로 양쪽 어깨를 덮었으며 옷주름은 몇 개의 선으로 표현되어 간략하면서도 자연스럽게 흘러내린다. 특히 왼쪽 가슴 앞에 표현된 마름모꼴의 금구金具 장식과 수평으로 입은 내의를 묶은 띠매듭 등은 고려 후기 불상에서 많이 볼 수 있는 특징이다. 앉아 있는 자세는 오른발만 위로 드러난 길상좌吉祥坐를 하고 있다.

문수사 아미타불좌상은 인근 지역에 있는 1346년(고려 충목왕 2년)에 조성된 충청남도 청양 장곡사 대웅전 금동약사불좌상(도32)보다 2개월 뒤에 조성된 것이다. 손 모양만 다를 뿐 불상의 형식이나 특징이 매우 유사하다. 국립중앙박물관에 있는 금동아미타불좌상(도33) 또한 얼굴이나 신체 비례, 법의의 착의법과 옷주름 등이 문수사 불상과 유사하여 같은 유파의 조각가에 의해 조성된 것으로 보인다. 이런 스타일의 고려 후기 불상은 충청남도 당진 신암사 금동불좌상을 비롯하여 국립부여박물관 소장의 금동아미타불좌상, 국립전주박물관 소장의 금동아미타불좌상 등 충청남도와 전라북도에 집중적으로 분포되어 있어 당시 지역적인 특성이 반영된 듯하다.

문수사 금동아미타불상의 복장에서는 발원문 외에 경전, 다라니, 물목을 기재한 필사 자료 등 17종 504개에 이르는 다양한 전적류와 고려 말에 제작된 복식 1점을 비롯하여 각종 직물류와 팔엽통, 방울, 구슬류 등도 발견되

도 32. 장곡사 금동약사불좌상, 고려(1346년), 높이 90.2cm, 충남 청양
도 33. 금동아미타불좌상, 고려(14세기 후반), 국립중앙박물관

었다. 특히 전적류 중『묘법연화경』과『인왕호국반야바라밀경』,『의천속장경판기』는 각각 각필과 석독구결釋讀口訣이 있어 국어사 연구에 귀중한 자료로 평가된다.[3]

02 복면한 강도가 주지스님의 손발을 묶고 훔쳐간 불상

부여 무량사 금동아미타삼존불상과 금동보살좌상

충청남도 부여군 외산면 만수리에 있는 무량사의 금동아미타삼존불상 중 본존불인 아미타불좌상은 도난당하여 현재 그 소재지를 알 수 없다(도 34-1). 1989년 7월 13일 복면을 한 강도 2명이 무량사 주지실에 침입하였다. 그들은 주지스님의 얼굴을 가리고 손과 발을 테이프로 묶어 움직일 수 없게 한 뒤 산소용접기로 금고를 해체하였다. 그리고 삼존불상과 함께 금동보살좌상, 청동사리구, 보살문원판, 동경 등 8점을 모두 훔쳐 갔다(도 34-2).[4]

도난당한 불상들은 1971년 무량사 극락전 옆에 있는 5층석탑을 해체, 복원했을 때 5층 탑신의 청동사리구 등 9점의 유물과 함께 초층탑신과 3층탑신에서 각각 발견된 것이다(도 35).[5] 금동아미타삼존불상 중 협시 보살상 2구와 금동보살좌상을 포함한 불상 3구는 2001년 2월 29일에 되찾았으나 본존인 금동아미타불좌상과 청동사리구, 보살문원판, 동경 등 5점은 아직도 행방이 묘연하다.

무량사 금동아미타삼존불상은 충청남도 유형문화재 제 100호로 지정되어 있다. 아미타불을 중심으로 좌우에 관음과 지장보살을 배치한 것으로

도 34-1. 무량사 금동아미타불좌상, 조선 전기, 높이 33.5cm, 충남 유형문화재 제 100호, 충남 부여군
도 34-2. 무량사 오층석탑 출토 유물, 조선 전기, 높이 아미타불상 33.5cm, 관음보살좌상 26cm, 지장보살좌상 25.9cm, 충남 부여군

조선 초기 아미타삼존불상의 특징을 보여준다. 본존 아미타불좌상은 높이 33.5cm로 고개를 약간 숙인 자세이며, 상체가 얼굴에 비해 작고 빈약하여 전체적인 비례감이 맞지 않는다. 얼굴의 이마는 각이 진 역삼각형이며 머리 위에 육계肉髻가 뾰족하면서 그 위와 아래에 유난히 작은 계주髻珠가 2개 장식되어 있다. 법의는 양쪽 어깨를 덮은 통견의 법의를 입었다. 수평으로 입은 내의 위로는 단순한 띠매듭과 약간 늘어진 가슴이 표현되었다. 오른손은 가슴 앞으로 들고 왼손은 무릎 위에 두고 각각 엄지와 셋째손가락을 맞대고 있는 아미타불의 설법인을 하고 있다. 이러한 형태의 아미타불상은 전라남도 강진 무위사 목조아미타삼존불상이나 경기도 양평 수종사 탑에서 발견된 금동불좌상과 같은 조선 초기의 불상과 유사하며, 고려 말에 조성된 왕실 발원의 불상 형식과도 관련있는 것이다.[6] 특히 팽이 모양의 뾰족한 육계를 중심으로 위와 아래에 2개의 계주가 장식된 것은 중국 원나라 때 유입된 티베트 불상 양식의 영향을 받은 것으로 조선시대 불상에서 본격적으로 유행하였다.

관음보살좌상과 지장보살좌상은 높이가 각각 26cm, 25.9cm로 크기에서 약간 차이가 있으나 얼굴 표현이나 앉아 있는 자세, 착의법, 손 모양 등

도 35. 무량사 5층석탑, 고려, 충남 부여군

이 거의 유사하다. 보살상이지만 두 손에는 지물이 없고 특이하게 아미타불상과 같은 설법인을 하고 있다. 관음보살상은 보관에 화불化佛이 새겨져 있고 지장보살상은 머리에 두건을 쓰고 있는 것이 특징적이다. 두건을 쓴 지장보살상은 고려시대부터 조선시대 초기까지 크게 유행했던 형식이다. 중국 중원지역이나 일본에서는 그 예를 볼 수 없는 반면에 중앙아시아의 투르판과 돈황, 사천성, 운남성 등에서 나타나고 있는 점은 주목할 만하다.[7]

무량사 금동아미타삼존불상과 같이 관음과 지장보살을 협시로 하는 삼존불상은 고려 후기에 등장하기 시작하여 조선 초기에 정착하게 된 불상 형식이다. 고려시대 이전에는 아미타불과 관음, 대세지보살상으로 이루어진 아미타삼존불상이 유행하였다. 그러나 14세기 이후에는 그 성격과 역할이 뚜렷하지 못한 대세지보살의 자리에 지장보살이 배치되어 관음보살과 함께 아미타삼존불을 형성하였다. 이러한 형식의 아미타삼존불상은 673년에 조성된 중국 용문석굴 연화동에서 그 예를 볼 수 있어 7세기 후반인 당대에 처음 등장한 것으로 보인다. 우리나라에서도 무량사 아미타삼존불상 외에 강

원도 금강군 내강리 안양암 마애아미타삼존불상을 비롯하여 동국대박물관 소장의 금동아미타삼존불상, 무위사 목조아미타삼존불상, 개심사 목조아미타삼존불상 등 15세기인 조선 초기의 작품들이 많이 남아 있다. 특히 북한 조선중앙역사박물관의 소장품 중 금강군 내강리에서 발견된 아미타삼존불상이 몇 예로 남아 있는 것은 중국 원 간섭기 고려 왕실과 금강산신앙의 관련성을 말해준다.

도 34-3. 무량사 금동보살좌상, 조선 전기, 높이 36.5cm, 충남 부여군

무량사 금동아미타삼존불상의 조성 연대에 대해서는 두 가지 설이 있다. 아미타불상의 높은 육계와 뾰족한 정상계주 등에서 중국 원나라 티베트 불상 양식의 영향을 받은 고려 후기의 작품이라는 설과[8] 무위사 목조아미타삼존불상과의 양식 비교를 통하여 15세기 말 조선 초기 불상으로 보는 설이다.[9] 특히 무량사 아미타불상의 법의에 나타나는 직선적이면서 선각적인 옷주름 표현이나 보살상의 무릎을 감싼 연주문으로 장식된 영락 등은 15세기 이후 조선 초기 불상에서 흔히 볼 수 있는 특징이다. 지장보살상 역시 이마를 두른 좁은 띠가 가슴 부분까지 길게 내려와 있는 점이나 수평으로 입은 내의와 띠매듭, 세 줄로 늘어진 목걸이 장식 등에서 전라북도 고창 선운사에 있는 조선 초기의 금동지장보살상(도15) 등과 유사하다. 무량사 금동아미타불좌상은 크기는 작지만 전통적인 불상과는 달리 새로운 외래적 요소가 나타나는 것으로 시대 양식이 반영되어 있는 불상이다.

3층 탑신에서 발견된 또 다른 금동보살좌상 1구(도34-3)는 높이 36.5cm로 아미타불상과 크기는 거의 같으나 머리에 쓴 보관과 두 손이 도두 파손된 상태이다. 이 금동보살상은 도난되었다가 되찾아온 것이다.

03 불상의 머리만 가져간 도둑들

횡성 상동리 석불좌상

강원도 횡성군 공근면 상동리 495-9번지에 있는 통일신라시대의 석불좌상은 강원도 유형문화재 제 20호로 지정되어 있다. 광배만 파손된 채 불상과 대좌가 완전한 상태로 남아 있었으나 1989년 10월 20일 밤 10시부터 다음날 새벽 4시 사이에 불상의 머리만 도난당하였다(도 36).[10] 머리의 도난 과정이나 범인들에 대해서는 전혀 알려진 바가 없다.

현재 불신만 남아 있는데 대체로 신체 비례가 적당하며 양감 있고 부드러운 조형성을 보여준다. 도난당한 불상의 머리는 높이 43cm로 굵은 나발螺髮이 표현되어 있고 그 위에 큼직한 육계肉髻가 놓여 있다. 얼굴은 둥글고 볼이 통통한 편으로 미소가 사라진 근엄한 표정이다. 불신은 넓고 당당한 어깨와 잘록한 허리, 양감 있는 두 다리로 표현되었다. 법의는 양쪽 어깨를 감싸고 있는 통견通肩으로 입었는데 어깨 부분의 옷깃이 살짝 접혀 있으며 그 안으로 비스듬히 입은 내의가 표현되었다. 오른손은 무릎 위에 두고 손바닥을 아래로 향하고 있는데 반하여 왼손은 결가부좌한 다리 위에 놓여 있는 항마촉지降魔觸地의 모양을 하고 있다. 촉지인의 불좌상은 석가모니가 보리수菩提樹

도36. 횡성 상동리 석불좌상, 통일신라, 불두 높이 43cm, 강원 횡성군

아래에서 선정에 들면서 모든 악귀를 물리치고 부처가 되었을 때 취한 불상 형식으로 통일신라시대에 등장하여 크게 유행하였다.

대좌는 팔각연화대좌로 상·중·하대로 구성되었으나 현재 하대는 땅속에 묻혀 있어 그 형태를 정확하게 알 수 없다. 앙련仰蓮으로 구성된 원형의 상대와 안상眼象이 새겨진 팔각의 중대는 통일신라시대에 흔히 볼 수 있는 전형적인 대좌 형식이다. 광배는 파손되어 단편으로 흩어져 있을 뿐 정확한 형태를 알 수 없다. 횡성 상동리 석불좌상은 불신만 남아 있지만 안정감 있는 신체 비례나 양감, 세련된 조각 기법, 팔각의 연화대좌 등에서 통일신라 후기에 조성된 불상으로 봐도 크게 무리가 없다. 그러나 최근 불상의 머리를 새로 만들어 올려놓아 예스러움을 완전히 잃어버렸다.

유사한 예로 불상의 머리만 없어진 전라남도 남원시 덕과면 사율리 석불좌상이 있다(도37). 도난 시기는 정확하지 않지만 2004년 6-7월경에 없어진 것으로 보고 있다. 2008년 11월 17일에 되찾아 남원 향토박물관에 잠시 보관되어 있다가 2010년에 원각사 소유가 되었으며, 지금은 원각사 전망대 입구에 모셔져 있다. 이 불상은 높이 160cm로 불신과 광배가 같은 돌로 되어 있고, 석탑의 부재로 만들어진 기단 위에 놓여 있다. 불상의 오른팔과 왼손

도 37. 남원 사율리 석불좌상, 고려말- 조선초, 현높이 160cm, 전북 남원
도 38. 굴불사지사면석불, 통일신라(8세기 중엽), 높이 351cm, 경북 경주
도 39. 용장사지 석불좌상, 통일신라, 높이 456cm, 경북 경주

일부가 파손되어 있고, 광배의 세부 표현은 마멸이 심하여 뚜렷하지 않다.

경주 지역을 돌아다니다 보면, 유독 목이 잘린 불상이나 여러 조각으로 동강이 나서 머리만 남아 있는 불상들이 여기저기 어지럽게 널려 있다. 경주 굴불사지 사면석불(도38)을 비롯하여 용장사지 석불좌상(도39), 장항사지 석불입상, 삿갓골 석불입상, 철와곡 발견 석불 머리, 약수계 마애불입상 등 어디에나 있다. 머리가 없는 섬뜩한 모습의 불상을 만나게 되면 '도대체 누가 그랬을까?'하는 생각이 든다. 일제강점기 때 일본사람들이 저지른 무모한 짓인가? 아니면, 불교를 믿지 않는 집단들의 소행인가? 실제로 경주 남산의 주요 유적지에는 곳곳에 일제의 잔재가 남아 있다. 경주 내남면 용장리 남산자락에 위치한 보물 제 187호 석불좌상 옆에는 '조선총독부'라는 글귀가 선명하게 새겨져 있고, 또 문화말살의 목적으로 유적지를 가로질러 만든 철도가 아직도 존재하고 있다.

국립경주박물관 뜰에도 경주 분황사에서 출토되었다고 하는 목 잘린 불상들이 전시되어 있다(도40-1,40-2). 이 13구의 불상들은 1965년 12월 분황사 뒷담에서 북쪽으로 33m 정도 떨어진 우물 속에서 보살입상 1구, 불두 5구, 광배 1점과 함께 발견된 것이다. 분황사는 신라 선덕여왕 3년인 634년에 창건되었으나 13세기 전반 고려 때 몽고의 침입으로 완전히 불타 없어진 사찰

도 40-1, 40-2. 석불좌상, 통일신라 후기, 경주 분황사 발견, 경주박물관 야외전시장

이다. 분황사에서 발견된 이 불상들은 크기가 일정하지 않고 손 모양도 각기 달라서 다양한 형식을 보여준다. 분황사 경내에 있는 목 잘린 불상들은 언제쯤 파손되었는지 정확하게 알 수 없다. 아마 조선조 500년간 내려온 유교가 만든 폐해로 보인다. 불교에 대한 억압이 한창 심할 때 불상들을 우물 속에 넣고 메우면서 생긴 흔적으로 여겨지는 것이다. 천년의 세월을 견디어 용케 살아남은 불상들이다.

04 옛 절터를 떠나버린 비운의 불상

의령 중교리 석불좌상

경상남도 의령군 정곡면 중교리 428-1번지 정곡초등학교 안에 있던 통일신라시대 석불좌상 1구를 잃어버렸다(도41). 원래 석곡리 미륵골의 옛 절터에 있었던 2구의 불상을 1925년에 이곳으로 옮긴 것인데, 2005년 7월 25일에서 26일 사이에 그 중 1구를 도난당한 것이다.[11] 이 불상은 발견 당시 머리 부분과 팔, 무릎 등이 파손되어 있었으나 후에 복원하면서 얼굴을 몸과 다른 석재로 만들어 올려 원래의 모습을 잃어버렸다. 현재 경상남도 유형문화재 제 6호로 지정되어 있다.

도 41. 의령 중교리 석불좌상, 통일신라, 높이 68cm, 경남 의령군

의령 중교리 석불좌상은 높이 68cm로 신체 비례가 적당하고, 넓은 어깨와 잘록한 허리 등에서 통일신라시대 불상의 특징인 사실적인 조형성이 잘 나타나 있다. 몸에는 한쪽 어깨를 드러낸 우견편단右肩偏袒의 법의를 입었는데, 오른쪽 어깨 위에 반달 모양의 옷자락이 표현

되었다. 옷을 입는 방식과 옷주름 표현은 통일신라시대 불상에서 많이 볼 수 있는 특징이다. 두 손은 심하게 파손되어 있지만, 팔의 위치로 보아 오른손을 아래로 늘어뜨리고 왼손을 무릎 위에 두고 있는 항마촉지降魔觸地의 손 모양인 것을 알 수 있다. 일반적으로 항마촉지인은 석가불이 주로 취하는 손 모양으로 통일신라시대에 처음 등장하여 크게 유행했던 불상 형식이다.

05 연쇄적으로 사라져버린 불상

제천 정방사 목조관음보살좌상

충청북도 제천시 수산면 능강리 161-1번지 정방사에 안치되어 있던 조선 후기의 목조관음보살상은 2004년 5월 13일 새벽 2시경에 도난당하였다(도42).[12] 높이 51cm로 크기가 작은 편이지만 불상의 내부에서 발원문이 발견되어 1689년(숙종 15년) 3월에 조성되었으며 아미타불상의 협시 보살임이 밝혀진 것이다.[13] 현재 충청북도 유형문화재 제 206호로 지정되어 있다.

도난된 후 10년 동안 행방을 알 수 없었던 정방사 목조보관음보살상이 갑자기 나타났다. 2014년 6월 2일경 서울 관훈동에서 열릴 예정이었던 마이아트 옥션에 경매물품으로 나온 것이다. 한국미술박물관 관장인 권 모 씨가 사채업자로부터 29억 5000만 원을 빌려 쓰고 그 상환대금으로 문화재 31점을 사채업자에게 양도하였는데, 그중 마이아트 옥션에 경매를 의뢰했던 16점 중에 하나였다.[14] 경매 전시품 중 정방사 목조보살좌상 외에도 경상북도 청도 용천사 〈영산회상도〉 1점, 청송 대전사 〈신중탱화〉 2점 등 총 4점이 도난 문화재로 확인되어 압수된 후 현재 조계종 성보박물관 유물수장고에 보관되어 있다.[15]

도 42. 정방사 목조관음보살좌상, 조선(1689년), 높이 51cm, 충북 제천

정방사 목조관음보살좌상은 얼굴이 몸에 비해 작고 결가부좌한 두 다리의 폭이 넓어 전반적으로 안정감 있는 신체 비례를 보여준다. 머리에 쓴 보관은 꽃문양으로 화려하게 조각되었고, 양쪽 귀 옆에는 U자형의 관대가 입체적으로 펼쳐져 있어 장식적인 느낌이 강하다. 보관 가운데에는 관음보살의 상징인 작은 화불化佛이 새겨져 있다. 얼굴은 사각형에 가까운데, 눈, 코, 입이 작고 단정하게 표현되어 있으나 무표정한 인상이다. 양쪽 귀는 유난히 크고 길게 내려와 있고, 그 위로 머리카락이 두 갈래로 나뉘어 늘어져 있다. 몸에는 양쪽 어깨를 덮은 통견通肩의 법의를 입었는데, 오른쪽 어깨 위에 반달형의 옷자락이 표현되었다. 오른쪽 팔에 걸쳐 있는 옷자락은 다리 아래에

까지 늘어졌다가 배를 가로질러 옷 안쪽으로 들어가 있다. 두 다리 위에는 똑같이 3줄의 옷주름이 접혀 있고 다리 사이에 굵은 띠주름이 세로로 표현되었다. 또한 가슴 위로는 수평으로 입은 내의內衣의 끝부분에 연판 모양으로 주름 잡혀 있는 것이 특징적이다. 두 손은 모두 따로 만들어 끼워 넣었다. 왼손은 가슴 위로 들고 오른손은 아래로 내린 설법인說法印을 하고 있는데, 손의 좌우가 반대로 되어 있어 본존불의 왼쪽 협시 보살로 보인다.

이렇듯 정방사 목조관음보살좌상은 여래식의 법의를 입고 아미타불의 손 모양을 하고 있다. 이는 조선 후기에 유행했던 전형적인 보살상의 형식이다. 발원문에 의하면 이 상을 제작하는 데에는 단응端應, 보웅寶雄, 유특裕特, 탁린琢璘 등 4명의 화승이 참여하였다고 한다. 이들은 주로 17세기 후반에 경상도 지역을 중심으로 활동하였던 조각승이다. 단응의 대표적인 작품으로는 1684년에 제작된 경상북도 예천 용문사 목조아미타삼존불상과 아미타목각

도 43. 용문사 목조아미타삼존불상과 아미타목각불탱, 조선(1684년), 높이 본존불 85cm, 대세지보살상 84cm, 관음보살상 79.5cm, 경북 예천군

도44. 정혜사 관음·대세지보살좌상, 조선(1699년), 높이 70cm, 전남 순천
도45. 화엄사 지장암 목조관음보살좌상, 조선 후기, 높이 53.1cm, 전남 구례군

불탱 등이 있다(도43).

이런 스타일의 조선 후기 보살상들은 근래에 들어 연쇄적으로 도난당하였다. 전라도 지역에서는 순천 정혜사 관음·대세지보살좌상(1992년 9월 1일)(도44)을 비롯하여 여수 용문사 목조관음보살좌상(1993년 12월 15-16일), 구례 화엄사 지장암 보광전 목조관음보살좌상(2006년 7월 4일 이전)(도45) 등이 도난되었다. 경상도 지역에서는 문경 운암사 극락전 관음·대세지보살좌상(1993년 1월 9일)(도46)과 군위 법주사 보광명전 목조관음·대세지보살좌상(1993년 12월 4일), 안동 개목사 목조보살좌상(2001년 8월 5일)(도47), 영주 영전사 목조관음보살좌상(2001년 12월 23일, 2002년 1월 26일 회수)(도48) 등이 경쟁하듯이 연이어 도난되었다. 충청도 지역에서도 주지스님이 잠시 외출한 사이에 공주 갑사 관음보살좌상(1991년 9월 15일)과 청양 정혜사 관음보살좌상(1999년 10월 20일, 2002년 1월 26일 회수)(도49) 등이 감쪽같이 사라졌다.

도 46. 운암사 관음·대세지보살좌상, 조선(1811년), 높이 80cm, 경북 문경

도 47. 개목사 목조보살좌상, 고려 후기, 높이 71cm, 경북 안동

도 48. 영전사 목조관음보살좌상, 조선 전기, 높이 78cm, 경북 영주

도 49. 정혜사 관음보살좌상, 조선 후기, 높이 90cm, 충남 청양군

06 도난당하였다가 복장만 사라진 불상

남원 실상사 백장암 철조보살좌상

전라북도 남원시 산내면 대정리 실상사 백장암 법당에 모셔진 철조보살좌상은 1997년 5월 도난되었다가 같은 해 9월에 보살상의 복장만 털린 채 되돌아왔다(도50).[16] 현재는 실상사에 보관되어 있으며, 전라북도 유형문화재 제166호로 지정되어 있다.

철조보살좌상은 높이 50cm로 머리에 쓰고 있던 높은 보관이 없어진 상태이다. 전반적으로 개금이 두껍고 표면이 약간 거칠게 처리되었다. 얼굴이 몸에 비해 큰 편이어서 둔중한 느낌을 주며, 머리카락은 위로 틀어 올린 상투 모양으로 앞머리가 표현되었다. 양쪽 귀를 감싼 머리카락이 어깨 아래까지 길게 내려와 있다. 얼굴이 넓적하며 이마와 턱이 좁게 표현되어 있어 후덕한 인상이다. 몸에는 여래식의 옷을 걸치고 있는데 드러난 가슴 위에 세 줄로 구성된 목걸이, 양 무릎 위에 표현된 영락 장식 등이 특징적이다. 이러한 표현들은 경상북도 안동 봉정사 목조보살좌상이나 영덕 장륙사 건칠관음보살좌상, 경기도 양평 용문사 금동보살좌상 등 14세기의 고려 후기 보살상과 비교할만하다. 수평으로 입은 내의와 내의 왼쪽 끝에 장식된 치레 장식

도 50. 실상사 백장암 철조보살좌상, 고려 후기, 높이 50cm, 전북 남원

역시 고려 후기의 보살상에 나타나는 요소이다. 내의의 치레 장식은 중국 당대에 나타나기 시작하여 송대와 요대의 보살상 등에서 많이 볼 수 있다.[17] 두 손은 가슴 앞에서 각각 위와 아래에 두고 엄지와 셋째손가락을 맞대고 있어 아미타불이 주로 취하는 설법인을 하고 있다.

백장암 보살좌상은 머리 형태나 얼굴 표현, 여래식의 착의법과 수인 등에서 고려 후기에 제작된 것으로 보인다. 복장물을 도난당하지 않았다면 조성시기를 명확하게 알 수 있어 고려 후기 보살상의 연구에 중요한 자료가 되었을 것이라는 아쉬움이 남아 있다.

일반적으로 불상의 복장물을 도난당한 경우 되찾아온 예가 거의 없지만 불상과 복장물이 모두 돌아온 예외적인 경우도 있다.[18] 2007년 3월 22일

도 51-1. 보문사 목조석가삼존불상, 조선 후기, 높이 석가불상 59.2cm, 문수보살상 57cm, 보현보살상 71cm, 서울 성북구

도 51-2. 보문사 목조보현보살상

서울 성북구 보문종 보문사 대웅전에 봉안된 조선 후기의 목조석가삼존불상 중 본존 석가불좌상과 협시 보현보살좌상을 도난당하였다. 그리고 복장물이 없어진 채 불상들만 회수되었다. 석가불상은 사찰 주변에서 발견되었고 보현보살상은 택시에 실려 보문사로 돌아왔다(도51-1, 51-2). 불상의 복장물을 훔친 범인들이 판로가 막히고 수사망이 좁혀오자 불상만 되돌려 준 것일까? 다행히 당시 불상 도난 과정이 CCTV에 찍혀 범인들을 추적하여 붙잡고 복장물도 되찾을 수 있었다.

07 한국전쟁 중에 살아남은 불감

순천 송광사 고봉국사주자원불

전라남도 순천시 송광면 신평리 송광사 경내 성보박물관에 진열되어 있던 고봉국사주자원불은 1974년 10월 9일 새벽에 도난되었다가 하루 만에 인천 골동품상에서 되찾아왔다(도52).[19] 앞서 송광사 목조삼존불감 도난 사건에서 이야기하였듯이 문화재 전문 절도범들은 성보박물관 철제출입문의 자물쇠를 열고 들어가 금고 안에 보관 중이던 목조삼존불감(국보 제 42호), 금동요령(보물 제 176호)과 함께 전시 중이던 고봉국사주자원불을 훔쳐 갔다. 이 불교문화재들은 6·25 한국전쟁 때 약탕당할 것을 염려하여 스님들이 피난가면서 땅속에 묻어 두고 간 탓에 지금까지 송광사에 잘 보존되어 있었던 것이다. 그중 고봉국사주자원불은 송광사의 16번째 국사인 고봉화상(1350-1428)이 가지고 다녔던 원불이라 전하고 있다.[20] 현재 전라남도 유형문화재 제 28호로 지정되어 있다.

고봉국사주자원불은 내부에 방형의 금동판불이 봉안되어 있어 고려시대 불감 중 이례적인 예에 속한다. 이 불감은 땅속에 묻혀 있었기 때문에 위와 아래가 약간 찌그러졌고 부식이 심하나 지금은 보존처리가 잘 되어 있다.

도 52. 송광사 고봉국사주자원불, 고려, 전체높이 23cm, 폭 16.1cm, 전남 승주 송광사성보박물관

불감의 형태는 전각형에 가까우며, 양쪽 문을 닫으면 인왕이 표현되어 있고 열면 안쪽 면에 두건을 쓴 지장보살과 보관을 쓴 관음보살이 배치되어 있다. 감실에 봉안된 금동판은 2단으로 구성되었다. 위쪽에는 지권인의 비로자나불상을 중심으로 좌우에 여래상이 배치된 삼불이 있고, 아래쪽에는 나한상과 보살좌상이 2구씩 표현되었다. 삼불의 경우 연화대좌 위에 결가부좌한 자세로 두 다리에 비해 상체가 크게 표현되고 세부 표현도 간략하다. 그런 탓에 얼굴이나 법의, 손 모양 등에서 고려시대 불상과는 다른 특이함과 세련되지 못한 조각 기법이 보인다. 나한상과 보살상에도 마찬가지로 치졸한 표현이 나타나 있다. 여래상의 경우 광배가 몸 전체를 감싸고 있는 거신광배로 되어 있으나 나한과 보살상은 두광만 표현되었다. 대좌는 나한상을 제외하고는 모두 연화대좌 위에 앉아 있다. 불상과 보살상 사이에는 6개의 구멍이 뚫려 있는데 그 용도는 정확하게 알 수 없다.

비지정문화재 불상의 도난 및 미수 사건

4

01 오랫동안 노천에 방치되었다가 도둑맞은 비로자나불상

경상북도 경주 건천읍 신평리 433번지에 있는 통일신라시대의 석조비로자나불상은 2006년 4월 30일에 도난당하여 현재 그 소재지를 알 수 없다(도53-1, 53-2).[1] 이 불상은 머리가 완전히 없어진 상태로 오랫동안 하원신마을 앞에 있는 연못 부근에 방치되어 있다가 잃어버렸다. 불상의 원소재지에 대해서는 자세한 내용이 알려져 있지 않으나 처음 발견된 장소는 『삼국유사』 권 1에 나오는 곳으로 신라 선덕여왕과 관련이 있는 영묘사靈妙寺 옥문지 근처 여근곡과 가까운 지역이다(도54).

신평리 석조비로자나불상은 전반적으로 마모가 심하여 불신의 세부 표현이 뚜렷하지 않으나 비로자나불을 상징하는 지권인을 하고 있는 두 손은 분명하다. 어깨와 다리의 폭이 크게 차이가 없고, 두 팔을 몸에 붙인 채 허리의 표현이 없어 방형에 가까운 모습을 보여준다. 앉아 있는 자세는 통일신라시대 비로자나불상이 일반적으로 취하는 것으로 오른쪽 다리를 왼쪽 다리 위에 올려놓은 길상좌吉祥坐를 하고 있다.

두 손은 가슴 앞에 꼭 붙이고 오른손으로 왼쪽 둘째손가락을 감싸면서

도 53-1. 경주 신평리 석조비로자나불상, 통일신라(9세기), 높이 110cm, 경북 경주 건천읍
도 53-2. 도난 후의 모습

비스듬히 쥐고 있는 지권인의 형태이다. 지권인이란 '이理와 지智, 중생과 부처, 미혹함과 깨달음이 원래 하나'라는 뜻이다. 지권인을 결하면, 보리심이 일어나 견실한 지혜가 갖추어지고 빠르게 깨달음을 얻게 된다는 의미가 있다. 흔히 지권인을 하고 있는 것은 비로자나불상으로 보고 있다.

비로자나불Vairocana은 그 성립과 기원이 분명하지 않다. 광명신 또는 태양신의 성격이 강하여 오래전부터 일본 학자들 사이에서는 인도 고대 신화에 나오는 대표적인 신인 아수라Asura에서 유래된 것으로 알려져 왔다. 아수라는 고대 페르시아 종교인 조로아스터교의 최고신인 아후라 마즈다Ahura Mazda를 의미하는 것이다. 원래 빛의 신이었던 것이 악마로 바뀌었으나 다시 눈부시게 빛난다는 뜻을 가진 비로자나불로 변하게 되었다. 따라서 비로자나불은 태양이 지닌 특성에 비유되어 '온세계의 모든 것을 두루 비추어 어둠을 없애주고, 그 광명이 항상 빛나고 생멸하지 않는다'는 뜻에서 '세상의 모든 것을 밝게 해준다'는 것을 의미한다.

두 팔 아래로는 굵고 형식화된 몇 개의 옷주름이 표현되었다. 대좌는 완전한 형태가 아니지만 단판의 복련覆蓮이 장식된 원형의 하대석만 남아 있다. 오랜 세월에 마모되고 머리가 파손되어 없어졌지만, 통일신라시대에 조성된 불상이라기엔 왠지 어깨가 왜소하고 너무 힘이 빠져 있다.

충청남도 서산시 운산면 용현리 산 2-10 서산마애삼존불 관리사무소

도 54. 경주 여근곡 전경
도 55. 서산 용현리 석조비로자나불상, 고려, 높이 93cm, 충남 서산

앞에 있었던 고려시대의 석조비로자나불상도 2005년 3월 19-20일 사이에 도난당하였다(도55).[2] 이 불상은 높이 93cm로 머리와 불신을 연결한 흔적이 목 부분에 흉측하게 남아 있다. 이 불상이 언제부터 이곳에 있었으며 누구의 손에 의해 없어졌는지, 그 내막에 대해서는 자세히 알 길이 없다. 오랫동안 노천에 방치된 탓에 얼굴의 마멸이 심하나 각이 진 어깨와 양감 없는 네모난 신체, 형식적인 옷주름 표현 등에서 고려 이후의 불상으로 보인다.

두 손은 가슴 앞에 올려서 왼손으로 오른손 손가락 전체를 감싼 지권인을 하고 있으나 흔히 비로자나불상이 취하고 있는 지권인과는 좌우 손의 위치가 바뀌어 있다. 이러한 좌권인左拳印의 손모양은 중국 당대와 북송대의 비로자나불상 중에서 간혹 나타난다. 우리나라는 경주 불국사 금동비로자나불상을 비롯하여 강원도 홍천 물걸리 석조비로자나불상, 경상남도 진양군 한산사 석조비로자나불상, 전라남도 광주 증심사 철조비로자나불상 등 통일신라 후기에서 고려 초기에 유행한 비로자나불상에서 그 예를 볼 수 있다. 좌권인의 비로자나불상은 새로운 불상 형식을 수용할 때 흔히 있을 수 있는 단순한 지권인 좌우의 착오라기 보다는 삼존불상 중의 협시 보살임을 의미하거나 아니면 단독상으로 조성되었던 것으로 생각해 볼 수 있다.

안동 금계리 석조비로자나불상은 1998년 12월 2일에 온데간데없이 사라졌다(도56-1, 56-2). 이는 탑리마을의 큰 당산목 옆에 있는 작고 초라한 슬레이

도 56-1. 안동 금계리 석조비로자나불상, 통일신라, 높이 80cm, 경북 안동
도 56-2. 전경
도 56-3. 도난 이후 새 불상을 봉안한 모습

트 전각 안에 안치되어 있던 것이다. 처음부터 이곳에 있었는지는 분명하지 않지만 불상 앞쪽으로 허물어진 전탑 일부가 남아 있어 이 주변이 절터였음을 알 수 있다. 탑이 있었던 마을이라 이름도 탑리라 하였다는데, 지금은 여름철이라 그런지 나무 덩굴이나 농작물로 가려져 있어 그 모습을 알아보기 어렵다. 불상을 잃어버린 전각 안에는 근래에 만든 불상이 봉안되어 있다(도 56-3).

사진에 의하면, 금계리 비로자나불상은 마멸이 심하여 세부 표현이 뚜렷하지 않지만, 머리 위에 보관을 쓰고 지권인을 하고 있는 특이한 모습이다. 머리와 몸을 시멘트로 붙인 흔적이 흉칙하게 남아 있다. 여래의 모습이면서 보관을 쓴 비로자나불상은 인도 동부 오릿샤지역에서 유래된 것으로 중국 당대 불상에 나타나고 있으나 우리나라에서는 보기 드문 불상 형식이다. 이런 특이한 모습 때문에 통일신라시대에 중국 당나라에서 들어온 밀교와 관련이 있는 불상 형식으로 보고 있다.

이외에도 비로자나불상은 아니지만 불상의 이름을 정확하게 알 수 없는 경상북도 봉화군 소천리 촉지인 석불좌상(1995년 5월 16일)을 비롯하여 경상남도 김해 백룡암 석조지장보살좌상(2007년 2월 6-7일)(도 57), 경상북도

도 57. 백룡사 석조지장보살좌상,
조선, 높이 26cm, 경남 김해

군위군 서경리 석불입상(2008년경, 2008년 3월 2일 회수), 전라북도 임실군 덕계리 석불상(2009년 3월 중, 2009년 6월 5일 회수), 강원도 영월 석불좌상(1996년 8월 9일) 등이 모두 비슷한 시기에 도난되었다.

02 제자리로 돌아가지 못하고 떠돌이 신세가 된 비로자나불상

우연한 기회에 경상북도 군위군 평호리 법성사에서 2006년 10월 16일 이후 도난당한 석조비로자나불입상이 대구 청계사 경내에 버젓이 있다는 사실을 알게 되었다(도 58-1, 58-2, 58-3). 이 두 절은 거리상 그다지 멀지 않은 곳에 위치해 있다. 군위 법성사 비로자나불상이 어떤 과정을 거쳐 청계사에 있게 되었는지는 자세히 알 수 없지만, 이런 일들은 비일비재하게 있다.

2014년 4월 7일 경상북도 군위군 법성사에 있던 석조비로자나불상과 석조불상편(도 59)이 없어졌다는 도난 신고가 들어왔다. 이 불상들은 『문화유적분포지도』(대구대학교 중앙박물관, 2005)와 『한국의 사찰문화재』 대구광역시·경상북도 I(문화재청, 2007. 5)에 이미 수록되어 있다. 정황으로 볼 때 비로자나불상과 불상편은 2007년 5월 이후 법성사에서 청계사로 옮겨진 것으로 짐작된다. 법성사 주지스님의 말씀에 의하면, 1998년 가을쯤 사찰 야산에서 비로자나불상을 우연히 발견하였다(도 60). 경내로 옮겨와 보관하고 있었는데, 2-3년 전에 석모 씨라는 자가 문화재로 지정하여 관리할 것이라 요청하여 불상을 넘겨준 후 그 행방을 알지 못한다고 하였다. 석 씨로부터 비로

도 58-1. 법성사 석조비로자나불입상, 고려, 높이 147cm, 경북 군위군

도 58-2. 광배 뒷면

도 58-3. 청계사 경내 불상 보관 장소

도 59. 법성사 석조불상편, 미상, 현재 높이 43cm, 경북 군위군

자나불상을 인수받은 청계사는 대구시에 문화재 지정 신청을 하였으나 받아들여지지 않았다. 이에 청계사 측에서는 석 씨에게 〈소유권 포기각서〉와 함께 불상을 돌려주었으나, 이번에는 대구 달성군 광덕사에서 불상을 인수하여 현재 경내에 보관되어 있다.[3] 아마도 비로자나불입상이 도난된 불상임

도 60. 불상 발견장소 - 법성사와 약 20m 거리

이 알려지면서 문제가 되자 다른 사찰로 슬쩍 넘긴 것으로 보인다. 결국 법성사 석조비로자나불상은 원래의 사찰로 돌아가지 못하고 이리저리 떠돌아다니는 신세가 되어버린 것이다.

군위 법성사 석조비로자나불입상은 높이 147cm로 대좌가 없어진 상태이다. 배모양의 광배는 윗부분이 일부 깨져 있고, 얼굴은 눈이 깊게 파여 있어 인상이 그리 좋은 편이 아니다. 더구나 사암제로 만들어진 탓인지 마멸이 많이 진행되어 있다. 입상의 비로자나불상은 매우 보기 드문 예이며 광배 뒷면에 명문이 새겨진 불패형位牌形의 구획이 있어 주목되는 상이다.[4] 법성사 비로자나불상은 불신과 배 모양의 광배가 하나의 돌로 이루어졌는데, 광배 뒷면에 새겨진 글자는 마멸이 심하여 알아볼 수 없다. 전반적으로 신체 비례는 알맞은 편이나 불신의 표현과 서 있는 자세에서 다소 경직된 느낌을 준다. 양쪽 어깨를 덮은 법의의 옷주름 역시 가슴 위에서 U자형의 주름을 만들면서 발목까지 내려와 있는데 자연스럽지는 않다. 두 손은 가슴 앞으로 올려 왼쪽 둘째손가락의 끝부분을 오른손으로 감싸고 있는 전형적인 지권인의 형태를 하고 있다. 지권인을 하고 있는 두 손은 신체에 비해 작은 편이어서 고려시대의 비로자나불상과 비교된다.

법성사 비로자나불상과 같은 입상 형식은 보기 드물지만, 현재 몇 예가 전해지고 있다. 석불상의 예는 전라남도 구례군 대전리 비로자나불입상과 경상북도 영주시 부석사 비로자나불입상이 있고, 금동불의 예는 국립중앙박물관과 국립경주박물관, 일본 동경박물관에 각각 1구씩 전해지고 있다.

03 어느 날 홀연히 사라진 아미타불상

도 61. 양림사 아미타불좌상, 조선, 높이 50cm, 전남 광주

광주광역시 광산구 두정동 457번지 양림사 극락보전에 안치된 조선시대의 아미타불좌상은 2005년 11월 11일에 홀연히 사라져 버렸다(도61).[5] 이 불상은 높이 50cm로 크기가 작은 편이며 도금되어 있어 재료가 뭔지 정확하게 알 수 없다.

둥근 얼굴에는 이목구비가 표현되었으나 개성 없는 모습이며, 양쪽 어깨를 덮고 있는 통견通肩의 법의는 가슴을 많이 드러낸 채 배 부분까지 내려와 있다. 결가부좌한 다리 위에 두 손을 서로 겹쳐 놓고 엄지와 둘째손가락을 맞대어 둥근 형태를 하고 있어 특이하다. 형태상으로 볼 때 아미타불상이 주로 취하는 구품왕생인九品往生印의 하나인 상품상생인上品上生印과 매우 유사하다. 이러한 손 모양에 대해서 중국 당대의 밀교승려인 금강지金剛智가 번역한 『금강정경』 계통의 밀교경전에 묘관찰지인妙觀察智印으로 설명되어 있다. 그 내용에 의하면, 묘관찰지인이란 명칭은 대일여래의 5지 중 연화부의 지智인 묘관찰지에서 비롯된 것으로 금강계 5불 중 서방의 무량수여래의 수인을 말한다. 이와 같이 경전을 기반으로 체계화된 밀교는 통일신라시대에 중국 당나라를 통해서 전해졌으며 이후 고려와 조선시대에도 전형적인 밀교 불상이 드물게 남아 있다.

중국의 경우는 당대의 불상 중에 이런 형태의 손 모양을 하고 있는 아미타불상을 볼 수 있으나 상의 명칭을 알려주는 명문이 있는 예로는 알려진 바 없다. 현재 일본 가가와香川 가이호지開法寺에 전해지고 있는 당대의 판조 아미타만다라와 가가와香川 젠츠지善通寺의 당대 금동석장 삼존상(도62), 히로시마廣島 사이코쿠지西國寺 소장의 동조석장 삼존상, 그리고 구가이空海가 중국에서 청래해 온 양계만다라를 충실히 모사한 9세기경의 〈고웅만다라〉의 태장계 중대팔엽원 아미타불상 등에서 볼 수 있다. 또한 중국 섬서성 부풍현 성북에 위치한 법문사 8각 13층 전탑의 지궁 후실 비감에서 발견된 871년명의 금동사리함에서도 묘관찰지인의 아미타불상을 볼 수 있다(도63). 특히 법문사 금동사리함에 나타나는 5불은 그 내용과 도상이 밀교의 금강계만다라 성신회成身會와 일치하며 그중 묘관찰지인상은 금강계 5불 중 서방의 아미타불상에 해당하는 것으로 밝혀진 바 있다.[6]

도62. 금동석장, 중국 당대, 일본 가가와 젠츠지

도63. 법문사 금동사리함 서방 아미타불상, 중국 당대(871년), 중국 섬서성 부풍현

도 64. 분황사 묘관찰정인상, 통일신라 후기, 높이 44cm, 국립경주박물관

묘관찰지인의 아미타불상은 일본에서도 헤이안平安 (794-1185)과 가마쿠라鎌倉 (1185-1333)시대에 크게 유행했던 불상 형식으로 불교조각을 비롯하여 양계만다라와 동경의 뒷면에 새겨진 경상鏡像 등에서 많이 볼 수 있다. 중국이나 일본의 불상 예를 통해서 본다면, 양림사의 묘관찰지인상은 금강계 5불 가운데 서방의 아미타불상에서 유래되어 점차 단독상으로 발전한 것으로 밀교도상과 관련있는 것이다. 우리나라의 경우 밀교가 하나의 종파로 크게 발전하지 못하고 대승불교에 수용되었기 때문에 밀교도상 역시 변용된 것으로 보인다.[7]

일찍이 경주 분황사에서 출토된 일련의 석조불상군 중에서도 묘관찰지인을 한 통일신라시대 불상이 전해지고 있다. 모두 머리와 손의 일부가 결실되었다(도64). 또한 통일신라 후기의 예로는 경상북도 영주시 비로사의 아미타불상(도65)과 경기도 하남시 자화사 절터에서 발견된 것으로 얼굴과 한쪽 팔이 완전히 파손된 아미타불상(도66)이 전해지고 있다.[8] 그리고 경주 능지탑에서 발견된 고려시대의 아미타불상 등 몇몇 예들도 남아 있다.

전라북도 장수군 장수읍 용계리 산 1267번지 팔성사 대웅전에 안치된 목조아미타불좌상은 1993년 8월 27일에 도난당하였다(도67). 이 불상 역시 도난된 날짜만 알 수 있을 뿐, 도난 과정이나 범인들에 대해서는 전혀 알려져 있지 않다.

도 65. 비로사 아미타불좌상, 통일신라 후기, 높이 117cm, 경북 영주
도 66. 자하사 아미타불좌상, 통일신라 후기, 높이 54cm, 경기도 하남박물관

도 67. 팔성사 목조아미타불좌상, 조선(1550년), 높이 130cm, 전북 장수군
도 68. 벽송사 목조아미타불좌상과 대세지보살상, 조선 후기, 높이 99cm, 97cm, 경남 함양군

팔성사 목조아미타불상은 높이 130cm로 조선시대에 유행했던 전형적인 불상 형식이다. 전반적으로 상체에 비해 두 다리의 폭이 넓어 안정된 모습이다. 뾰족한 형태의 나발螺髮이 표현된 머리 위에는 큼직한 육계肉髻가 놓여 있고 그 사이로 반원형과 원형의 계주髻珠 2개가 장식되어 있다. 네모난 얼굴에는 반쯤 뜬 눈과 오뚝한 콧날, 작은 입이 단정하게 표현되었으나 부처의 자비스러운 모습과는 거리가 멀다. 법의는 양쪽 어깨를 덮은 통견通肩으로 입었는데 오른쪽 어깨 위로 접힌 옷자락이 내려와 있고 일부 옷자락은 내의內衣 속에 넣은 모습이다. 두 다리를 덮고 있는 옷자락은 가운데에서 둥글게 내려오면서 몇 가닥의 옷주름이 표현되어 있다. 가슴 위로는 수평으로 입은 내의內衣와 띠주름이 보인다. 두 손은 따로 만들어 끼워넣은 것으로 가슴 앞에서 엄지와 셋째손가락을 맞대고 있는 아미타불상의 손모양을 하고 있다. 설법인의 아미타불상이 많다는 것은 임진왜란과 병자호란으로 인해 사회적 혼란을 심하게 겪었던 조선 후기에 기복적인 성격이 강한 아미타신앙이 크게 유행하였음을 말해준다.

이와 유사한 특징을 가진 조선 후기의 불상이 많은데, 그중 전라북도 익산시 웅포면 숭림사 보광전 목조아미타불상 2구(1989년 8월 24일)와 전라남도 고흥군 수도암 목조아미타불상(1990년 10월 30-31일 사이 도난), 경상북도 경산시 용성면 반룡사 목조아미타불상(1991년 10월 21일), 전라남도 해남군 삼산면 대흥사 천불전 아미타삼존불상(1991년 8월 22일), 경상남도 함양 벽송사 목조아미타불좌상과 목조대세지보살좌상(2001년 10월 13일)(도68) 등 다수가 도난되었다.

04 외딴 곳에 홀로 서 있다가 감쪽같이 없어진 미륵불상

충청북도 음성군 금왕읍 유촌리 87번지에 서 있는 석조미륵불입상 역시 1999년 9월 9일에 감쪽같이 사라졌다(도69). 이 불상의 도난 경위에 대해서는 알려진 바가 없다. 높이 250cm로 한적한 노천에 세워져 있었는데, 대좌가 일부 땅속에 묻혀 있어 정확한 형태를 알 수 없다. 불상의 머리는 몸에 비해 큰 편이며 몸체는 굴곡 없이 밋밋하게 처리하여 기둥 같은 느낌을 준다.

나발螺髮이 얕게 표현된 머리 위에는 육계肉髻가 높고 둥글게 솟아 있고 그 위에 원형의 판석이 놓여 있다. 머리 위에 놓인 판석은 고려시대의 논산 관촉사 석조보살입상(도70)과 부여 대조사 석조보살입상 등에서도 보이는 형태이다. 이는 '왕이 곧 부처'라는 사상과 관련이 있는데, 제왕이 쓰는 면류관 형태에서 형식화된 것이다. 이러한 판석은 점차 시대가 내려가면서 4각형, 6각형, 8각형 등으로 다양해지고, 조선시대 불상에까지 이어졌다. 둥근 얼굴에는 뚜렷하지는 않지만 눈, 코, 입이 선각으로 표현되었다. 목은 굵은 편으로 어깨와 거의 붙어 있다. 양 어깨를 덮고 있는 통견通肩의 법의에는 몇 가닥의 옷주름만 간략하게 표현되어 있다. 두 손은 가슴과 배 앞에 두고 있는

도 69. 음성 유촌리 석조미륵불입상, 고려말-조선 초기, 높이 250cm, 충북 음성군
도 70. 관촉사 석조보살입상, 고려(10세기), 높이 1820cm, 충남 논산

도 71. 용탄동 석조미륵불입상, 고려,
높이 180cm, 충북 충주
도 72. 귀원사 석불좌상 2점, 고려,
높이 115cm, 55cm, 경북 고령

데 얕게 조각되어 있어 입체적이지 않다. 이 석조불입상은 전반적으로 신체 비례가 맞지 않는 점이나 밋밋하게 처리된 불신의 표현, 머리 위의 판석, 정교하지 못한 조각 기법 등에서 고려시대 불상의 특징이 엿보인다. 특히 상이 크고 머리 위에 판석이 놓여 있는 점은 '도솔천에 있는 석가보살이 미륵에게 보관을 쓰게 했다'는 설화와 관련이 있는 것으로, 이 상이 미륵불일 가능성을 보여준다.[9]

근래에 이르러 머리 위에 판석이 놓여 있는 고려시대의 석조불상들이 집중적으로 도난되었다. 관촉사 석조불상과 같이 큰 불상의 경우는 도난 방법도 기상천외하였다. 『관촉사유적기』에 의하면 1907년 어느 날 저녁 무렵에 일본인들이 충청도 논산 관촉사에 찾아와 머물렀는데, 한밤중에 석조보살입상의 관 위로 그물을 던져 타고 올라가 금불상을 절취하여 일본으로 가져갔다고 한다.[10] 이런 일들은 비일비재하여 충청북도 충주시 용탄동 석조미륵불입상을(1998년 6월 26일)(도71) 비롯하여 경상북도 고령 귀원사 석불좌상(1999년 10월 2일)(도72)과 경상북도 군위군 군위읍 원각사 석조미륵불입상(1998년 6월 21일), 경상북도 영주 유전리 미륵불상(2003년 12월 29일), 충청남도 홍성 상하리 석불입상(2005년 3월 15일-3월 16일) 등이 모두 도난되었다.

05 주지스님이 사찰을 비운 사이에 도난당한 관음·세지·지장보살상

아미타불상을 양옆에서 보좌하는 관음과 대세지보살상을 도난당한 경우도 있다. 1989년 6월 12일에 전라남도 화순 쌍봉사 극락전에 목조아미타불상과 함께 안치되어 있던 목조관음보살상과 목조대세지보살입상(도73)을 도난당하였다.[11] 도난 시기와 과정은 자세히 알 수 없지만 주지스님이 사찰을 잠시 비운 틈을 타서 훔쳐간 것으로 보인다. 현재 아미타불좌상 좌우에는 근래에 새로 만든 보살입상이 서 있다.

관음보살과 대세지보살은 자비를 베풀어 중생에게 구제와 이익을 주거나 지혜의 빛으로 모든 중생의 미혹함을 없애주는 힘을 가진 보살을 말한다. 그 형상을 보면, 관음보살은 보통 아미타화불阿彌陀化佛이 새겨진 보관을 쓰고 있고, 대세지보살은 보관에 수병水甁을 표현하는 것이 특징이다. 손에는 모두 병이나 연꽃을 들고 있다. 이 두 보살상은 아미타불좌상을 본존으로 하여 좌우에 서 있는 협시 보살로 입상과 좌상으로 구성된 아미타삼존불상이라는 점이 특이하다. 또한 아미타불좌상의 대좌 밑바닥에 적혀 있는 묵서에 의해 1694년(숙종 20년)에 색난을 중심으로 모현, 득우, 응원 등의 조각승들

도 73. 쌍봉사 목조관음·대세지보살상, 조선 후기, 높이 170cm, 전남 화순군
도 74. 능가사 목조관음·대세지보살상, 조선 후기, 높이 120cm, 전남 고흥군

이 조성한 것임이 밝혀졌다.[12]

관음보살과 대세지보살상은 크기와 형태 등이 거의 유사하나 손에 들고 있는 지물이나 옷주름 표현 등에서 약간의 차이가 있다. 높이는 170cm 정도로 보살상 중에서 큰 편에 속하며, 보존 상태도 좋다. 머리 위에는 꽃문양의 화려한 보관을 썼고 귀 양 옆에 복잡하고 장식적인 관대가 내려와 있다. 얼굴은 약간 네모난 형태에 무표정한 인상이다. 아미타불의 왼쪽 편에 배치된 관세음보살상은 여래식으로 천의를 입었다. 두 손으로 늘어진 옷자락을 잡고 있고, 무릎에는 띠로 묶은 주름이 있어 장식적인 요소가 보인다. 대세지보살상은 두 손으로 연꽃가지를 받쳐 들고 있으며, 여래식의 천의가 가슴 앞에서 무릎까지 늘어지면서 끝부분이 약간 뾰족하게 처리되었다.

이와 유사한 예로 전라북도 고흥 능가사 대웅전에 있는 목조아미타불좌상의 협시 보살인 목조관음보살상과 목조대세지보살상이 있다(도 74). 이 보살상 역시 1993년 2월 16일에 도난되었다. 2구 모두 높이 120cm로 손 모양만 반대로 되어 있을 뿐 크기나 형태에서 거의 유사하다. 머리 위에는 꽃문양으로 장식한 화려한 보관과 관대를 쓰고 있고, 얼굴은 네모나며 목이 짧고 신체는 밋밋하게 처리되어 있다. 옷은 여래식으로 입었는데, 가슴 위에 주름잡힌 내의를 묶은 끈이 보이며 그 아래로 옷자락이 늘어지면서 끝부분이 뾰

도75. 위봉사 목조관음·지장보살상, 조선 후기, 전북 완주

족하게 마무리되었다. 그 밑으로 군의裙衣가 보이고 군의 위로는 몇 개의 간략한 옷주름이 표현되었다.

또한 아미타불상의 협시로 관음보살과 지장보살이 한 짝을 이루는 예들이 등장하였다. 『무량수경』과 『아미타경』에 의하면, 아미타불의 협시 보살로는 관음보살과 대세지보살이 표현되는 것이 원칙이다. 그러나 고려시대 이후 지장보살이 크게 유행함에 따라 세지보살 자리에 지장보살이 놓이게 되었다. 지장보살은 사람이 죽은 후 가게 되는 명부의 세계를 주재하는 것으로 당시 사람들로부터 많은 신앙을 받았다.

그러한 예에 속하는 것으로 전라북도 완주군 소양면 대흥리 위봉사 대웅전에 안치된 조선 후기의 관음과 지장보살상이 있다(도75). 모두 입상으로 1989년 9월 25일에 도난되었다. 관음보살상은 높고 화려한 보관을 쓰고 여래식의 옷을 입었으며, 수평으로 입은 내의와 단순한 옷주름이 특징이다. 지장보살상은 머리를 깎은 승려의 모습으로 손에 석장을 쥐고 있어 도상적 특징이 뚜렷하나 X자형의 목걸이나 착의법, 옷주름 표현 등에서는 관음보살상과 거의 유사한 특징을 보여준다.

06 불교 신자로 가장하여 대담하게 훔쳐간 16나한상

전라남도 영광군 불갑면 모악리 불갑사 팔상전八相殿에 안치된 목조16나한상 중 8구를 1999년 4월 15일에 도난당하였다(도 76-1). 문화재 전문 절도범들은 나한상을 훔쳐가기 하루 전인 14일 낮에 불교 신자로 가장하여 불갑사에 찾아갔다. 그리고 무인 방범시스템의 열감지기와 증폭송신기의 선을 절단하고 문고리를 고정하고 있는 못을 뽑아놓는 등 사전에 필요한 조치를 한 후 다음 날 저녁에 침입하여 불상을 훔쳐 갔다. 팔상전 출입문의 문창살에는 끌이나 드릴로 파손한 것 같은 흔적이 있었고 창호지도 뚫려 있었다.[13] 불갑사 16나한상은 현재 8구만 남아 있는데 최근에 개채되어 원래의 모습을 많이 잃어버렸다.

16나한이란 부처가 열반한 후 미륵불이 출현할 때까지 불법을 수호하고 중생들에게 이익을 주는 16명의 제자를 말한다. 즉, 빈도라발라타사賓度羅跋囉惰闍, 가락가벌차迦諾迦伐蹉, 가낙가발라타사迦諾迦跋釐惰闍, 소빈타蘇頻陀, 악거라諾距羅, 발타라跋陀羅, 가리가迦理迦, 벌사라불다라伐闍羅弗多羅, 술박가戍博迦, 반탁가半託迦, 라호라羅怙羅, 나가서나那伽犀那, 인게타因揭陀, 벌나파사伐那婆斯, 아시다阿氏

도 76-1. 불갑사 목조16나한상 중 8구(도난), 조선(1706년), 높이 60-70cm 사이, 전남 영광군
도 76-2. 불갑사 목조16나한상 중 8구(현존), 조선(1706년), 높이 60-70cm 사이, 전남 영광군

多, 주다반탁가注荼半託迦를 가리킨다. 특히 제 1존자인 빈도라발라타사는 16존자 중 가장 중요한 인물이다. 빈두로賓頭盧라는 이름으로 잘 알려져 있으며 오래전부터 단독상으로 신앙되었다. 이 16나한에 가섭迦葉과 군도발탄軍徒鉢歎을 더하거나 경우존자慶友尊者와 빈두로를 합하여 18나한이라고도 한다.

『법주기』에 의하면, 석가가 16인의 아라한에게 '부처가 입멸한 후에도 영원히 세상에 머무르면서 불법을 수호하고 중생을 제도하라'는 사명을 부여하였다고 한다. 이 때문에 16나한은 권속들과 함께 신통력을 사용하여 스스로 수명을 늘리면서 마땅히 정법이 머물도록 수호하고 중생들에게 큰 과보를 베풀었다. 또한 16나한은 무한한 공덕을 갖추고 있으며, 삼계三界의 더러움에서 벗어나 삼장三藏을 외워 지니고 있어 경전 등에도 두루 통달한 자들이다.

불갑사 16나한상 중 남아 있는 8구(도 76-2)에서 모두 복장 발원문이 발견되었다.[14] 그 내용에 의하면 16나한상은 1706년(숙종 32년)에 승려 옥잠의 발원에 의해 조성된 것으로 초변을 비롯하여 영선, 각초, 석준, 정혜, 서행, 징성 등 11명의 조각승이 참여하였다. 특히 초변은 전라도지역에서 활동했던 색난의 제자로 1684년에 전라남도 강진 정수사 나한전과 1701년 해남 대둔사 응진전의 16나한상을 조성하였던 조각승이다.[15]

불갑사 16나한상은 모두 정면을 향한 채 무릎 위에 동물을 안고 바위

도 77-1. 옥천사 나한상,
조선 후기, 경남 고성군

도 77-2. 옥천사 나한상,
조선 후기, 경남 고성군

형태의 대좌에 앉아 있는 모습이다. 몸에 비해 머리가 큰 편으로 어린아이 같은 신체 비례이며, 얼굴은 네모진 형태이나 천진스러운 표정이다. 몸에는 고색을 띠고, 채색이 화려한 가사袈裟와 장삼長衫을 걸치고 있는데 둥근 깃이 있는 내의를 입은 상이 있는가 하면 내의를 입지 않은 상도 있다. 전반적으로 얼굴에 은은한 미소를 머금고 있고, 고개를 살짝 숙인 모습 등에서 부드러운 조형감을 보여준다. 앉아 있는 자세나 동물의 모습은 다양하다. 나한상들은 바위 위에 결가부좌 또는 반가좌로 앉아 있거나 한쪽 다리를 늘어뜨린 유희좌, 한쪽 다리를 세운 윤왕좌, 두 다리를 모두 내리고 있는 의좌 등을 취하고 있다. 두 손에는 호랑이와 용을 비롯한 상서로운 서수瑞獸 등이 놓여 있는데 동적인 모습으로 조화를 이루고 있다. 호랑이는 중국의 토지신을 상징하는 것으로 민간신앙이 불교에 수용되었음을 의미하며, 용은 손에 발우鉢盂를 들고 가뭄이 있을 때 신통력으로 비를 다스리는 신룡을 항복시켜 비를 내리게 하는 것으로 알려져 있다.[16] 불갑사 나한상들은 조선 후기에 조성된 전

도 78. 천은사 목조나한상 7구, 조선 후기, 전남 구례

라남도 전주 송광사와 강진 정수사, 고성 옥천사의 목조16나한상과 매우 닮아 있다.

정수사 16나한상의 경우 조선 후기에 활약했던 조각승 색난이 1684년(숙종 10년)에 조성한 것인데, 현재 두껍게 개채되어 원래의 모습을 알아보기 어렵다. 특히 발나타라존자는 의상倚像으로 다리를 벌리고 있고, 두 무릎 사이로 머리를 들어 올린 호랑이를 표현한 것과 거의 같은 모습이다. 조선 후기의 나한상은 이전에는 보이지 않던 화려하고 복잡한 요소가 등장하면서 동적이고 해학적인 모습이 특징이다. 나한과 함께 있는 호랑이나 용과 같은 동물들도 익살스럽게 표현되었다.

경상남도 고성 옥천사 나한전에 봉안된 16나한상 중 7구 역시 1988년 1월 30일에 도난되었다. 정확한 조성시기를 알 수 없으나 1778년(정조 20년)에 대법당과 명부전이 중수되면서 나한상을 개금했다는 기록이 전하고 있어 18세기 이전에는 조성된 것으로 보인다.[17] 나한상은 다양한 얼굴 표정과 자연스러운 자세를 가졌으며 지물로는 염주, 그릇, 동물, 경전, 금강저, 과일 등이 나타난다. 둥근 깃이 있는 내의를 입고 그 위에 화려한 가사를 걸친 착의법이나 호랑이를 잡고 있는 자세 등이 18세기 초에 조성된 불갑사 나한상과 유사하여 거의 비슷한 시기에 제작되었을 것으로 보인다.

도난당한 옥천사 나한상 7구 중 2구는 최근에 되찾았다(도77-1, 77-2). 2014년 6월 2일경 서울 관훈동에서 열릴 예정이었던 마이아트 옥션에 정방사 목조관음보살좌상(도42)과 함께 경매물품으로 나왔던 것이다. 옥천사 나한상 2구는 도난 문화재로 확인되어 압수된 후 현재 조계종 성보박물관 유물수장고에 보관되어 있다.[18]

고성 옥천사 나한상과 유사한 예로 전라남도 구례 천은사 응진전 나한상 7구(1988년 2월 23일)(도78), 전라남도 해남 미황사 목조나한상 18구(1999년 9월 9일) 등이 있다. 한때 도난당하였다가 일부 회수된 바 있다.

07 출입문 자물쇠를 절단하고 빼내간 시왕의 권속들

전라남도 구례군 마산면 황전리 산 12 화엄사 나한전羅漢殿에 있던 조선 후기의 금강역사상 1구와 녹사상 2구를 1998년 8월 8일에 도난당하였다(도 79, 80-1, 80-2). 문화재 전문 절도범들이 나한전의 창문 자물쇠를 절단하고 침입하여 훔쳐간 것이다.[19] 금강역사와 녹사상은 원래 명부전冥府殿에 지장보살삼존상을 본존으로 하여 시왕十王과 함께 배치되는 권속들이다. 현재 나한전에는 도난당하기 이전의 녹사상 2구와 금강역사상 1구를 그대로 본따 만든 상이 1구씩 안치되어 있다.

도난된 금강역사상과 녹사상은 흙으로 만든 소조상이다. 1795년(정조 19년) 조선 후기에 조성된 것으로 담인선사가 봉안하였다고 전한다. 금강역사상은 석가불을 주존으로 모시는 나한전의 입구를 지키는 신장상 역할을 한다. 한쪽 손의 주먹을 불끈 쥔 자세를 하고 있지만 무서운 형상이라기보다는 동자상 같은 귀여운 모습이다. 상체가 다리에 비해 큰 편으로 신체 비례가 맞지 않고, 발가락이 표현되어 앙증맞은 느낌을 준다. 그러나 꽉 다문 입과 목에 표현된 힘줄 등은 금강역사상의 힘을 강조하는 듯하다. 머리는 빨간

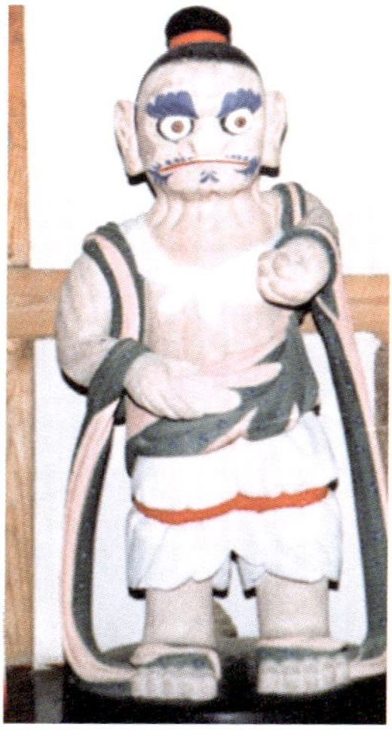

도 79. 화엄사 금강역사상, 조선(1795년), 높이 110cm, 전남 구례군
도 80-1, 80-2. 화엄사 녹사상, 조선(1795년), 높이 각각 110cm, 전남 구례군

끈으로 묶어 상투 모양으로 틀었으며, 눈썹과 수염에는 파란색을 칠하여 눈에 띈다. 몸에는 바지 형태의 군의裙衣만 걸쳤는데 어깨 위에 흰색의 천이 걸쳐 있고 그 위로 천의자락이 발 아래까지 늘어져 있다.

녹사상은 머리 위에 양쪽 끝이 뾰족하게 나온 모자를 썼는데, 그 위에 연잎을 얹어 놓은 듯 녹색이 칠해져 있다. 얼굴은 평범하나 턱수염이 역삼각형처럼 표현된 얌체스런 표정이다. 몸에는 소매가 긴 옷을 입고 그 아래로 바지를 입었다. 두 손은 가슴 앞에서 홀笏을 수평으로 들고 있는데 그중 한 상은 옷자락으로 손을 덮었다. 이와 같이 화엄사 금강역사상과 녹사상은 크지 않은 아담한 체구와 어린아이와 같은 귀여움 등에서 조선 후기에 흔히 볼 수 있는 상들이다.

크기가 작은 목조동자상 역시 시왕의 시중을 드는 권속 중의 하나로 쉽게 도난의 대상이 되었다. 1985년 1월 2일 밤부터 3일 새벽 사이 전라남도 해남군 송지면 서정리 미황사 응진당應眞堂에 도둑이 들어 목조동자상 20구를 훔쳐 달아났다. 이 목조동자상은 높이 60cm로 총 44구가 있었는데, 그중

도 81-1. 미황사 목조동자상 7구, 조선(1722년), 높이 60cm, 전남 해남군

도 81-2. 미황사 목조동자상 7구, 조선(1722년), 높이 60cm, 전남 해남군

20구를 도난당한 것이다. 지정문화재는 아니나 조선 후기 불교조각의 양식과 불교미술사의 귀중한 자료로서 보물급이라고 평가되는 것이다. 국내에서 1구당 500만 원 정도에 뒷거래되고, 외국에서는 엄청난 값으로 거래될 우려가 있어 반드시 해외 밀반출은 막아야 하는 것이다.[20]

그 후 2001년 10월 15일에 미황사 응진당의 목조동자상 7구를 또 도난당하였다(도81-1, 81-2). 미황사 목조동자상은 원래 시왕 앞에 1구씩 놓여 있었던 것으로 1722년(경종 2년)에 제작되었으며 전라도 지역에서 조성된 조선 후기 동자상의 특징을 잘 보여준다. 원래 동자는 도교에서 신선의 시중을 드는 시동侍童에서 유래되었으나 불교에 수용되면서 항상 인간 곁에 있으면서 사람들의 선악행위를 명부名簿에 기록하고 하늘에 보고하는 역할을 하게 되었다. 명부의 동자상은 현실과 죽음의 세계를 넘나드는 신령스러운 존재로 권

위와 위엄을 강조하는 근엄한 불상과는 다른 종교적 이상이 느껴진다.

미황사 동자상 7구는 대략 높이가 60cm이다. 크기가 같고 거의 유사한 모습을 하고 있으나 손 모양이나 지물, 옷을 입은 착의법 등에서 약간씩 차이가 있다. 대개 무릎을 약간 굽히고 서 있는 자세로 머리카락을 틀어 올려 양쪽으로 묶은 쌍계雙髻를 하고 있다. 얼굴은 천진난만하고 어린아이와 같은 모습이다. 신체 역시 상체가 하체에 비해 크고 다리가 짧은 편으로 비례가 맞지 않다. 두 손은 가슴 앞에서 모아 합장하거나 지물로 홀, 연봉우리, 깃발 등을 들고 있다. 옷은 소매가 좁거나 넓은 긴 도포를 입고, 넓은 띠를 허리에 두르고 있는 것이 특징이다. 보통 도포와 허리띠의 색깔이 다르기 때문에 장식적인 효과를 준다. 이러한 모습에서는 고려시대의 〈수월관음도〉에 나오는 선재동자가 연상이 된다.

명부의 동자상은 조선시대에 등장하기 시작하여 18세기 말에서 19세기에 이르러 크게 유행하였다. 이는 조선 후기에 사찰 안에 명부전이 세워지면서 지장삼존불상과 함께 시왕, 판관, 녹사, 사자, 동자, 인왕 등의 존상들을 봉안하게 된 데에 그 요인이 있다. 또한 조선시대에 이르러 권선징악적인 윤리가 더욱 강조되어 동자상이 불교미술의 중요한 주제로 널리 알려지면서 조성되었던 사실과도 관련이 있다.

현존하는 동자상들은 대부분 조선 후기의 명부전에 안치되었던 상들이다. 각 시왕마다 1구씩 배치된 것이 아니라 10구 또는 12구인 경우가 있고, 머리 형태나 옷, 손에 들고 있는 지물이 서로 달라서 다양하며, 형식도 자유롭다. 조선 후기의 동자상들은 복장물을 통해 연대를 알 수 있는 상이 거의 없기 때문에 도난되었을 때 원래 있었던 사찰을 알 수 없는 경우가 많다.

경상북도 예천군 용문면 내지리 용문사 명부전에 있는 조선 후기의 목조동자상 9구도 1989년 4월 5일에 도난당하였다(도 82-1). 문화재 전문 절도범들이 명부전의 뒷벽면 아래를 뚫고 들어가 훔쳐간 것이다. 그래서 지금 명부전 안에는 지장삼존불상을 중심으로 좌우에 시왕상, 판관, 인왕상이 배치되어 있는데, 시왕 앞에 서 있어야 할 동자상은 보이지 않는다(도 82-2, 82-3). 결국

도 82-1. 용문사 목조동자상 9구, 조선 후기, 높이 70cm, 경북 예천군

도 82-2, 82-3 도난 이후의 모습

도 83-1. 안정사 목조동자상, 조선 후기, 높이 53.5cm, 경남 통영
도 83-2. 안정사 목조동자상, 조선 후기, 높이 52.4cm, 경남 통영

도 84. 동화사 목조인왕상 2구, 조선 후기, 높이 120cm, 전남 순천

동자상은 도난당한 후 여태껏 제자리로 돌아오지 못하였다.

경상남도 통영시 광도면에 있는 안정사 목조동자상 2구도 똑같은 수법으로 도난당하였다(도83-1, 83-2). 안정사 목조동자상은 경상남도 유형문화재 지정 신청 중이었던 것으로 2009년 7월 5일에서 6일 사이에 없어졌다. 안정사 동자상 역시 머리를 길게 묶은 어린아이의 모습을 하고, 두 손에는 호랑이와 연봉우리를 각각 들고 있다. 상은 파손된 부분이 거의 없고 채색이 잘 남아 있는 편이다.

최근 석조불상보다 크기가 작고 무게도 가벼운 나무로 만들어진 동자상 외에도 명부전에 배치된 시왕의 권속인 사자상使者像과 인왕상 등이 인기 있는 도난 대상이 되었다. 예를 들어, 경상남도 함양군 용추사 인법당에 안치된 목조동자상 1구(1987년 6월 3일 도난)와 경상남도 진주시 청곡사 목조동자상 1구(1988년 2월 6일 도난), 전라남도 목포시 달성사 사자상 4구와 동자상 1구(2005년 3월 19일) 등이 도난되었다. 금강역사상으로는 전라북도 익산시 낭산면 낭산리 심곡사 목조인왕상(1997년 6월 10일)과 전라남도 순천시 동화사 목조인왕상 2구(1998년 7월 21일 도난)(도84), 전라북도 고창군 문수사 목조인왕상 2구(2004년 3월 18일 도난) 등 조선 후기의 작품들이 도난되었다.

08 파괴, 도난, 밀반출의 수난을 겪은 석사자상

충청남도 천안시 광덕면 광덕리 광덕사 대웅전 계단 양쪽에 놓여 있는 조선 후기의 석사자상 2구는 여러 차례 불법으로 반출되었다가 다시 되돌아온 것이다(도85). 이 석사자상은 1985년 4월 20일에서 25일 사이에 도난당하였으나 5월 24일에 되찾아와 원래의 위치에 놓여 있으며, 충청남도 문화재 자료 제252호로 지정되어 있다.[21]

광덕사 석사자상은 높이 90cm로 마모가 심하여 세부 표현이 뚜렷하지 않다. 받침돌은 따로 조각하지 않고 같은 돌로 구성하였다. 사자는 정면을 향한 채 두 다리를 가지런히 세우고 꼿꼿하게 앉아 있는 형상이다. 얼굴은 거의 수평인데 입을 약간 벌린 모습이다. 이빨도 표현되었는데 매우 형식적이다. 사자의 얼굴과 등 위에는 갈기가 얕게 선각되어 있다. 이러한 사자상은 전라남도 구례 화엄사 4사자석탑에 보이는 통일신라 후기의 사자상 형식을 계승한 것이다.

석사자상은 고대 불교조각에서는 찾아볼 수 없는 생동감이 있으면서도 단순하고 익살스러운 미를 지니고 있다. 이로 인하여 일제강점기 때 대부분 도괴되거나 일본으로 밀반출되는 등 많은 수난을 겪어 왔으며 지금까지 그 소재지조차 파악되지 않는 경우도 종종 있다.

그런데 사자상이 왜 불교의 사찰이나 불상, 석탑, 부도, 석등, 능묘, 궁궐 등에 쉼 없이 등장하고 있는 것일까? 불교에서는 흔히 사자가 두려움이 없고 모든 동물을 능히 조복시키는 백수百獸의 왕으로서 신격화되거나 제왕으로 상징되었다. 또 그 용맹함 때문에 수호신으로서의 역할을 하였다는 것은 잘 알려진 사실이다. 고대 인도에서는 제왕과 성인의 위력을 사자에 비유하여 불교경전에서도 석가를 '인중사자人中獅子'라 칭하였고, 그 설법 또한 모든 희론戱論: 쓸모없는 이론을 멸하는 것에서 '사자후獅子吼'라 하였다. 『고승법현전』에는 사자가 크게 울면 모든 마귀들이 두려워하여 따른다는 기록이 있다. 『화엄경』과 『법화경』에는 '사자분신獅子奮迅'이라고 하여 부처가 대비大悲를 일으키는 것을 사자가 맹렬하게 활동하고 있는 모양에 비유하여 설명하기도 한다. 또한 『대지도론』 권 4에는 불상의 32길상 중에 '상신여사자상上身如獅子相: 상체의 위용과 단정함이 사자와 같다'이라든가 '사자협상獅子頰相: 두 볼의 통통함이 사자와 같다' 등 부처를 상징하는 존재로 사자를 비유했을 뿐 아니라, 사자는 석가불, 비

도 85. 광덕사 석사자상, 조선 후기, 높이 90cm, 충남 천안
도 86. 불국사 다보탑 석사자상, 통일신라(8세기 중엽), 높이 64cm, 경북 경주

도 87-1. 의성 관덕동 삼층석탑 석사자상, 통일신라(9세기), 높이 50cm, 경북 의성군
도 87-2. 의성 관덕동 삼층석탑 석사자상, 통일신라(9세기), 높이 50cm, 경북 의성군

로자나불 및 문수보살의 대좌로도 사용되었다.[22]

통일신라시대의 불국사 다보탑과 의성 관덕동 삼층석탑, 광양 중흥산성 삼층석탑 등에서도 기단 위 네 모서리에 4구의 사자상이 놓여 있었던 것으로 추정되나 그중 일부는 일제강점기 때 없어졌다. 불국사 다보탑에는 원래 상층기단 네 귀퉁이에 4구의 석사자상이 놓여 있었는데, 지금은 1구밖에 남아 있지 않다(도86). 불국사에 최초로 방문한 일본인 학자 세키노 타다시關野貞가 1902년 이 탑을 조사했을 때 기단의 사방에 4구가 있었으나 1909년에 다시 왔을 때에는 비교적 완전한 형태를 갖추었던 2구가 없어졌다고 한다. 전하는 말에 의하면, 석사자상 1구는 일본 우에노上野 서양헌西洋軒의 정원에 진열되어 있고 나머지 1구는 파리박물관에 있다가 영국 대영박물관으로 옮겨졌다고 한다. 그렇다면 나머지 2구 중 1구는 그 후 또 다른 일본인에 의해 약탈된 것으로 보인다. 잃어버린 다보탑의 석사자상은 그동안 수차례에 걸쳐 한일회담 때 논의된 바 있으며 또 일본의 방송과 라디오까지 동원하여 수소문해 봤지만 아직도 행방이 묘연하다.

의성 관덕동 삼층석탑의 석사자상 역시 언제, 어떻게 도난되었는지도 모른 채 2구만 남아 있다(도87-1, 87-2). 도난당한 2구 중 암사자상(도87-1)은 세 마리

도 88-1. 선암사 화산대사사리탑, 고려, 전남 순천
도 88-2. 선암사 화산대사사리탑 사자상, 고려, 높이 80cm, 전남 순천

의 새끼를 품은 채 한 마리에게 젖을 먹이고 있는 형상으로 우리나라에서 유일한 예일 뿐 아니라 동양에서도 가장 오래된 귀중한 조각품이라는 점에서 매우 주목된다.

한편으로는 석탑 주위에 배치되었던 석사자상들이 탑 구조의 중요한 일부가 되어 상층기단의 네 모퉁이에 한 마리씩 배치되고 탑신부를 받치고 있는 특이한 형식의 4사자석탑이 나오게 되었다. 이러한 탑 형식에서 비롯된 순천 선암사 화산대사사리탑은 특이한 예에 속하는 것이다. 그러나 사리탑을 받치고 있던 기단석 사자상 2구는 1986년 2월에 도난되었다(도 88-1,88-2). 현재 사자상이 있었던 기단석에는 다른 석물이 대신 놓여 있다.

전라북도 완주군 소양면 대흥리 위봉사 대웅전에 있었던 목조사자상 2구는 1988년 9월 5일에 도난되었으나 20일 만인 9월 24일에 다시 돌아왔다. 같은 해 11월 6일에는 강원도 강릉시 성산면 보광리 보현사의 석사자상이 도난되었으며, 12월 1일에는 전라북도 완주군 구이면 원기리 대원사에 있던 조선 후기의 목조사자상이 사라졌다(도 89). 이외에도 경복궁 근정전 주변의 석조난간이나 계단, 다리 아래에 조각된 석사자상이나 석조건축물의 모서리

도 89. 대원사 목조사자상, 조선, 높이 90cm, 폭 135cm, 전북 완주군

기둥에 표현된 석사자상은 근엄하거나 사납기는커녕 하나같이 장난기 많고 앙증맞은 모습으로 표현되었다. 우리들이 친근감을 느끼기에 충분한 조형물이다.

09 완전히 무방비인 상태에서 유린되는 능묘조각

경기도 파주군 교하읍 당하리 산 5-3번지 파평 윤씨 정정공파 묘에 세워져 있던 문인석 2구가 정확히 언제 없어졌는지는 알 수 없지만 2005년 11월 15일 이전에 도난되었다(도90).[23]

파주시 교하읍 당하리 및 와동리 일대에 있는 파평 윤씨 정정공파 교하종중의 선산에는 정정공 윤번을 중시조로 하는 정정공파의 묘역 96기가 조성되어 있다. 이 묘역은 한 종중에 의해 만들어진 조선시대의 묘역이 연대별로 집중되어 있는 곳으로 묘역의 역사적 계기설을 살펴볼 수 있는 중요한 유적이다. 2002년 9월 16일 경기도 기념물 제 182호로 지정되었다.

조선시대에는 왕과 왕비의 묘인 왕릉을 비롯하여 대군, 공주, 옹주 등의 원園과 일반 사대부의 묘에 이르기까지 능묘조각을 설치하였다. 신라시대의 왕릉은 절대왕권을 과시하기 위해 지나칠 정도로 크게 만들었으나 조선시대의 왕릉은 유교적 위민사상에 따라 규모가 크지 않은 것이 특징이다. 조선시대의 경우, 문무인석 각 1쌍 또는 문인석 2쌍이 배치되었으며 석수는 왕릉 호석의 십이지상이나 석호, 석양, 석마를 2쌍씩 배치하였다. 조선 전기에

도 90. 파평 윤씨 정정공파 묘 문인석 2구, 조선, 높이 162cm, 170cm, 경기도 파주

는 왕릉에만 석호를 남쪽에, 석양은 북쪽에 배치하였다. 조선 후기에는 왕릉뿐 아니라 왕세자와 왕세자비, 왕의 사친의 능묘인 원이나 사대부의 묘에도 석양이 배치되었다. 석수는 중국 고대 능묘제도에서 유래된 것으로 죽은 자들을 지키고 보호하는 역할을 한다. 양은 악귀를 없애주며 호랑이는 능묘를 수호하는 의미가 있고, 말은 죽은 자를 저승세계로 운반해주는 운송자의 성격을 띠고 있다.[24] 황제릉에는 왕릉과는 달리 문·무석인과 함께 기린, 코끼리, 사자, 해태, 낙타, 말과 같은 각종 동물상을 순서대로 배치하였다.

일반사대부 묘는 기본적으로 조선 왕릉제도를 따라 조성되었으나 왕릉과는 달리 엄격하게 규정이 정해져 있지 않다. 오래전부터 일반사대부의 묘에는 석마를 세우는 것을 금지해 왔으나 석인상에 대해서는 규정이 엄격하지 않아 왕릉과 마찬가지로 문인석과 무인석을 모두 배치하였다. 무인석의 경우는 원래 왕릉에만 세울 수 있는 것이었는데, 조선 초기에는 개국공신이나 신흥사대부의 문중묘에도 배치되었으며, 16세기 이후부터는 능묘 앞에서 점차 사라지게 되었다. 현재 일반사대부의 묘들은 왕릉, 원과 함께 경기도 지역에 집중적으로 몰려 있다.[25] 사대부 묘의 능묘조각은 왕릉조각과 밀접한 영향관계에 있으면서도 서로 다른 독특한 조형미를 보여준다.

파평 윤씨 묘의 문인석은 머리에 복두幞頭를 쓰고 공복公服을 입고 있는 문신의 모습으로 손에는 홀을 들고 있다. 복두공복은 문관이나 무관이 주로

도 91. 양평 이준경 선생 묘 문인석 2구, 조선(1572년), 높이 200-210cm, 경기도 양평
도 92. 파주 노공필 묘 문인석, 조선(1500년대), 높이 160cm, 경기도 파주
도 93. 파주 용재선현 묘 무인석, 조선, 높이 150-160cm, 경기도 파주

조회나 공무에 참여할 때 입었던 옷으로 고려시대에 등장하기 시작하여 조선 전기에 많이 볼 수 있다. 조선왕릉에는 대부분 복두공복을 입은 문인석이 많이 남아 있다. 파평 윤씨 묘의 문인석은 전반적으로 사각기둥 같이 밋밋한 형태로 목과 어깨가 붙어 있어 비례가 맞지 않고 옷주름도 선각으로 표현되어 있어 단순한 조형감을 보여준다. 다만, 둥근 얼굴에 보이는 은은한 미소와 둥글게 처리된 소매자락 등에서 부드러운 인상을 준다.

최근에 들어 경상남도 진주 진양하 씨 묘의 문인석 4구(1990년 9월 27-29일)를 비롯하여 경기도 양평 이준경 선생 묘의 문인석(1996년 2월 12일)(도 91)과 파주 청원군 묘에 있는 조선 초기의 문인석 6구(1998년 6월 1일-7월 30일), 파주 교하노씨 노공필 묘의 문인석(2001년 4월 19일 이전)(도 92), 충청북도 청원 유승서 선생 묘의 문인석(1996년 5월 12일), 충청북도 괴산 유근 유평수 묘의 문인석 4구(1998년 3월 1일), 진천 이거이 묘 양석 문인석 4구(1998년 6월 10일), 대전시 대덕 문인석 4구(2002년 11월 14-16일), 전라북도 익산 이씨 종묘 문인석(2004년 7-8월경), 남원 화정동 남원 양씨 묘 문인석 2구(2005년 3월 2일), 경상북도 상주 의령남씨 묘 문인석 1구(2005년 4월경), 경상남도 산청 주세후 묘 문인석 2구(2005년 8월경) 등이 도난되었다. 이와 함께 능 앞을 지키고 있는 동자상, 장군석, 양석, 향로석, 장명등이나 혼유석과 같은 석물들이 도난되는 추세가 급증하고 있다.

경기도 파주시 문산읍 내포리 산 60-1번지 용재선현 묘 앞에 서있는 무인석 2구는 2006년 3월 15일에 도난된 사실을 알게 되었다(도93). 도난 시기는 정확하게 알 수 없으며 2006년 3월 이전으로만 추정될 뿐이다. 이 무인석은 경기도 문화재 자료 제 130호로 지정되어 있다.

파주 용재선현 묘의 무인석은 오랫동안 노천에 방치되어 있었던 탓에 마멸이 심하여 세부 표현이 뚜렷하지 않다. 커다란 돌기둥에 신체의 곡선이 전혀 없는 밋밋한 형태로 제작되었으며, 유난히 목이 짧아 얼굴과 어깨가 맞붙어 있다. 머리에 투구를 쓰고 갑옷을 입은 완전 무장한 상태이며 오른손은 배 앞에, 왼손은 허리에 두고 칼을 세워서 잡고 있다. 전반적으로 투박하면서도 부드러운 조형감을 보여준다. 현재 묘역에는 문인석 2구와 향로석 1기, 상석 1기, 묘갈 1기가 남아 있다.

조선시대에 조성된 무인석으로 비지정문화재에 해당하는 경기도 화성시 팔판면 고주리 문화 류씨 류정익 장군 묘의 장군석 2구(도94-1,94-2)를 비롯하

도 94-1. 화성 류정익 장군 묘, 경기도 화성
도 94-2. 화성 류정익 장군 묘 장군석 2구, 조선(1400년경), 높이 190cm 내외, 경기도 화성

도 95. 용인 오윤겸 선생 묘 동자석 2구, 조선(1636년), 높이 85cm, 86.5cm, 경기도 용인

도 96-1, 96-2. 고령 김면 장군 묘 동자석 2구, 조선(1593년), 높이 50cm, 경남 고령군

여 경기도 안성시 양성면 덕봉리 오세훈 조상 묘의 무인석 1구, 경상남도 거창군 신이충 묘의 장군석 2구(2005년 8월경) 등도 모두 최근에 도난당하였다.

또 묘역 주위를 지키는 불교동자상과 같은 특이한 모습의 동자석들도 최근에 들어 무차별적으로 도난되었다. 경기도 용인시 모현면 오산리 산 5번지 오윤겸 선생 묘의 동자석 2구(도 95)는 각각 높이 29cm, 26cm로 경기도 기념물 제104호로 지정되어 있으나 2006년 5월 30일에 도난당하였다. 다행히 석달 후인 8월 23일 익명의 제보로 되찾게 되었다. 이와 함께 그 묘역 주위에 놓여 있는 아들 오달천, 손자 오도종, 오도융의 묘를 수호하는 문인석과 동자석 등 6구도 도난되었다. 추탄 오윤겸 선생은 1582년(선조 15년)에 사마시에 급제하여 1628년(인조 6년)에 영의정을 지냈다가 1636년(인조 14년)에 돌아가신 분이다. 따라서 이 동자석은 늦어도 오윤겸 선생의 묘역이 만들어지는 1636년경에는 함께 제작되었던 것으로 보인다.

동자석은 일반적으로 조선 왕릉에서는 보이지 않고 일반사대부의 묘에만 세워졌던 도상으로 특이한 모습을 하고 있다. 처음에는 머리카락을 위로 틀어 올려 양쪽으로 묶은 쌍계雙髻 모양을 하고 두 손에는 연꽃을 들고 있는 불교의 동자상과 같았으나 점차 문인석과 유사한 모습으로 변하게 되었다. 이 동자석들은 묘역마다 저마다의 표정을 갖고 있다.

이외에도 지정문화재인 대전시 대덕 동자석 4구(2002년 11월 14-16일, 2004년 11월 20일 회수), 충청북도 괴산 유근 유평수 묘의 동자석 2구

(1998년 3월 1일), 충청북도 증평 충익공 신경행 묘의 동자석 2구(2006년 3월 22일), 경상북도 고령 김면 장군 묘의 동자석 2구(2004년 12월 17일 - 19일)(도96-1, 96-2), 경기도 양평 이덕형 선생 묘의 동자석 두상 2점(2008년 2월 28일 이전) 등이 도난되었다. 비지정문화재로는 경상남도 함양 남원 양씨 구졸암공 묘의 동자석 4구(2001년 12월 15일), 경기도 연천 함평 이씨 판서공 묘의 동자석 2구(2003년 월 일 미상), 전라남도 영광 밀양 박씨 묘의 동자석 2구(2003년 3-4월경), 경상남도 합천 강진 안씨 도사공 묘의 동자석 4구(2003년 11월 9일-2004년 9월 15일 사이), 제주 남제주 김만일 묘의 동자석 4구(2004년 5월 중순경), 경기도 여주 이완장군 묘의 동자석 2구(1998년 12월 15일) 등 조선시대에 제작된 동자석들을 도난당하였다.

10 무관심 속에 내버려진 채 사라진 석장승

전라남도 영암군 군서면 도갑리 42-2번지 도갑사 입구에 세워져 있던 조선 후기의 석장승 2구는 1988년 8월 2일에 도난당하여 아직까지 그 행방을 알지 못한다(도97).[26] 이 석장승은 높이 각각 178cm, 185cm로 전라남도 민속자료 제 21호로 지정되었으며, 석물의 무게로 보아 아마도 장비를 동원해서 옮겨간 것으로 추정된다.

장승은 마을의 수호신으로 사악한 기운이 들어오는 것을 막아준다는 의미와 함께 거리를 알려주는 이정표 역할을 하며, 때로는 마을 사람들이 소원 성취를 비는 신앙의 대상이 되었다. 그 기원은 확실하게 알 수 없으나 고대 남근숭배사상에서 유래되었다는 설과 사찰의 토지 경계표시로서 솟대나 선돌 또는 서낭당과 함께 민간신앙에서 나왔다고 하는 설, 퉁구스 기원설, 남방 벼농사 기원설, 환태평양 기원설 등 여러 설이 있다.[27] 보통 천하대장군天下大將軍, 지하여장군地下女將軍, 상원주장군上元周將軍, 하원당장군下元唐將軍 등의 이름이 새겨져 있으며, 남녀가 짝을 이루어 마주보고 서 있다. 남상은 머리 위에 사모紗帽나 전립戰笠과 같은 관모를 쓰고 있고, 여상은 관이 없는 것이 특

도 97. 도갑사 석장승 2구, 조선 후기, 높이 178cm, 185cm, 전남 영암군
도 98. 금산 목제 장승, 조선, 높이 145cm, 충남 금산군

징이다. 장승은 기능에 따라 한 쌍이 아니라 단독 또는 셋이 배치되는 경우도 있는데, 이는 마을의 지세나 방위상 허한 곳을 보강해 주는 비보裨補의 기능이 있는 것이다. 장승 또한 시대마다 형상이 약간씩 다르게 표현되었다.

도갑사 석장승 2구는 사찰 입구에 마주보고 서 있는 돌장승이다. 잘 다듬지 않은 길쭉한 돌기둥에 얼굴을 입체감있게 조각하였다. 턱 아래로는 약간 휘어진 수염이 길게 내려와 있다. 특히 눈두덩 위를 깊게 파서 도드라진 왕방울만한 눈과 뭉툭한 주먹코, 두툼한 입술 등은 장승에서 흔히 볼 수 있는 모습이다. 기괴하면서도 익살스러운 표정이며, 그런대로 얼굴은 착하고 선해 보인다. 두 귀는 뚜렷하게 구분되어 있지 않으나 턱 아래까지 길게 내려와 있다. 약간 굽은 어깨와 두 손을 앞으로 모으고 있는 모습은 전반적으로 입체감이 없고 밋밋하다. 능묘 앞에 세워두는 문인석과 유사하나 문인석보다는 단순하고 거친듯한 조각 기법에서 생동감 있는 조형성이 느껴진다. 이러한 석장승은 흔히 미륵불이라도 부른다.

장승과 미륵불의 결합은 조선 후기인 18세기 후반에 이르러 불교에 민간신앙이 수용되면서 나타난 신앙 형태로 보인다. 당시 미륵불은 힘든 삶에 지친 중생들에게 자신을 구제해 줄 구원자와 같은 존재였다.

이외에도 언뜻 보기에는 하르방과 비슷한 모습을 하고 있는 충청북도 괴산 능촌리 석불상 1구(1989년 12월 27일, 1990년 3월 7일 회수)와 충청남도 금산 목제 장승 1구(1993년 9월 6일)(도98) 등을 도난당하였다.

기사를 통해 알려진 불상 도난 사건과 뒷이야기

5

지금까지 알려진 것 외에도 문화재 전문 절도범들이 다양하고 기막힌 수법으로 불상을 훔쳐낸 방법과 그로 인해 처벌받게 된 많은 사례들이 전해지고 있다. 우리나라에 문화재 전문 절도범이 본격적으로 나타나기 시작한 것은 1909년 11월 이왕가박물관(대한제국의 제실박물관)과 1915년 12월 조선총독부박물관의 설립으로 공식적인 문화재 수집이 이루어진 때와 거의 같은 시기였을 것이다. 사사롭게 거래되던 고미술품들을 국가기관이 개입하여 신문에 광고까지 내면서 다량으로 수집하기 시작하자 매매값이 치솟기 시작하였다. 이는 고미술품 수집 열기와 함께 문화재 절도범들이 닥치는대로 문화재를 훔치고 파는 행위를 더욱 야기하는 요인이 되었다. 게다가 창덕궁에 이왕가박물관이 세워지고, 이어 조선총독부박물관이 개관되어 일반인들의 관람이 시작되면서 문화재에 대한 인식이 달라진 것도 문화재 전문 절도범이 등장한 것과 연관이 있었다. 그만큼 고미술품의 수요가 많아진 탓이다.

1910년부터 2010년까지의 주요 일간신문에 실린 도난 문화재 중 불상과 관련된 주요 내용만 발췌하여 옮겨 보았다. 신문기사는 대부분 인터넷 검색으로 가능했지만, 일부 신문은 일일이 찾아야 하는 번거로움이 있었다. 너무 오래된 내용은 판독이 어려운 경우도 있고 옛 문투라 옮겨 적을 때 어색한 부분이 있어 약간의 수정을 하였다. 도난 불상과 관련하여 워낙 다양한 내용들이 나오기 때문에 도난 수법에 따라 소제목으로 분리하여 시대순으로 적어 보았다. 시가는 모두 당시의 기준에 따른 것이며, 불상의 크기나 무게, 인명은 기사에 쓰인 그대로 표기하였다. 당시의 크기와 무게를 이해하기 위하여 아래의 내용을 참고할 수 있다.

이 신문기사의 내용을 통해서 당시 문화재에 대한 전반적인 인식과 함께 도난 사건의 내용을 알 수 있을 것이며, 이는 문화재 도난 방지 대책과 처리 방안 등을 마련하는 데 도움이 될 것이다.

* 1자 = 약 30.30cm / 1척 = 약 30.30cm / 1치 = 약 3.03cm / 1촌 = 약 3.03cm / 1관 = 약 3.75kg

01 사찰이 비어있는 틈을 타서 불상을 훔친 단순 절도 사건

불상 도난과 관련하여 신문에 처음 이름이 기록된 인물은 1910년대의 일본인 회산력지조檜山力之助이다. 그는 수일 전에 동소문 밖 홍천사에서 불상을 절취하려 하였다가 사실이 발각되어 북부경찰서에 체포되었다. 3일 전 지방재판소에서 징역 5년을 선고받았다.[1]

우리나라 사람들도 점차 문화재에 관심을 가지기 시작하면서 불상을 비롯한 불교문화재를 훔치기 시작하였다. 1910년 5월 7일 밤에는 북부 창의문 밖에 있는 북한산 문수암에 강도들이 침입하여 불상 1구와 가치 있는 것들을 절취하였다.[2]

1915년 12월 29일 오전 6시 30분경 함경남도 안변군 석왕사 극락전에 봉안되어 있던 불상 2구가 없어졌다. 관세음보살 1구와 대세지보살 1구였다. 모두 철제도금보살입상으로 금화관을 쓴 것이다.[3]

경기도 철원군 보개산寶蓋山 심원사 남암 대웅전에 안치된 비로자나불 4구도 1916년 5월 14일 오후 1시경에 도난당하였다. 시가로 약 10원 가량 되는 불상이다. 주지는 경성에 가서 부재중이고 승려들은 잠을 자는 사이에 도

도 99-1. 유점사 능인전 53불, 통일신라, 강원도 고성군
도 99-2. 유점사 능인전 53불
도 99-3. 유점사 능인전 53불

둑이 절취하여 도망간 것이다.[4]

금강산 유점사에 안치된 불상 53구 중 금불 16구를 도난당하였다. 이 금불은 신라시대에 제작된 것으로 조선총독부에서 국보로 지정한 것이다 **(도 99-1, 99-2, 99-3)**.[5] 당국과 협력하여 수색한 끝에 그중 1구를 개성의 모 고물상에서 발견하였고, 범인 1명을 체포하였다.[6] 후에 나머지 범인 중 일부도 검거되어 경성지방법원에서 취조하였다. 일단 예심을 마친 뒤 모두 유죄로 결정되었고 동법원의 공판에 붙였다.

이 사건의 전말은 이러하다. 1916년 음력 3월 중 윤모 씨와 김모 씨 등 2명이 금강산 유점사에 들어가서 불상 16구를 절도하였다. 이 일을 아는 최모 씨는 강원도 회양군 난곡면 동사동에 사는 박모 씨에게 이 불상들을 팔아달라고 부탁하였다. 그리고 불상을 가지고 개성으로 가서 송도면 궁정에서 쌀장사를 하는 지모 씨와 장단군 진서면 전재리에 사는 이모 씨에게도 팔아달라는 부탁을 하였다. 또, 송도면 남본정에 살면서 운송업을 하는 금정상조金井祥助, 대화정에 살면서 목수일을 하는 판구신일坂口新一, 송도면 남산정의 영정증태랑影井增太郎 등에게도 팔고자 장단군 수남면 유덕리 김모 씨에게 의뢰하였다. 그 결과로 불상들은 상조와 증태랑이 각각 1구씩 사게 되었다. 그러나 후에 증태랑이 불상을 모두 사겠다고 하며, 윤모 씨 등 2명으로 하여금 나머지 불상 14구를 개성으로 가져오게 하였다. 그리고 다시 중태랑과 상조가 두 번에 걸쳐 3구를 55원에 샀고, 신일이라는 자는 두 번에 걸쳐 6구를 500원에 샀다. 남본정 중촌용지조中村勇之助도 3구를 샀던 터로 이 일과 관계된 6명이 모두 검거되었다.[7]

본적을 히로시마현廣島縣에 둔 고가와 곤로쿠古川權六와 이노우에 스데이치井上捨一, 두 사람은 고성경찰서에서 엄중한 취조를 받았다. 탐문한 바에 의하면 사건의 내용은 이러하다. 두 사람은 지난달 28일 금강산 유점사에 갔다. 방문객이 으레 하는 행동으로 안내자를 따라 사찰을 구경하였다. 그리고 그날 밤, 두 사람은 12시쯤 사람들이 잠든 틈을 타 그 절의 법당으로 들어갔다. 역사적 자랑거리인 53불 법당으로 들어간 그들은 철망을 뜯고 불상 5구를 훔쳐 도주하였다. 그 길로 훔친 상들을 고성읍 부근 광교천 가에 묻어두고, 대진 방면으로 교묘하게 자취를 감추었다. 신고를 받은 고성경찰서에서 다방면으로 수사를 벌인 결과 범인을 체포하여 불상을 압수하였다.[8]

1925년 1월 1일 오후 5시경 경상북도 달성군 해안면 도동 39번지에 거주하는 정모 씨는 칠곡군 동명면 송림사 법당에 진열되어 있는 시가 15원 상당의 목조불상 2구를 훔쳤다. 그리고 동월 12일 오후 9시경에 영천군 청통면 은해사에서 50원 상당의 불상 2구, 17일 오후 6시경에 달성군 옥포면 파계사에서 67원 상당의 불상 1구, 29일 오후 7시경에 경주군 서면 금동사에서 5원 상당의 토제 불상 1구, 경상남도 합천군 해인사에서 50원 상당의 목조불상 1구를 훔쳤다. 그리고 훔친 상들을 가마니에 넣어가지고 대구 시내를 돌아다니며 팔려고 하였다. 대구경찰서 형사가 이를 발견하고 검거하여 취조하였다. 그리고 정 씨를 검사국에 송치하였다.[9]

1926년 1월 17일 용산경찰서 형사들은 지난 초순경에 본정 경찰서 관내에서 일어난 강도 사건을 수색하고 있었다. 밤 10시경 시외 고양군 연희면 아현리 방면으로 가던 중 길에서 보따리를 가지고 다니며 수상한 행동을 하는 사람 5명을 발견하였다. 이상하게 여긴 형사들은 이들을 전부 경찰서에 데리고 가 취조하였다. 이들은 일정한 주소와 직업 없이 부내를 배회하는 자로 전과 4범의 강모 씨, 라모 씨, 김모 씨, 김모 씨, 조모 씨로 판명되었다. 그날 밤 7시경에 용산철도국 공원에 들어가서 신당神堂에 있는 동제 불상을 훔쳐 가지고 가다가 체포된 것이었다. 불상은 500관가량인 것으로 시가는 500여 원이라 한다.[10]

전라북도 금산군 남이면 영천사에서는 1927년 3월 10일경에 도둑이 들어 불상을 도난당하였다. 경찰서에서 범인을 수색하였으나 잡지 못하고, 보리밭에서 불상만 발견하였다. 아마 범인이 영천사가 비어 있는 틈을 타 훔쳐 갔다가 뒷일을 생각하여 버려두고 간듯하다.[11]

1927년 10월 4일 오후 8시경 부내 죽첨정竹添町3청목에서 어떤 사람 2명이 길이 3자 5치가량인, 적동으로 만든 불상 2구를 수레에 싣고 다니고 있었다. 고물상을 찾아다니며 불상을 팔려고 하는 것을 수상히 여겨 경찰이 서대문경찰서로 데리고 가 취조하였다. 그들은 임모 씨와 문모 씨로 전과 3범이었다. 얼마 전 감옥에서 출소한 후 일정한 주소 없이 시내를 배회하다가 그날 오전 3시 30분경에 부내 대화정大和町 조계사에 들어가서 도둑질을 하려 하였는데, 아무 것도 없자 불당에 들어가서 불상을 훔친 것이었다.[12]

경기도 진위군 부용면 객사리 망계사에도 1928년 1월 25일 오후 10시경 도둑이 들었다. 도둑이 법당 뒷방의 벽을 뚫고 침입하여 불단에 안치한 대관음상과 복장상을 훔쳐 도망간 것이다. 이는 시가 약 150원에 상당하는 것으로 망계사에 불상이라고는 이 2구밖에 없었다. 이튿날 아침에 주지가 발견하고 사방으로 불상들을 찾았으나 행방이 묘연하였다.[13]

경기도 용인군 동면 묵리 용덕사龍德寺에서는 수일 전에 높이 5치, 폭 한 자 되는 목제도금관음보살상을 잃어버렸다.[14]

1928년 8월 8일 인천경찰서에서는 불상과 남의 선조 초상을 훔친 도둑들을 검거하여, 엄중하게 취조 중이라 한다. 탐문한 바에 의하면 사건의 전말은 이러하다. 경기도 광주군 오포면 양벌리 402번지 안모 씨와 등리 307번지 이모 씨, 동 740번지 유모 씨 등 세 사람은 절에 가서 불상을 절도하여 팔면 큰돈벌이가 되겠다고 생각하였다. 상의한 후 그해 3월 15일 밤에 광주군 중부면 장경사長慶寺 법당문을 파괴하고 들어가서 석가불상 1구를 절도하고, 이씨의 집에 잠깐 감추어 두었다. 그 후 고양군 숭인면 신설리 125번지 유모 씨에게 부탁하여 경성 중원청삼랑中原淸三郎에게 5원에 팔았다. 그후 불상은 다시 고물상에서 매매되었는데, 최종적으로는 인천 모 고물상에서 산 뒤 인천 부내 화평리 282번지 선종대사 봉은사 인천 포교당에 30원에 팔았다고 한다. 지금은 화평리 선종 포교당에 봉안되어 있다. 그런데 이 사건의 범인 세 사람 중 유 씨는 다시 같은 마을에 사는 황모 씨, 광주군 초월면 용수리에 사는 장모 씨 등과 또 일을 공모하였다. 용수리에 사는 또 다른 장모 씨의 집에 있는 장 씨 15대조 초상을 훔쳐 팔 곳을 찾다가 사실이 발각된 것이다. 이들이 검거되면서 장 씨의 15대조 조상 초상은 증거품으로 인천경찰서에 압수되어, 현재 사법계 벽에 걸려 있다고 한다. 범인들에게 그와 유사한 범죄가 많이 있는 듯하여 계속 취조 중이다.[15]

전라북도 전주 상한면 대성리 회암사에는 1928년 8월 23일 오전 2시경에 괴한이 나타났다. 닫힌 문을 열고 들어가서 본당에 안치되어 있던 토제도금불상을 절도하여 간 것이다. 이는 높이 3척 가량, 시가 300원에 상당하는 것이다. 전주경찰서에서 각 방면으로 수색 중이라 한다.[16]

1928년 10월 11일경 전라북도 순창군 복흥면 관내에 있는 귀암사는 철제도금불상 1구를 도난당하였다. 사방으로 탐색하여 보았으나 범인의 종적을 전혀 알지 못하였다. 일전에 경찰서에 수색원을 제출하였고, 경찰 당국에서 수사 중이라 한다.[17]

경상북도 선산군 부을면 수다사水多寺는 1929년 3월 30일 오후 5시경에 불상을 도난당하였다. 불상은 쇠로 만들고 도금을 한 것으로 가치는 별로 크지 않다. 선산경찰서 고등계 계원 고모 씨가 백방으로 수소문해 본 결과, 범인의 이름은 알았으나 아직까지 체포하지는 못했기 때문에 이름을 비밀에 부친다고 한다.[18]

1929년 4월 30일 오후 11시 30분경 일정한 주소가 없는 절도 전과 3범 정모 씨는 시외 동소문 밖 미아리에 있는 모 사찰에서 신장 1척 5촌가량의 석불 1구와 의복, 기타 물품 20여 원어치를 훔쳐 도망을 갔다. 그러나 5월 1일 오후 4시 30분경에 부내 서대문 큰길거리에서 종로경찰서 서원에게 체포되었다.[19]

절도한 금불상을 5년 만에 다시 잃어버린 사건이 발생하였다. 1926년에 화천 관응사觀應寺에서 일어난 금불상 도난 사건이다. 경찰이 범인 수사를 위해 노력하였으나 수포로 돌아가고 말았다. 그 후 범인은 훔친 불상을 가지고 경성에 올라가 팔고자 했으나 뜻을 이루지 못하여 자기 집에 두었는데, 어떤 자가 이 불상을 다시 훔쳐간 것이다. 이 사실을 알게 된 경찰이 활동을 개시하여 조만간에 범인을 체포하리라 한다.[20]

1931년 3월 22일 오후 11시부터 새벽 5시 사이 대전 시외에 있는 고산사高山寺에서 불상을 도난당하였다. 도난 사실을 접수한 경찰은 각지로 수배를 하고 범인 검거를 위해 노력하였다. 그러던 중 24일 오전에 대전 시내에서 고물상을 하는 일본인이 불상을 경찰서에 가져와서 말하기를, "어떤 사람이 이 불상을 가지고 와서 나에게 150원에 사라 하기에 안 산다고 하니까 맡겨두고는 다시 오지 않았다."고 한다. 이 불상은 목조석가불좌상으로 불상의 내부에는 묵은 고서들이 가득 들어 있었다. 경찰은 이 불상을 고산사에 보내고 범인을 잡고자 노력 중이라 한다.[21]

일정한 주소와 직업이 없는 박모 씨는 1931년 5월 12일경 배고픔을 이기지 못하여 충청북도 보은 속리산 부근으로 도라지를 캐려갔다가 절에 있는 동불상을 절도하였다. 이를 충청북도 선청안역에서 팔려고 하다가 증평주재소원에게 발각되어 체포되었다.[22]

평안남도 용강군 오신면 내덕리 용천사湧泉寺에서는 1931년 5월 9일 새벽에 불상 2구를 잃어버렸다. 18일에야 부처를 찾아달라고 가릉주재소에 도난 신고를 하였다.[23]

1931년 5월 26일 밤에 평안남도 용강군 해운면 용정리 신덕산 신덕사神德寺의 불상을 누군가가 훔쳐 갔다. 용강경찰서에서 각 방면으로 범인을 수사하는 중이다.[24]

1931년 6월 10일 오후 4시경 군산 부영정에서 어떤 사람이 금색이 찬란한 불상을 고물상에 가지고 와서 팔려고 하다가 지나가던 형사에게 잡혀 조사를 받았다. 범인은 부여군 외산면 비암리에 사는 임모 씨라는 자이고, 불상은 충청남도 홍성의 어느 사찰에서 훔쳐온 것으로 판명되었다.[25]

장모 씨는 본적을 평양 중화군 천곡면 이봉리 33번지에 두고 현재는 대동군 대동강면 장진리 38번지에 거주하며, 노동업을 하는 자이다. 장 씨는 지난 음력 2월 28일 오후 7시경 황해도 수안군 새월절곡 소재의 절에 안치된 길이 1척 2촌 석조불상 1구를 절도하였다. 최근 그 사실이 발각되어 22일 오후 5시 30분경 평양경찰서에 체포되었고, 동불상은 즉시 압수하였다. 현재 엄중한 취조를 받는 중이며, 여죄가 더 있는 듯하다.[26]

1931년 10월 상순경 함경남도 함흥시 함주군 천서면 신흥리 광흥사에 안치되어 있던 불상을 도난당하였다. 엄중하게 수사하여 21일에 같은 마을 박모 씨를 피의자로 여기고, 경찰서에 데려와 취조하였다. 그 결과로 박 씨와 4명의 소행임이 판명되었다. 이들은 그 불상이 고가의 것임을 알고 도둑질을 하여 큰돈을 만들어 볼까 하고 항상 엿보던 차였다고 한다. 그러다 마침 불상 안치 장소와 주지의 침실이 떨어져 있다는 것을 기화로 그날 밤 절에 침입하였다. 네 사람이 메어다가 곧바로 팔면 의심을 받을 것을 염려하여 절 부근 밭 가운데에 묻어두었다가 함흥이나 원산에 가서 팔려고 했는데, 발각된 것이다.[27]

1931년 12월 13일 오전 4시경에 경상남도 산청군 산청면 월봉산에 있는 나한사羅漢寺에서 나한석불 3구를 도난당하였다. 범인들이 유리창을 깨트리고 훔쳐간 것이다. 이 석불은 천년 전의 고물이며 중량은 3구를 합하여 150근 가량 된다고 한다.[28]

평양 대동군 임원면 대성산에 있는 광법사廣法寺는 1932년 4월 11일에 불상 6구를 도난당하였다. 범인은 이내 평양경찰서에 체포되었는데, 부내 설암리薛岩里 34번지에 사는 김모 씨라 한다. 수일 전 불상을 가지고 부내를 배회하며 고물상에 팔려고 하다가 발각되어 체포된 것이다.[29]

전라남도 구례 화엄사에서는 법당에 있는 600여 원가량의 불상 3구를 1932년 6월 3일 오전 2시경에 도난당하였다. 구례경찰서에서 범인을 체포하기 위해 노력하던 중 6월 5일 오전 11시경에 구례읍에서 1명을 체포하고, 나머지 2명은 순천군 황전면에서 체포하였다.[30] 곡성경찰서에서는 화엄사에서 불상 3구를 훔친 범인, 전라남도 곡성군 죽곡면 상계리 박모 씨 외 2명을 6월 7일 오후에 체포하고 불상을 압수하였다.[31]

1932년 6월 12일 밤 황해도 신천군 용진면 구월산 패엽본사貝葉本寺에 안치한 관세음보살상 1구가 사라졌다. 범인은 그 옆에 서 있던 관세음보살상의 두 손도 빼 가지고 갔다. 이를 발견한 주지스님을 비롯하여 승려들이 소동을 일으켰으나 범인에 대하여 알 도리가 없다고 한다.[32]

1932년 6월 14일 오후 11시경 황해도 신천군 남부면 자혜사慈惠寺에서 불상 도난 사건이 발생하였다. 사건은 절에 일이 있어 부근 주민들까지 모여 밤 깊도록 일을 하고 모두 곤히 잠든 때에 일어났다. 범인이 침입하여 대웅전 열쇠를 비틀고 금불상을 훔쳐간 것이다. 도난당한 불상은 1천 500여 년 전인 신라 때의 것으로 금과 동을 합하여 만든 것이다. 길이 3척 2촌, 폭 3척 8촌으로 중량만 160여 근이고 가격은 1만여 원이나 된다고 한다. 도난 소식을 접한 신천경찰서에서 범인의 종적을 수사 중이나 아직 체포하지 못하였다고 한다.[33]

경상남도 함양경찰서의 형사 2명이 6월 25일 단성에 와서 즈재경찰의 협조를 받아 사월리 이모 씨 외 3명을 붙잡아 갔다. 전하는 바에 의하면, 이 범인들이 산청 정취암과 기타 나한암 등에서 금불을 훔쳐 판매한 사실이 있다고 한다.[34]

원산경찰서 손모 형사는 1932년 7월 11일 오후 2시경 원산중학교 앞에서 큰 보따리를 지고 가는 수상한 사람을 발견하였다. 그 사람을 잡아 조사를 하다가 높이 2척 5촌 가량의 관음보살상을 발견하였다. 이는 등불상으로 지금으로부터 300년 전의 고물이었다. 범인이 자백한 바에 의하면 함경남도 덕원군 부내면 삼대리 장림사長林寺에서 절도한 것이라 한다.[35]

1932년 7월 28일 한밤중에 평안남도 안주읍 칠불사의 벽을 뚫고 내부에 안치된, 길이 2척의 금조불상을 훔쳐간 이가 있었다. 신고를 받은 안주경찰서에서 현재 범인을 수색 중이다.[36]

평양 부내 신양리 169번지에 사는 김모 씨는 한모 씨, 서모 씨, 이모 씨 등과 공모하여 황해도 은률군 월성사에서 금불상 2구, 안주군 내 칠불사에서 불상 1구를 훔쳤다. 그리고 부내에 있는 모 고물상에게 8원에 팔았다. 이 돈을 3명이 나누어 소비하다가 발각되어 10월 17일 오후 5시경 김 씨와 한 씨가 체포되었으며, 도주한 이 씨의 행방을 수사 중이라 한다.[37]

1933년 1월 2일(혹은 3일) 새벽 부산 동래군 북면 대본산 범어사梵魚寺 안양암 암자정전에 안치되었던 높이 1척 3촌 가량의 관세음보살상 1구를 도난당하였다. 가격이 수백 원 가량되는 신라시대의 청동도금불상으로 안양암의 귀중한 보물이라 한다.[38] 백방으로 범인을 수사하다가 9일에 경상남도 경찰부 보안과 형사가 부산 보수정 동원전당포에서 금불상 1구를 발견하였다. 즉시 김해군 하동면 예안리에 사는 김모 씨를 비롯하여 또 다른 김모 씨, 유모 씨 등 3명을 체포하고, 금불상 1구와 기타 유물을 압수하여 동래경찰서로 보냈다.[39]

강원도 인제 백담사에 지난 5월 19일 괴한이 들어와 불상 1구를 훔쳐 갔다. 경찰이 각 방면으로 수사하였는데, 수일 전 경춘선 금곡주재소에서 찾아가라는 통지가 왔다고 한다.[40]

충청북도 충주군 충주면 용산리 대원사에 도둑이 침입하여 불상을 훔쳐 갔다. 이 불상은 도금한 것이며 시가 수천 원어치로 매우 높았다. 조사 결과 범인은 경상북도 김천군 대덕면 문모 씨로 판명되었다. 이 자는 불상을 훔쳐 경성으로 잠입한 행적이 있어 각 경찰에서 수배를 해온 사람이었다.[41]

함경남도 함흥시 함주군 하조양면 불지암에서 불상 1구를 도난당하였다. 주지가 1933년 8월 5일 오후 5시부터 8일 오전 12시까지 다른 지방을 여행하고 암자에 돌아왔을 때 불상이 사라진 것을 발견하였다고 한다. 이 불상은 화관을 쓴 관음보살좌상으로 높이는 2척 5촌, 시가는 수백 원이 된다.[42]

1933년 7월 29일 경상북도 달성군 유가면 비실산에 있는 유가사瑜伽寺에 괴한이 침입하여 금불상 1구를 훔쳐 갔다. 현풍면 주재소에서 범인을 수사하였으나 아직 잡지 못하였다. 그 불상은 원래 도성사라는 절에 있었으나 도난 우려가 있어서 유가사로 옮겼는데, 며칠이 되지 않아 도난당한 것이다. 가격은 적어도 400원 이상은 되리라 한다.[43]

1933년 8월 18일 오전 1시경 경상북도 고령군 읍내 연조동에 있는 해인사 불교 고령 포교당에 있던 금불상을 도난당하였다. 이 불상은 작년 이맘때 한 번 잃어버렸다가 되찾은 것이었다. 이 급보를 받은 경찰서 형사대는 사방으로 수사대를 늘리고 범인을 수사 중이라 한다.[44]

1933년 9월 9일 오전 1시경 봉은사는 법당 천장에 걸려 있던 목어木魚와 소형 불상을 도난당하였다. 그중 목어는 총독부 사보목록寺寶目錄에 있는 조선시대의 일품이다. 소관 경찰서에서 범인을 수사 중이라 한다.[45]

나주 다보사에서는 1933년 8월 목조약사불상과 지장보살상 2구를 도난당하였다. 소관 경찰서에서 조사를 하다가 지모 씨가 나주군 나주읍 토계리 후산 삼림에 은닉하였던 것을 발견하였다고 한다.[46]

양주경찰서 사법계 형사실 모퉁이에는 미륵불상이 앉아 있다고 한다. 1933년 10월 25일 밤에 도난당하였던 것으로 경기도 양주군 별내면 정학리 내원암에 안치되어 있던 불상이다. 사건 후 한달이 지나도록 내원암은 물론이고 경찰에서도 범인을 계속 수사하고 있었다. 그러던 중 지난 25일 양주군 시둔면 낙양리에 사는 최모 씨가 뒷산에서 나무를 하다가 그 불상을 발견하고 경찰서에 가져다준 것이다. 불상의 시가는 80원 정도 되며, 조만간 내원암에서 찾아갈 것이라고 한다.[47]

평양 용강 보림사에서 관음보살상 2구를 도난당하였다는 사실이 1934년 6월 29일 알려졌다. 이 관음상들은 600여 년 전에 제작된 목제 입상이며, 보물로 귀하게 여겨지던 것이라 한다. 요즘 사원 개축 때문에 절 문을 잠그지 못하는 것을 범인이 알고 기회로 삼은 듯하며, 도난 날짜도 정확히 알 수가 없다.[48]

1934년 10월 29일 마산경찰서에서는 체포된 의령군 상정면 하촌리 전과 3범 정모 씨와 의령군 대림면 마상리 전과 1범 전모 씨를 취조하였다. 그 결과, 장물인 동제 불상 2구가 발견되었다. 도내 8개 사찰에서 동불상을 절도한 대적이 아닌가 하여 엄중하게 취조 중이라 한다.[49]

1935년 4월 11일 오전 2시경 전라북도 부안 읍내 성황사에서 금불상 1구를 도난당하였다. 이 불상은 약 100년 전에 제작된 것으로 시가 200원 가량이라고 한다. 범인은 주지스님인 은모 씨가 외출한 틈을 타서 법당의 문을 부수고 불상을 가져간 듯하다. 현재 경찰과 절이 협력하여 범인을 수색하고 있다.[50]

1935년 5월 7일 김모 씨 외 5명은 동면 성대리 임모 씨의 집에서 불상 절도를 공모하였다. 그리고 5월 9일 오전 2시경에 강원도 양양군 토성면 화암사에 침입하여 토조불 1구와 시가 약 200원인 석가모니불상 1구를 절도하였다. 그러나 곧 발각되어 5월 18일에 강릉검사국으로 송치되었다.[51]

1936년 6월 13일 오후 10시부터 14일 오전 2시 사이 전라남도 나주 일봉암日封庵에 어떤 자가 침입하여 관음보살상 외 1구의 불상을 훔쳐 갔다. 신고를 받은 경찰서에서 각 방면으로 범인을 수사 중이라고 한다.[52]

평안북도 북진면 삼산동 동림산 서림사西林寺에서는 1936년 11월 12일경 약사불상을 도난당하였다. 주지가 없는 틈에 자물쇠를 부수고 들어가서 훔쳐간 것으로 보인다. 한참 야단법석이 났는데, 11월 20일경 범인이 북진대화여관에 있다는 것을 경찰이 알고 곧바로 체포하여 취조를 마치고 송국하였다. 범인은 영변군 영변면 동부동 노모 씨와 창성군 동창면 대유동 701번지 차모 씨 외 1인이라 한다.[53]

1959년 11월 19일 밤 서울 종로구 수송동 44번지 조계사에서 불상 도난 사건이 일어났다. 당일 밤 9시 15분경에 촛불로 인해 법당 내에 화재가 일어났는데, 그 사이 유골안치소에 모신 태국제泰國製 철제도금불상과 현금 만원을 도난당하였다.[54]

1962년 5월 10일 오전 부산 중구 경찰서는 법당에 침입하여 석불을 훔

도 100. 석굴암 본존불,
통일신라(8세기 중엽),
높이 326cm, 경북 경주

쳐다가 자기 집에 안치하려 했던 혐의로 동구 수정 4동에 거주하는 김모 씨를 구속하였다. 탈영병인 김 씨는 지난 4월 28일 새벽 1시 반쯤에도 부산진구 가야동에 있는 가야사에 침입하여 대형석불 4구를 훔쳤다고 한다.[55]

경주 석굴암에는 1967년 7월 23일 밤 11시 30분에서 새벽 2시 사이에 도둑이 들었다. 도둑은 국보 24호인 본존불상의 미간에 붙어있는 백호상白毫相(순금 2돈 상당)을 훔쳐 갔다(도100). 이 백호상은 광복 후 도난당하고 없어진 것을 작년 7월 석굴암 불교 신자 300명이 성금을 모아 순금과 수정으로 만들어 붙였던 것이다.[56]

1972년 3월 12일 0시부터 새벽 6시 사이에 경상북도 영주군 풍기면 창락2동 214번지에 있는 유석사와 4km 떨어진 풍기면 수철동 5번지의 백룡사

佛像등 셋 도난

抱川東和寺 15世紀전 中國서 만든것

◇동화사에서 도난당한 觀世音菩薩 坐像.

【포천=議政府】 9일 오후 7시부터 10일 새벽 3시 사이에 抱川군 二東면 楊岩리 476 東和寺(주지 邊熙敏·42)에 소장됐던 보물급 비지정문화재 靑銅觀音菩薩坐像(가로 2.5cm, 세로 1.5cm, 높이 9.2cm, 무게 1백29g) 彌勒佛銅像(가로 3cm, 세로 5cm, 높이 14cm, 무게 5백50g) 龜上5層金剛塔(가로 6cm, 세로 4cm, 높이 15cm, 무게 4백g) 등 3점이 도난당했다고 주지 邊씨가 11일 경찰에 신고했다.

邊씨에 따르면 행자승 孔○○군(17)이 대웅전에 10일 새벽3시쯤 예불하러 들어갔다가 도난당한것을 발견, 서울 조계종 본부에 있던 邊씨에게 전보로 연락, 11일오전11시30분에 抱川경찰서 二東지서에 신고했다.

觀音菩薩像 뒷면에는 서기 521~528년 中國北魏 孝昌2년이라는 연대표시가 새겨져있다.

도 101. 『조선일보』, 1974년 10월 12일

에 도둑이 들었다. 유석사 법당에서는 석조관음보살좌상(높이 40cm), 철제아미타불좌상(높이 1m) 각각 1점과 석조석가불좌상(높이 10cm) 2점 등 모두 4점을 도난당하였다. 백룡사 산신각에서는 석조독성존자상(높이 1.4m) 1점을 도난당하였다. 이날 도둑맞은 5점의 불상은 시가로 약 100만 원 어치이다. 영주경찰서는 두 절에 침입한 불상 도둑을 동일범으로 보고 수사를 펴고 있다.[57]

1974년 10월 9일 오후 7시부터 10일 새벽 3시 사이 경기도 포천군 이동면 양암리 동화사東和寺에 소장되어 있던 보물급 비지정문화재 청동관음보살좌상(높이 9.2cm)과 미륵불동상(높이 14cm), 거북이 등 위에 있는 5층금강탑(높이 15cm) 등 3점을 도난당하였다. 주지스님 변모 씨가 11일 경찰에 신고하였다. 주지스님의 말씀에 따르면, 행자승 공모 씨가 10일 새벽 3시쯤 대웅전에 예불을 하러 들어갔다가 도난당한 것을 발견하고, 서울 조계종 본보에 있던 주지스님에게 전보로 연락하였다고 한다. 관음보살상 뒷면에는 '서기 521-528년 중국 북위 효창孝昌 2년'이라는 연대 표시가 새겨져 있다고 한다(도 101).[58]

1976년 4월 28일 밤 강원도 고성군 토성면 원암리 화암사禾巖寺에 소장되어 있던 불좌상 1점과 탱화 4점, 법당의 현판 4종 등 모두 9점의 강원도 지방문화재를 도난당한 사실이 뒤늦게 밝혀졌다. 추사 김정희가 쓴 법당현판 무량수각無量壽閣과 법당에 안치되었던 불좌상, 역대주지의 초상인 탱화 4점 등이다. 화암사는 1,300여 년 전에 지은 신흥사, 내설악 백담사와 함께 설악산 삼대 고찰 중 하나이다.[59]

경상남도 양산군 하북면 지산리 통도사에서 만세루에 보관하고 있

도102. 청동불좌상, 고려, 높이 11.3cm, 경남 양산 통도사
도103. 청동사리탑, 고려, 경남 양산 통도사
도104. 간월사지 석불좌상, 통일신라, 높이 135cm, 울산 울주군

던 지방문화재 제 104호 청동불좌상(도102) 1점, 청동불입상 1점, 청동사리탑(도103) 1점, 상아부책 1점, 금동관음좌상 1점, 구개입동좌상 2점, 옥동좌상 2점 등 9점의 문화재를 도난당했다. 1977년 3월 24일 아침에 주지스님 정모씨가 경내를 돌다 만세루 앞문이 뚫린 것을 발견하고 경찰에 신고해 밝혀졌는데, 경찰은 범인이 22일 새벽에 훔쳐간 것으로 보고 수사를 펴고 있다.[60]

1982년 12월 11일 경상남도 울주군 상북면 등억리 산 139 간월사에서 석조여래좌상을 도난당하였다(도104). 도난당한 불상은 통일신라시대에 조성된 것으로 보물 제 370호이다. 그런데 12월 13일 오전 9시경 울산경찰서에 범인으로 보이는 남자로부터 전화가 걸려왔다. 그는 불상의 머리 부분을 국도변에 버리고 간다고 하였다. 경찰이 출동하여 울주군 농소면 천곡리 경주-울산 국도변 논둑에 버려져 있던 여래좌상의 머리 부분을 찾았다.[61]

02 전국 사찰을 돌아다니면서 전문적으로 불상을 훔친 사건

남부 다동에 사는 강모 씨는 서울과 시골에 있는 각 사찰을 돌아다니며 금제 불상을 훔치고 전당포에 잡히거나 매매를 하였다는 정보가 드러나 경찰서에 잡혔다.[62]

1927년 6월 28일 인천경찰서에서는 불상을 전문적으로 훔치는 문화재 전문 절도범을 체포하였다. 그는 외리 23번지에 사는 김모 씨로 동부 내 각 사찰을 돌아다니면서 불상을 훔쳐다가 팔기도 하고 전당을 잡히기도 한 사람이었다. 당시에도 금동불상 5구를 장물로 가지고 있었다.[63]

1932년 3월 16일 오후 2시경에는 누군가가 대구 달성군 수성면 봉덕동에 있는 석탑을 파괴하고, 그 속에 든 불상 4구와 염주 50개, 장신구 25개를 훔쳐 간 사건이 있었다. 대구경찰서에서 범인을 잡기 위해 수색한 끝에 대구 남성정 서모 씨의 소행임을 알았다. 박모 형사 등이 밤에 누워 자고 있는 서모 씨를 어렵지 않게 체포하였는데, 서모 씨는 장물을 모 변호사에게 팔기로 하였다는 것을 자백하였다.[64]

경상북도 각 시·도를 돌아다니면서 불상을 전문으로 절도하여 일본인 고물상과 결탁하고, 절도하는 대로 가지고 가서 헐값에 판 이들이 있다. 만일을 대비하여 골동품상을 다른 지방으로 보내 부당 이익을 탐하던 중 경북 경찰부 보안과 형사대에게 발각되었다. 범인을 체포하여 취조하던 중 지난 25일에 경상남도 창녕에서 또 다른 범인 2명을 체포하였다. 그들을 취조하니 고총古冢 16처나 돌아다니면서 불상 및 귀금속을 파내 판매한 사실이 발각되었다. 다시 각 방면에 비상 경계를 내리려던 차에 체포된 것이다. 사건과 관계된 범인들은 156명이라는 많은 수의 절도단으로 밝혀졌다. 그중에는 일본인 2명까지 가담되어 있어 근래에 보기 드물게 대담무쌍한 절도단이라고 한다.[65]

경상북도 달성군 옥포면 용연사와 성주군 월항면 선석사禪石寺, 고령군 해인사 포교소 등 세 절을 돌아다니며 금칠한 부처를 훔친 불상 전문 절도범이 경찰에 붙잡혔다. 범인은 달성군 월배면에 사는 이모 씨이다. 훔친 불상은 부내 일본인 골동상점에 팔았다고 하며, 형사들은 계속 불상을 찾고 있는 중이다.[66]

경상북도 경찰부 보안과에서는 불상 전문 절도범 9명을 검거하여 취조하는 한편, 절도한 불상 8구와 고려청자 21점을 압수하여 각각 피해 사찰에 돌려주었다. 이 불상 절도단은 경상북도 성주군 출생인 김모씨의 4형제가 주모한 것으로 근래에 보기 드문 형제 절도단이라 한다.[67] 이들은 대구를 중심으로 고물상과 결탁하여 경상남도와 북도의 사찰에 있는 불상을 함부로 훔쳐 팔았던 것이다. 이들이 훔친 불상 중 대구의 모 고물상에 있는 8구를 압수하여 각 사찰로 돌려보냈는데, 나머지는 찾지 못하여 피해액이 수만 원에 달한다고 한다.[68]

경상남·북도로 횡행하며 사찰의 불상 전문절도단을 조직하고 고물상과 결탁하여 각지로 불상을 판매한 절도단과 고물상 목촌현룡木村顯龍 외 7명에 대하여 6개월-1년 6개월씩, 각각 구형을 하였다. 언도는 오는 25일에 하기로 되어 있다.[69]

1933년 8월 20일 김천경찰서는 경상북도 도내에 산재한 각 사찰을 횡행하며 불상을 전문적으로 절도한 성주군 김모 씨를 체포하였다. 엄중히 취조한 끝에 범인은 모든 범행 일체를 자백하였다.[70]

마산경찰서는 1934년 11월 상순 마산을 중심으로 사찰을 시끄럽게 했던 대적 일당을 체포하였다. 경찰이 구마산 방화범을 검거하기 위해 주변을 살피던 중 통영 화산 양조장 부근에서 의심스러운 남자를 발견하고 체포한 것이다. 조사해 보니 불상을 소지하고 있어 마산, 통영, 함안, 창원 등에서 일어난 사찰 소동의 문제 인물일 것으로 추정하고 취조하였다. 동시에 나머지 범인도 검거하기 위해 수색한 끝에 지난 27일에 일당 전부를 체포하여 현재 엄중하게 취조 중이다. 범인들은 본적이 마산부이며 부내 오동동 126번지에 사는 지전기대地田基大, 본적이 의령군 상정면 하촌리이며 주소가 일정하지 않은 정모 씨, 본적이 마산부 상남동인 김모 씨로 판명되었다. 한 달 전 두 사람은 부내 성호동 건봉사 포교소에 침입하여 불상 1구(시가 30원 상당)를 절도하였다. 그 후 김 씨의 소개로 부내 모 씨에게 불상을 30원에 판매하여 3명이 분배하였다. 그 후 서로 연락하면서 창원군 내서면 광산사, 통영군 광도면 안정사, 창원군 진북면 포교소, 함안군 칠북면 장춘사, 군북 광효암, 부내 월영동 포교소 등에서 불상 6구, 신불상神佛像, 그림 15매 등 합계 800여 원어치를 절도하였다. 훔친 것들은 전부 부내에서 매각하였다고 자백하였다.[71]

전라북도 고창군 아산면 선운사의 철불과 교본, 그리고 본원에 깊이 비장하여 둔 당소령唐燒鈴 도난 사건은 4년 만에 범인이 검거되어 곧 해결되리라고 한다. 이 절의 보물인 철불은 지금으로부터 1,500여년 전 인도로부터, 령은 1,300년 전 중국 당나라에서 건너온 것이다. 선운사에 대대로 전해 내려오는 것으로 수십만 원으로 평가받는 보배였다. 1936년 3월에 도난을 당한 후 경찰이 최선을 다해 수사하였으나 오리무중으로 단서를 잡지 못하였다. 흐지부지 4년이 지나갔는데, 얼마 전에 범인들끼리 이익을 분배하면서 분규가 발생하여 누설된 모양이라고 한다. 지난 5월 상순 고창경찰서 최모 주임이 경성과 군산 등지에서 유력한 골동품상인을 검거하였고, 당시 사찰의 선당암 감원으로 있었던 이모 씨 외 1명을 또 체포하여 취조 중이라 한

禪雲寺國寶盜難犯

迷宮四年만에檢擧

京城·群山等地에서 관계자續續檢擧中

十五萬圓의佛像과唐燒鈴等

官公吏와骨董商結托

白晝에巧妙히窃取

韓白米價逐日

도 105. 『동아일보』, 1939년 6월 23일

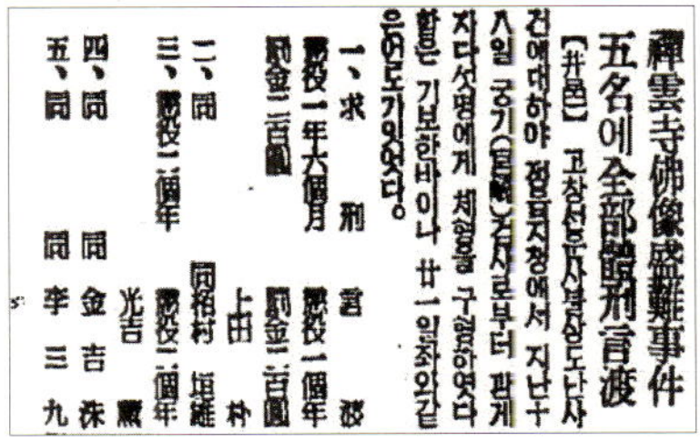

禪雲寺佛像盜難事件

五名에全部體刑言渡

【井邑】 고창선운사불상도난사건에대하야 정읍지청에서 지난十八일 공기(公[illegible])검사로부터 관계자다섯명에게 체형을 구형하엿다함은 기보한바이나 廿一일좌와같은언도가잇섯다.

一、求 刑 言 渡

懲役一年六個月 懲役一個年

罰金二百圓 罰金二百圓

二、同 上田朴

三、懲役二個年 同栢村恒雄 懲役二個年

四、同 同金吉洙 光吉[illegible]

五、同 同李三九

도 106. 『동아일보』, 1939년 9월 23일

다. 그러면서 사건이 점차 확대되어 이 골동품상인들의 배후에 군산의 공직자인 모 유력자가 있다는 것을 알아냈다. 6월 10일에는 정읍 지방법원지청 검사가 갑작스럽게 군산에 출장을 가서 모 공직자와 모 공리公吏, 골동품상 1명을 소환·취조하였다. 그 결과 골동품상인들은 돌려보내고 모 공직자만 자택까지 철저한 취조를 하였다고 한다(도105).[72]

세상을 놀라게 하고 고창경찰서를 크게 곤란하게 했던 불상 도난 사건의 내용은 이러하다. 피고 이모 씨가 선운사에 인부로 있어 절에 대하여 잘 알고 있으므로 불상을 훔치기 위해 나주 골동품상 김모 씨, 군산 골동품상 길모 씨 등 3인과 공모하였다. 1937년 3월 27일 밤에 이 씨가 선운사에 잠입하여 방울(령)을 절도하고 군산 부의원이자 유력자인 상전 박上田朴에게 매각하였다. 다시 같은 해 4월 17일 밤에는 3명이 또 불상을 훔쳐 자동차에 싣고 군산까지 가서 상전 박 씨에게 대금 3,300원을 받고 매각하였다. 상전 박 씨는 그 후 부산 골동품상인 백촌항웅栢村恒雄에게 의뢰하여 방울은 대구 골동품상에 600원에 팔고, 불상은 조선에서 팔기 곤란하여 광도시廣島市 길본吉本이란 골동품상인에게 맡겨 매각하도록 한 것이다.[73] 정읍지청에서는 이 사건의 관계자 5명에게 체형을 구형하였다. 범인들에게는 징역 1년 6개월, 징역 1년이 각각 선고되었다(도106).[74] 고창군의 명찰 선운사의 보물인 불상 도난 사

건에 연루된 군산상공회의소부회두 군산부회의원 상전 박上田朴 씨는 이 죄로 회의소의원과 부회의원의 공직을 사임하고 사표를 제출하리라고 한다.[75]

국보 제 408호로 지정되어 있는 해인사의 석조여래가 종적을 감춘 사실이 최근 경상남도에 알려져 당국자들을 당황케 하였다. 이 국보가 언제 없어졌는지도 알지 못하고 있던 도 당국은 도내 교육구를 통하여 문화재 실태조사를 하다가 석조여래가 누락된 것을 발견한 것이다. 해인사 직원을 동반하고 불상이 있던 합천군 가야면 인리 산1번지 일대를 수색해 보았으나 흔적을 발견할 수 없었다. 경남도 당국은 당초 없던 문화재가 국보 제 408호로 지정되었을 리 만무하다는 견지에서 도난당한 것으로 우려하고 있다.[76]

서울시경은 유명 사찰을 돌면서 상습적으로 문화재를 훔쳐온 문화재 전문 절도범 이모 씨 등 3명을 붙잡아 『문화재보호법』 위반 및 특수절도 혐의로 구속하고, 달아난 공범 김모 씨를 수배하였다. 이들은 1991년 1월 28일 밤 12시쯤 충청남도 보령군 성주면 성주리 73번지 성주사 절터에서 충남유형문화재 제 33호인 화강암 지석 등을 훔쳐 미리 준비한 타이탄 트럭에 신고 달아났다. 이렇게 작년 10월 말부터 지금까지 모두 3차례에 걸쳐 보령군 일대의 주요 사찰에서 불상, 석조물, 능묘 앞의 양과 말상, 지석 등을 훔쳐온 혐의를 받고 있다.[77]

대구지검 형사4부는 1999년 8월 17일 각종 문화재 수백 점을 도굴하거나 훔친 성모, 조모 씨 등 10명을 『문화재보호법』 위반 혐의로 구속하고, 홍모 씨 등 9명을 수배하였다. 검찰에 따르면, 성 씨는 3월 22일 경상북도 경주시 황오동 김모 씨의 집에 침입해 김 씨 부부를 노끈으로 묶은 뒤 조선 청화백자와 고서적 등 문화재 19점을 훔친 혐의를 받고 있다. 또 조 씨 일당 5명은 3월 경남 마산시 진동면에 있는 조선시대 고분을 도굴해 토기를 비롯한 20여 점을 훔친 혐의가 있다. 이외에 홍모 씨 등 4명은 5월 경상북도 영천시 은해사에서 불상 속에 들어 있던 『진언권공언해본』을 훔쳐 구모 씨에게 1600만 원을 받고 판 혐의를 받고 있다.[78]

서울지검 형사7부는 전국의 사찰 등을 돌며 국보급 문화재를 훔친 문화재 전문 절도범 추모 씨와 고미술품을 밀거래해온 W화랑 대표 차모 씨, 골동품수집상인 박모 씨 등 5명을 2001년 3월 12일 특수절도 혐의로 구속하고, 문모 씨 등 5-6명을 조사 중이다. 검찰은 또 이들의 사무실과 집 등에서 고려시대로 추정되는 불상과 겸재 정선의 〈화조도〉 등 문화재 수십 점을 압수했다. 검찰에 따르면, 추 씨는 1999년 2월 서울 서대문구 B사찰에서 『불경언해활자본』 7점 등 국보급 문화재를 훔친 뒤 골동품상인 서모 씨를 통해 2300만 원에 판매한 혐의를 받고 있다. 또 차 씨는 지난해 8월 부산 Y화랑 대표 조모 씨에게서 도난 문화재인 〈익안대군 영정〉을 1350만 원에 사들였으며, 서울 인사동 등에서 희귀한 문화재를 점당 수백만 원에서 수천만 원씩에 밀거래해 온 혐의이다.[79]

서울 지검 형사합의 22부는 2001년 8월 3일 국보급 및 보물급 문화재를 훔치거나 밀매한 혐의 등으로 구속·기소된 차 씨와 추 씨에 대해 『문화재보호법』 위반죄와 특수절도죄 등을 적용하여 각각 징역 5년과 3년을 선고하였다. 또한 재판부는 장물 알선 혐의로 기소된 나머지 일당 12명에게는 징역 1년 6개월에서 8개월을 선고하였다.[80]

트럭을 몰고 다니며 전국의 향교와 서원, 사찰에서 문화재급 불상, 탱화, 사천왕상, 현판, 고문서 등을 싹쓸이 했던 문화재 전문 절도범이 경찰에 붙잡혔다. 2004년 여름부터 이들이 훔친 문화재는 모두 2,300여 점, 시가 80억 원어치로 사상 최대 규모이다. 이들이 붙잡힌 후 한 달 새 전국 곳곳에서 빈발했던 문화재 절도가 뚝 끊겼을 정도다. 이 사건과 관련하여 서울경찰청 광역수사대는 2005년 3월 31일 박모 씨를 구속했다. 또 훔친 물건을 고미술상에 팔도록 연결해준 혐의로 정모 씨 등 장물알선책 3명을 구속하고, 장물을 사들인 권모 씨 등 2명을 불구속했다. 또 박 씨와 함께 문화재를 훔친 공범 김모 씨 등 일당 3명을 쫓고 있다.

경찰에 따르면 박 씨 일당은 지난달 15일 오후 8시쯤 대구 달성군 도동서원 중정당(보물 제 350호)의 기단면석 2점을 훔치는 등 2004년 8월부터 최근까지 11차례에 걸쳐 문화재를 훔쳤다고 한다. 주로 밤을 틈타 인적이 뜸

한 지방 서원과 향교 등을 범행 대상으로 삼았다. 이들은 미리 범행 장소를 물색한 뒤 크레인이 장착된 2.5t트럭을 몰고 다니며 기단석과 탱화 또는 사천왕상 등 부피가 큰 것에서부터 족보·문집·고서 등의 책자, 현판, 1900년대 초 보험증서에 이르기까지 값이 나갈 만한 문화재는 닥치는 대로 쓸어갔다. 훔친 물건을 회수하기 위해 경찰이 2.5t트럭으로 세 번을 실어 날랐을 정도였다. 이렇게 훔친 물건들은 알선책인 고미술상점의 창고에 보관했으며, 사천왕상처럼 부피가 큰 물건은 대구 근교의 논바닥에 묻어두기도 했다. 지난해 7월 전남 일대 고분에서 조선시대에 제작된 장군석 1쌍 등 20억 원 상당의 고미술품을 훔친 은모 씨 일당을 검거한 바 있다. 경찰은 이들 외에도 문화재 전문 절도단이 더 있을 것으로 보고, 고미술상점을 상대로 수사를 확대하는 한편, 문화재 해외 유출 가능성에 대해서도 조사 중이다.[81]

승합차를 몰고 다니며 야산이나 절터에 있는 불교문화재를 전문적으로 훔친 일당이 경찰에 또 붙잡혔다. 대구 수성경찰서는 2006년 5월 21일 절도범 신모 씨와 장물을 사들인 정모 씨 등 2명을 구속하고, 신 씨의 범행을 도운 혐의로 유모 씨를 불구속 입건하였다. 경찰에 따르면, 신 씨와 유 씨는 지난해 9월 26일 새벽 1시쯤 경상북도 의성군 신평면 중률리 한 절터에 세워져 있던 5층석탑을 7개로 분리해 12인승 승합차에 싣고 달아난 혐의를 받고 있다. 높이 160cm, 둘레 90cm 크기의 이 석탑은 고려시대 때 만들어진 것으로 추정되며, 감정가가 3000만 원 정도였다. 이들은 같은 해 5월 초순쯤 경상북도 성주군 벽진면 안산영당安山影堂: 조선시대 사당 안에 있던 높이 약 1m인 미륵석불상(경상북도 문화재 자료) 1점도 같은 방법으로 훔친 혐의를 받고 있다. 또 정 씨는 이들이 훔친 5층석탑을 750만 원에 사는 등 문화재 10여 점을 사들여 경상북도 청도군 풍각면의 한 연못 속에 숨겨둔 혐의를 받고 있다.[82]

03 승려 단독 또는 불교 신자와 결탁하여 불상을 훔친 사건

희귀한 사건으로 승려 출신이 절 안에 있는 불상이나 탱화를 훔쳐 팔려고 하다가 구속된 경우도 종종 있다. 사찰의 문화재 도난 사건은 대개 외부의 침입에 의한 것이 많은데, 신성한 법당 안에서 불미스러운 일이 일어난 것이다. 광복 이후 불교종단 정화운동이 만들어 낸 무질서와 혼란의 틈 속에서 일부 변질된 승려들이 수년에 걸쳐 자기 집에 옮겨두었던 문화재를 시중에 내다 팔다가 들통이 나는 일들도 비일비재하였다. 가사袈裟 입은 도둑 중들의 소행이 참으로 한탄스러운 일이다.

서울 우이동에 있는 도선암道詵菴의 승려는 근교에 있는 화계사에 침입하여 불상 2구와 주의周衣 2개, 다완茶椀 10점 등을 훔친 것이 발각되어 소관경찰서에 체포를 당해 취조를 받았다[83]

경기도 진위군 고덕면 소시동 학도암이라는 절에 거주하는 여승 박 모씨는 1915년 음력 4월경에 수원군 우정면 백수암에 안치된 부처와 부속품 전부를 절도한 사실이 있었다. 진위경찰서에서 지난 1월 10일경에 여승을 데려와 엄중하게 취조하니 사실대로 일일이 밝히므로 즉시 검사국으로 압송

하였다.[84]

경상남도 밀양 표충사에 거주하는 승려 변모 씨는 공주군 의당면 동혈사銅穴寺에 머물면서 그 절에 있는 불상을 훔쳤다. 그리고 경부선 조치원 정거장 부근에 사는 일본인에게 팔았는데, 그 일이 발각되었다. 범인은 아직 체포되지 않았지만 불상을 되찾아 원래 소유주인 사찰에 돌려주었다.[85]

1923년 10월 6일 새벽에 평양 모란봉 영명사永明寺에서 별안간 큰소리가 일어났다. 금불상이 없어졌음을 알고 승려들이 크게 놀라 사방으로 찾아보았으나 찾지 못하고, 모란봉파출소에 신고하였다. 이튿날 수상한 여승 두 사람이 그 절에서 자고 나왔음을 알고 데려다가 취조하던 중에 없어졌던 불상이 별안간에 나타났다고 하여 여승 두 사람을 방면하였다. 한편, 영명사에는 예부터 부처가 간혹 숨었다 나타났다 한다는 믿기 어려운 풍설이 있다고 한다.[86]

며칠 전에 성남 덕천군 덕천면에 있는 남산사에 18세 소년 객승 한 사람이 찾아왔다. 이 객승이 2-3일 동안 머물다가 금부처 1구를 가지고 도망을 갔는데, 그 사실을 금일에야 발견하였다. 범인은 법당에 '신흥군 모처에 새로 절을 짓고 부처를 모셔가니 불법에는 무죄한 일'이라고 뱃심 좋게 글을 써놓고 갔다.[87]

전라북도 전주군 상관면 대성리 산 속에 있던 불교 포교소에 불이 났다. 1930년 3월 7일 오후 9시경 정모 승려가 기도실 벽에 불을 지르고 숨어 있다가 기회를 틈타 불상을 절취하여 도주한 것이다. 전주경찰서에서 즉시 수사한 결과, 3월 10일 오전 10시경 시내 본정本町 일정목一丁目 통로에서 범인이 일본인에게 시가 30원 정도인 불상을 5원에 팔려고 하는 것을 보고 체포하여 취조 중이라 한다.[88]

전라북도 익산군 성당면 갈산리 남모 씨는 자신이 경성부 계동 147번지에 있는 대화교 중앙총본부 법사라고 자칭하고 다녔다. 그리고 지난 3월 중순경 전라북도 임실군 오천면 상월리 박모 씨 외 여러 사람과 같이 오천면 상천리 최모 씨의 집으로 갔다. 포교소를 설치한다고 부근 농민들에게 길흉

화복을 설명하며 부적을 배부하는 등 혹세무민의 행동을 감행하였다. 그리하여 3월 31일 임실경찰서에서 즉시 남 씨를 잡아 『경찰법 처벌규칙』 위반으로 구류 20일에 처하였다. 남 씨의 행적을 조사한 결과, 이전에 경성본부에서 불상을 가져다가 포교소 봉불식을 거행한다고 하며, 최 씨 외 여러 사람을 시켜 3월 27일에 오천면 상월리 신흥사에서 불상 1구(시가 약 100원 상당)를 절도하여 숨겨 두었던 것이 판명되었다. 경찰서에서는 4월 1일에 사건 관계자를 전부 검거하고 절도죄로 엄중하게 취조 중이라 한다.[89]

1930년 7월 14일 평양 신천군 신천면 승려 장모 씨와 강모 씨 두 사람은 황해도 송화군 수증사에서 석가여래 및 아미타불상 각 1구씩을 절도하였다. 그리고 평양욱정 낙랑회에 17원을 받고 팔았는데, 그 사실이 발각되었다. 평양경찰서에서 취조를 마치고 8월 14일 오전에 평양지방법 지청검사국에 넘겼는데, 장씨는 노년에 이와 같은 죄를 지었으니 마땅히 죽여 달라고 회한의 눈물을 흘렸다 한다.[90]

경상북도 청도군 대성면 원동 오산에 있는 천년이 넘은 고찰 적천사에서 보물 불상 1구를 도난당하였다. 주지 황모 승려가 청도경찰서와 협력하여 수사에 힘을 다한 결과, 지난 15일 오후 8시경 경산군 용성면 용문사에서 불상을 발견하고 즉시 적천사로 옮겼다. 범인은 용문사의 중인 김모 씨였다. 용문사에는 전부터 작은 불상 1구가 있었는데, 보기에도 너무 빈약할 뿐 아니라 불공하러 오는 사람들이 말하기를 "불상이 효험이 없어 불공을 해도 소용이 없다."하여 최근에는 불공을 드리러 오는 사람이 전혀 없었다. 반면, 적천사에 있는 불상은 신라시대의 승려 보조국사라는 소문이 있으므로 불공을 드리러 가는 신자들이 많아 경기가 풍성하였다. 용문사 김 씨는 그 불상을 자신의 절에 둔다면 찾아오는 신자들이 많아져서 돈을 모을 수 있다고 생각하고 절도한 것이라고 한다. 범인은 방금 청도경찰서에 인치되어 엄중하게 취조 중이다.[91]

1960년 11월 3일 경상북도 문경 봉암사에서는 보관하고 있던 국보적 금제불상을 도난당하였다. 이 불상은 약 700년 전에 제작된 것으로 조계

浮石寺所藏 寶物19點분실

<행방불명된「보물」들>

못민을宿直員 會社돈훔쳐내고 强盜당한양꾸며

帆船一隻顚覆 船員一名溺死

도 107. 『동아일보』, 1962년 2월 28일

사 본부에서 약 1년 전에 봉암사에 보관해 둔 것이다. 봉암사 측에서는 지난 4월경 봉암사에 찾아와 1박을 한 후 돌아간, 자칭 반공청년단원이라는 청년 1명과 대처승이 절도한 것으로 여겨 경찰에 신고하였다.[92]

경상북도 영주군 부석면 북교리에 있는 국보적 사찰 부석사에 소장되어 있던 무량수전보전불, 상좌대, 금제불상 등 19점의 귀중한 문화재가 없어진 것이 1962년 2월 28일에 밝혀졌다(도 107). 그중 무량수전보전불은 1918년 4월 무량수전 보수공사 때 처음 발견된 보물로 통일신라기의 작품이라고 한다. 이 보물들은 부석사 소장 문화재 중에서도 가장 값진 것 중 하나이다. 작년 3월 22일에도 강원도 명주 상원사 주지 일행 3명이 부석사에 와서 문제의 보물들을 구경하였는데, 그 해 12월쯤에야 없어진 사실을 알았다는 것이다. 도난당한 소장품은 다음과 같다. 금동제 약사불입상 10구, 토제 도금약사불입상 1구, 토제 도금석가불입상 1구, 토제 도금사천왕상 1구, 동제 5층청탑 5기, 금동제 육륜 1환이다.[93]

1970년 9월 29일 대구 영천경찰서는 영천군 청풍면 은해사에 보관중

인 석조불좌상을 훔친 달성군 공산면 파계사 승려 석모 씨와 금릉군 내안면 박모 씨를 『문화재보호법』을 위반한 혐의로 전국에 수배하였다.[94] 전라남도 승주군 쌍안면 죽현리 선암사에서 7년 동안 승려로 함께 생활해 왔던 일당 3명은 1969년 9월 20일 전라남도 보성군 덕량면 하강리 오봉암에서 불공을 드리는 척하고 들어가 목조관음보살상 1구와 신중탱화 1점 등 150만 원 상당을 훔쳤다. 1972년 12월 7일에는 선암사 불조전에 있는 석가모니불상 1점을 훔쳤으며 1973년 1월 5일에도 선암사 대웅전에 침입하여 목조석가모니불상 1구를 훔치는 등 6차례에 걸쳐 불상 5구와 탱화 3점을 비롯하여 900만 원 상당의 유물을 훔친 혐의를 받고 있다. 이들은 훔친 불상 1점(300만 원 상당)을 장물아비 이모 씨에게 60만 원에 넘겼으며, 나머지는 서울 성북구 안암동 보문정사와 삼양동 전셋집에 보관해 오다가 경찰에 붙잡혔다.[95]

전라남도 승주군 송광사에 소장되어 있던 국보를 도난당한 사건이 있었다. 도난 사건 수사본부는 인천 남구 용현동에 사는 황모 씨와 골동품상인 이모 씨, 이 씨의 운전사 남모 씨 등을 유력한 용의자로 좁혔다. 황 씨는 지난 11월 4일 부인에게 "군산에 사는 강모 씨에게 골동품을 사가지고 10일까지 돌아오겠다"고 하고 나간 후 소식이 없다고 한다. 이 씨는 자가용을 타고 다니면서 주로 전남지방에서 골동품을 구했으며, 인천 골동품상가에 매일 나타났으나 지난 2일부터 10일 째 운전사 남씨와 함께 얼굴을 나타내지 않고 있다. 결국 11일 오전 10시쯤 가택 수색을 하였는데, 그곳에서 도자기병과 깨진 그릇 등 골동품 10여 점이 발견되었다. 사건 후 고전사古錢社에 국보 2점을 팔러 왔던 30대 남성도 있었는데, 아직 잡지 못해 수사가 장기화될 것으로 보고 있다. 수사본부는 10월 10일부터 골동품 수집가 김모 씨를 비롯한 5명도 탐문·수사하였다. 김 씨는 전남 병무청에서 근무하는 것으로 밝혀지고 다른 김모 씨는 모 회사 중역으로 버젓이 있음을 확인하였다. 이외에 골동품 브로커 윤모 씨 등 9명도 연행하여 고전사 주인 이 씨와 점원 김 씨 등과 대질했으나 30대 남성은 아니라는 진술을 들었다. 수사본부는 골동품 중개상을 비롯하여 전라도 지방 사찰과 관계를 가진 사람, 유·무허가 금은방, 금속용해업소에 대한 수사를 집중적으로 하고 있다.

한편, 전남도경이 용의자로 수배했던 사람들 중 권모 씨는 사건 전날인 8일 오전 7시 송광사를 떠나 서울에 왔다. 중구에 있는 신자의 집에 있다가 10일 오전 용의자로 지목되었다는 뉴스를 듣고 밤 11시쯤 인천 용화사로 돌아갔다고 한다. 11일 새벽 2시에 형사에게 연행되었으나 추궁 결과 알리바이가 성립되었다. 권 씨는 송광사에서 떠날 때 아무 말 없이 떠났다는 이유로 의심을 받았으나 "중이 절을 떠날 때는 아무 말 하지 않는 것이 예"라고 말했다고 한다. 송광사에 소속되어 있다가 자취를 감추어 혐의를 받고 있는 이 모, 강 모, 박 모 스님 등도 신병이 확보되지 않았으나 추적수사에서 거의 관련이 없는 것으로 밝혀졌다. 경찰은 고전사 주인 이 씨가 국보 2점을 팔러 온 30대 남성에 대해 숨기는 것이 많은 것으로 보고 그와의 관련성도 캐고 있다. 또한 전남 수사진에서 밝혀낸 범인의 족적, 즉 지렛대로 3중 열쇠를 부수고 들어간 점, 같은 지문이 4개 나타난 점 등으로 보아 단독 범행일 수도 있다고 보고 있다. 그리고 11일, 우선 고전사 주인 이 씨를 장물취득 혐의로 불구속 입건하였다. 경찰은 이 씨가 범인에게서 장물을 맡은 후 다음 날 사건이 신문에 보도된 후에야 신고하여 수사를 어렵게 한 혐의, 범인에게 교통비로 5천 원을 주고 보낸 혐의로 입건한 것이다. 또한 전남도경은 11일 범행에 사용된 못을 빼는 연장인 지렛대와 드라이버를 발견하였다. 이 도구들은 오전 10시쯤 절에 소풍을 왔던 승주군 쌍암중학교 3학년 박모 군이 절 입구 우화각羽化閣 밑 냇물 속에서 주워 경찰에 신고한 것이다. 경찰은 자물쇠와 진열장을 뜯어낸 흔적과 이 도구들을 맞추어 보고 범행 때 사용했던 것임을 확인하였다. 지렛대는 길이 45cm, 지름 2.3cm의 크기로 9월 27일 송광사 경내 보수 공사장에서 없어진 것으로 확인되어 경찰은 범인을 절과 연고가 있는 자로 보고 있다.[96]

서울 강동경찰서는 1990년 1월 18일 3억 원 상당의 보물급 문화재 2점을 훔쳐 팔아넘긴 이들을 체포하였다. 충청남도 서산시 관음사 주지스님 윤모 씨와 전 관음사 주지의 아들 임모 씨 등 2명과 이들이 훔친 문화재를 사들인 장물아비 최모 씨, 서울 종로구 인사동 모 화랑의 주인 황모 씨 4명으로 『문화재보호법』 위반 혐의로 구속영장을 신청했다. 주지 윤 씨는 1989년 11월 21일 오전 11시쯤 전라남도 해남군 해남읍 윤선도 유적관리사무소 전시관에 관람객으로 가장해 들어가 유리관에 진열되어 있던 해남 윤씨의 가보 〈미인도〉 1점을 훔쳐 달아났다. 이는 가로 49cm 세로 117cm의 크기로 작가미상의 작품이지만 시가 1억 원에 상당하는 것이다. 이들은 9월 13일 오후 2시 30분쯤에도 경상북도 상주군 사벌면 금흔리 충의사 유적지 전시관에 들어가 드라이버로 유리전시관의 잠금장치를 뜯고 진열되어 있던 보물 제 669호 정기룡 장군의 옥대 1점을 훔쳐 달아난 적이 있었다. 정기룡 장군은 임진왜란 때의 병장으로 그의 옥대는 시가 2억 원에 상당하는 것이다. 이들은 훔친 〈미인도〉를 9월 21일 화랑 주인 황 씨에게 1300만 원, 정 장군의 옥대는 최 씨에게 50만 원을 받고 각각 팔아넘겼다. 경찰은 윤씨로부터 〈미인도〉와 옥대 외에도 출처가 확인되지 않은 불상 2점을 압수하는 한편, 이들이 1989년 8월부터 범행대상물을 물색하기 위해 전국 유명 사찰과 박물관 등지를 답사했다는 사실을 밝혀내고 또 다른 범행이 있었을 것으로 보고 수사를 펴고 있다. 조사 결과, 이들은 문화재를 판 돈으로 고급승용차를 사고 술집과 호텔 등을 돌아다니며 향락생활을 한 것으로 밝혀졌다. 경찰은 '스님이 서울 동대문구 장안평 고미술상가 일대에서 고서화 등을 팔러 다닌다'는 제보를 받고 탐문수사를 벌여 충청남도 서산시 동문동 프린스호텔에서 이들을 붙잡았다. 한편, 황 씨에게 팔린 〈미인도〉는 부산의 고미술중개상을 통해 일본으로 건너가기 직전 경찰에 압수되었다.[97]

1999년 4월 25일에도 불교 종단 고위직 출신인 사찰 주지가 관련된 불교문화재 도난 사건이 발생하였다. 전국 사찰을 무대로 하여 불상 내부에 보관되어 있던 수십억대의 문화재를 훔친 절도범과 이를 몰래 팔거나 갖고 있었던 고미술협회 간부, 사찰 주지 등이 적발되었다.[98]

경기도 고양시 덕양구에 있는 한 개인 사찰에 소장된 낡은 청동관음보살상이 1400년경에 제작된 조선시대 불상이라 믿고 모조품을 만들어 빼돌린 승려 일당 3명이 경찰에 구속된 사건이 있다. 서울 은평경찰서는 2006년 9월 6일 경기도 고양시 덕양구의 한 개인 사찰에 있던 청동관음보살상을 훔친 혐의로 승려 황모 씨 등 3명을 구속하고, 같은 혐의로 정모 씨 등 2명을 불구속 입건하였다. 이 일당은 우연히 둘러본 고양시의 한 사찰에서 본 불상을 국보급 고미술품으로 지레 짐작하였다. 그리고 이 불상을 최소한 3-5억 원에 국내 고미술품 수집가에 팔거나 그보다 10배 높은 가격으로 일본에 팔 수 있을 것이라고 생각하였다. 이들은 사찰 주인인 곽모 씨와 6억 원에 매매계약을 맺은 후 계약금으로 6000만 원을 지불하였다. 하지만 남은 돈을 마련하지 못하자 불상을 빼돌리기로 마음먹고 납으로 모조 불상 2점을 제작하였다. 그리고 7월 20일 곽 씨가 절을 비운 사이 불상을 바꿔치기 한 것이다. 이들의 범행은 지분을 놓고 다툼을 벌이던 일당 중 1명의 신고로 들통 났다. 이들이 훔친 불상은 고미술협회에 감정 의뢰한 결과, 70년밖에 되지 않았다는 평가를 받았다.[99]

04 불교 신자로 가장한 치밀하고도 대담한 불상 절도 사건

경상북도 김천군 지례면 상부리 앞산에 있는 은적암은 주지스님 외에 여승만 있는 작은 암자이다. 이 암자에는 신라시대 동불상이 봉안되어 있었는데 주위가 2척이 넘고 상이 2자 반이요, 중량은 20관이나 된다. 김천에 사는 송모 씨는 부처 밑에 1,500원의 가치가 있는 금이 있다는 말을 듣고, 1929년 11월 28일 주지가 출타한 사이에 은적암을 찾아갔다. 하룻밤을 지내면서 여승에게 부처가 깔고 앉은 자리를 빌려다가 아이를 낳지 못하는 여자에게 삶아 먹이면 아이를 낳을 수 있다고 하니 조금 베어가게 해 달라고 하였다. 여승이 허락하였는데, 송모 씨는 법당에 들어가 불상을 보자기로 싸가지고 도망가버렸다. 이튿날 주지스님이 주재소에 신고하여 범인을 체포하였다.[100]

충청남도 부여군 세모면에 사는 윤모 씨는 전과 2범으로 1930년 10월 1일 대전형무소에서 출옥하였다. 고향에 돌아가도 전과자라 모두 배척하므로 할 수 없이 집을 나와 방황하였다. 그러다 10월 19일에 공주군 계룡면 양화리 부근에 이르러 날이 저물자 근처에 있는 신원사라는 절에 찾아갔다. 승려도 모르게 대웅전 내에 은신하고 있었는데, 제 버릇 개 못주고 독성존자獨

聖尊者라는 상을 절도한 것이다. 이튿날 대전 춘일정 골동품상 송강상점에서 이를 50원에 팔려고 하다가 대전서원에게 발견되어 체포되었다. 경찰서에서는 기타 여죄도 있는 듯하여 취조 중이라고 한다.[101]

한 일본인이 1934년 3월 8일 오전 10시경 평안남도 북청군 신포면 나한사에 찾아와 법당을 구경하겠다고 하였다. 주지 방모 씨가 구경하고 객실로 오라고 하였는데, 3시간이 지나도 오지 않았다. 이상히 여겨 법당에 가보니 불상을 훔쳐 도망을 간 뒤였다. 불상에 대한 손해액은 약 200원에 달하고, 범인은 방금 북청경찰서에 검거되어 취조 중이라 한다.[102]

1935년 5월 25일 밤 강원도 원주군 신림면 성남리 치악산령에 있는 상원사 법당에 안치한 불상이 사라졌다. 불상은 순금으로 장식된 것이어서 도둑의 소행으로 추측된다. 절 주지스님의 말씀에 의하면, 그날 수상한 자가 와서 물을 올리겠다고 하룻밤 자기를 청한 후 그 이튿날에 자취를 감춘 것으로 보아 그 자의 소행인 듯하다고 한다.[103]

경상북도 월성군 옥포면 용연사龍淵寺 관음전에 안치되어 있는 소형 불상 1구를 1956년 3월 17일 오전 11시경에 도난당하였다. 남대구경찰서는 월성군 월배면 진천동 327번지에 사는 서모 씨를 절도 혐의로 체포하여 문초 중이다. 서 씨는 불교 독신자로 3년 전부터 용연사에서 불공을 해 오다가 불상을 절취한 것이다.[104]

1967년 5월 5일 오전 서울 종로경찰서는 불상을 전문적으로 훔쳐온 박모 씨를 구속하고 김모, 이모 씨 2명을 전국에 수배하는 한편, 불상 2구를 압수하였다. 이들은 지난 4월 6일 전라남도 담양군 수북면 남산리 용화사에 수양객으로 가장하고 들어갔다. 21일 밤 주지스님이 자고 있는 틈을 타 법당에 있는 철제불좌상 2구, 불입상 1구, 연화불좌상 1구 등 시가 10만 원 상당의 불상을 훔쳐 성동구 옥수동 산 5번지 지모 씨의 집에 은닉한 혐의다.[105]

1978년 11월 8일 부산 남부경찰서는 전국 67개 사찰에서 문화재급 불상을 비롯하여 청동불상, 탱화, 향로 등 187점을 훔친 절도전과 3범 김모 씨, 구모 씨, 백모 씨 등 3명을 구속하고 이모 씨를 수배하였다. 경찰은 또 이

寺刹도둑 全國67곳 털어

3명검거 文化財級 百87點훔쳐

사들인骨董商등 셋도 구속

合格幅 정원百80%

大入豫試 낙방은6萬5千餘명

도 108. 『동아일보』, 1978년 11월 8일

들로부터 훔친 물건을 사들인 청아당 민예사, 동아 민예사, 이화당 표구사 주인 등 3명도 구속하고, 장물인 탱화 9점과 병풍 1점 등 30점을 압수하였다. 경찰은 이들이 훔친 장물의 값을 5억 원으로 추산하고 있으나 일부에서는 그보다 많을 것으로 보고 있다. 김 씨 일당은 지난 1월 6일 새벽 2시경 전라남도 구례 선암사에서 전남지방문화재 60호인 팔상전 후불탱화 8점을 훔친 것을 비롯하여 1976년 8월부터 1978년 11월까지 경상북도 포항의 보경사, 경상남도 통도사, 합천 해인사, 충청남도 계룡산의 서운사 등 전국 67개 사찰에서 조선말의 탱화 137점, 목각 35점, 시왕전 동자상 5점, 석불상, 병풍, 향로 등 모두 187점을 훔쳐 민예품이나 표구사에 1점에 20-30만 원씩 받고 팔아왔다고 한다. 이들은 사찰에 불공을 드리러 온 것처럼 가장하고 낮에 법당 경내 구조를 살펴보았다가 밤중에 도둑질을 해왔다. 그리고 11월 4일 정오경 부산진구 구포동에 있는 모 다방에서 경주 불국사의 탱화를 훔

치려고 모의하다 경찰에 잡혔다(도108).[106]

서울 경찰청 기동수사대는 전국의 오래된 사찰을 돌며 문화재급 대장경과 불상 등 1억 2000만여 원 상당의 것을 훔친 혐의로 2003년 5월 23일 정모 씨 등 3명을 구속하고 이모 씨를 불구속 입건하였다. 또 달아난 장물업자 김모 씨의 행방을 추적 중이다. 경찰에 따르면 정 씨 일행은 2001년 1월부터 2003년까지 경상남도 진주시 호국사에서 『신수대장경』 4점, 서울 도봉구 천축사에서 지장보살상 1구를 훔쳐 김 씨에게 팔아넘긴 혐의가 있다. 또 경상북도 울진시 선적사에서 죽비竹篦를, 경기도 성남시의 천은정사에서 귀금속 등을 훔친 혐의도 받고 있다. 조사 결과, 이들은 사찰이 밤에 문을 잠그지 않는다는 점을 이용해 불공을 드리러 온 것처럼 가장하여 문화재를 훔친 것으로 드러났다.[107]

05 강도로 위장하거나 조직폭력배를 이용한 불상 절도 사건

1914년 4월 20일에 충청북도 제천군 한수면 덕주사에 강도 10명이 몽둥이를 가지고 들어왔다. 불상과 귀중품을 강탈하고자 하였는데, 마침 제천경찰서의 순사와 순사보가 있어 물건을 강탈하지 못하고 곧바로 나갔다. 그러나 절에 돌을 던지고 불을 놓아 불당과 불상, 귀중한 물품들 4,000여 원어치를 태우고 말았다. 그들을 검거하여 엄중하게 탐문하는 중이다.[108]

충청남도 공주군 계룡면 하대리 김모 씨는 또 다른 김모 씨, 이모 씨와 공모하여 1912년 4월 29일 밤 몽둥이를 가지고 거촌면 사자암獅子庵에 침입하였다. 승려 몇 명을 난타하고 불단 위에 있는 도금아미타불상 1구를 강탈하였으나 붙잡혔다. 이 죄로 공주 지방법원에서 징역 10년을 선고받았는데, 불복하고 경성복심법원에 공소하였다가 그 공소를 취하하고 죄를 인정하였다고 한다.[109]

1927년 2월 16일 오전 1시경 개성군 진봉면 옥천사에 괴한 2명이 침입하였다. 현금을 제공하라며 그 절 주지스님을 위협하였으나 마침 현금이 없었으므로 줄 돈이 없다고 하였다. 그러자 괴한들은 불상 1구를 등에 짊어지고 도망하여 종적을 감추어 버렸는데, 그 불상은 구리로 만든 것이라 한다. 신고를 받은 개성경찰서에서 범인을 수색하는 중이다.[110]

1930년 5월 22일 오후 10시 30분경 인천 도산정 18번지 보각사에 남녀 10여 명이 침입하여 폭행을 하고 불상을 강탈한 뒤 도주하였다. 절에 있는 박모 씨, 허모 씨 2명의 스님이 대항하다가 할 수 없어 미행을 하였는데, 그 결과 인천 내리 47번지에 있는 무녀 무리의 소행으로 판명되었다. 현재 엄중히 취조 중이며, 불상은 수족이 모두 떨어졌다고 한다.[111]

1930년 8월 26일 오후 12시경 충청남도 논산군 부적면 신풍리 18번지에 거주하는 박모 씨의 집에 농립農笠과 맥고모麥藁帽를 쓴 여러 명의 강도단 일행이 침입하여 주인을 찾았다. 잠이 어슴푸레 들었던 주인 박 씨는 밤중에 누가 부르는 소리에 잠이 깨어 누구냐고 물었다. 그들은 지나가는 행인으로 날이 저물어 들어왔으니 먹을 물을 좀 달라고 하였다. 방안이 어두워 등잔에 불을 켜려고 하니 그들이 켜지 못하게 하여 할 수 없이 그대로 밖에 나가서 물을 떠다주었다. 물을 조금 마신 뒤에 그들은 주인을 시켜 뜰에 멍석을 깔게 하고 자기들이 앉은 후 주인도 앉으라고 하였다. 주인에게 각 촌락의 거리 원근을 물으면서 자신들이 한금산에 절 열두 칸을 신축하여 놓고 불상이 없어서 걱정하던 중 여기에 불상이 있다는 말을 듣고 그 불상을 가지러 왔다고 하였다. 농가에는 불상이 필요하지 않고, 오늘은 음력 초삼일이라 불상을 운반하기에 좋은 날이니 자신들에게 불상을 인도하라고 강청하였다. 박 씨는 자신의 소유가 아니라 묘주 김모 씨의 불상이므로 절대 줄 수 없다며 거절하였다. 그러자 그들은 가지고 왔던 곤봉으로 주인을 때리고, 요구를 거절하면 결박하여 타살하겠다고 협박하였다. 그리고 그 집의 불실佛室에 뛰어들어가 불상을 보자기로 싸가지고 도주하였다. 이 소식을 접한 부적면 주재소에서 본서인 강경경찰서에 신고하였다. 신모 씨, 최모 씨 두 형사가 다른 경찰관들을 대동하여 현장을 점검하고 범인 수사에 전력을 다하였다. 그러던 중 연산면 고정리 하모 씨의 집에서 약 5년 전에 머슴 노릇을 하던 이모 씨의 범행임이 밝혀졌다. 수사 끝에 30일 오전 5시경에 체포하여 6인조의 강도단이 전부 일망타진되었고, 현재 엄중한 취조를 받는 중이다. 이들에게 여죄도 상당히 있을 것이라 한다.[112]

1932년 음력 12월 19일 밤 경상남도 산청군 신등면 모례리 정취암에 강도 2명이 침입하였다. 그들은 절을 지키고 있던 강모 씨를 난타한 후 금불상을 훔쳐 도주하였다. 경찰이 현재 범인을 수색 중이라 한다.[113]

대구지검 강력과는 2000년 2월 11일, 5억 원 상당의 통일신라시대 금동불상을 소장자에게서 빼앗은 혐의로 조직폭력배 '대명동파'의 행동대장 서모 씨를 구속하였다. 검찰에 따르면, 서 씨는 1999년 11월 22일 대구 중구 남성로에 있는 한약사 주인 박모 씨가 금동불상을 처분하려고 한다는 소식을 듣고 찾아가 불상을 사고 싶다고 속인 뒤 박 씨가 잠깐 자리를 비운 사이에 이를 훔쳐 달아났다. 그 후 수차례에 걸쳐 부하 폭력배를 동원하여 박 씨에게 불상을 포기하라고 협박하였다. 이 금동불상은 높이 28cm 통일신라시대의 작품으로 조형미가 뛰어나 전문가들로부터 시가 5억 원 정도라는 판정을 받은 것으로 알려졌다. 검찰은 박 씨가 1994년 대구 시내에 있는 모 화랑에서 3억 원을 주고 불상을 구입했다고 진술함에 따라 이 불상이 경주 지역의 고분에서 도굴된 뒤 시중에 유통된 것으로 보고 수사 중이다.[114]

개인이 소장해 온 50억 원 상당의 국보급 불상을 조직폭력배들에게 강탈당한 사건이 또 일어났다. 서울 수서경찰서는 2008년 3월 17일 통일신라시대 금동불입상을 사겠다고 속여 골동품 판매상에게 불상을 가져오게 한 뒤 조직 폭력배를 동원하여 불상을 빼앗은 이모 씨를 특수강도 혐의로 구속하고, 달아난 공범 7명을 같은 혐의로 수배하였다. 경찰에 따르면, 이 씨는 골동품 판매상인 조모 씨를 통해 금동불입상을 소유한 사람이 불상을 팔고 싶어 한다는 소식을 듣고 조 씨에게 전화를 걸어 불상을 구매하겠다는 의사를 밝혔다. 3월 16일 오후 서울 강남구 역삼동의 모 한정식집에서 조 씨를 만난 이 씨는 식당 내 옆방에 대기하고 있던 조직폭력배와 함께 조 씨를 마구 때린 뒤 조 씨가 가져온 불상을 빼앗아 달아났다. 경찰 조사 결과, 음식점 주변 CCTV를 통해 이 씨를 검거했으나 불상은 회수하지 못했다. 경찰은 이럴 경우 달아난 조직폭력배들이 국내에서 불상을 파는 것이 힘들어지므로 해외로 밀반출할 가능성이 크다고 하였다. 강탈당한 금동여래입상은 통일신라시대의 작품으로 전문가들에 의하면 약 50억 원의 가치가 있는 것으로 밝혀졌다. 이 불상은 소유주가 3년 전에 중국에서 구입한 것으로 알려져 있다.[115]

06 전직 박물관 직원, 현직 경찰, 교사 등이 가담한 불상 절도 사건

신의주 공립고등보통학교의 지리역사 선생인 일본인 대총도원大塚道圓이 불상과 불경을 절도하여 체포되는 사건이 발생하여 교육계에 충격을 주었다. 대총도원은 1931년 8월 11-12일 동안 고적古蹟 연구차 평안북도 영변 묘향산 보현사普賢寺 동림헌에 투숙하며 사적을 조사하였다. 12일 밤 대웅전에 들어가 석가모니불상과 비로자나불상 등 목조불상 2구와 『화엄경』 60권 중 8권 등을 절취하여 도망간 것이다. 처음에는 대총도원이 독실한 불교 신자에다 동경 일본대학 고등사범부 출신이며, 학생들에게 평판도 좋았기 때문에 반신반의 하였으나 나중에 사실이 탄로나 모두가 놀랐다고 한다(도109).[116]

그 후 보석으로 출감된 대총은 처자를 데리고 본적지인 목정현으로 귀성 중이었다. 들은 바에 의하면, 대총의 처는 창부倉敷역에서 남편에게 칼을 주며 나를 죽이고 아이도 죽이고 당신도 자살하는 것이 당연하다고 떠들었다고 한다. 그래서 모 병원에 정신이상 징조가 있는 처를 입원치료 시킨 후 다음날 본적지로 귀향하였다. 대총의 처는 경성에서 같이 교편을 잡고 있었을 때 대총을 성공시키기 위하여 동경에 유학을 보내고 적은 봉급으로도 학

新義州高普現職教諭

佛像과佛經을竊取

◇新義州檢事局에拘禁取調中

敎育界에一大衝動

日本大學出身

佛敎의篤信者

儆新盟休解決

學生等登校

破損된報恩濟

도 109. 『동아일보』, 1931년 11월 16일

비를 댔으며, 남편을 지극히 신용하고 있었다. 그런데 이번 불상 절도 사건이 공판에까지 회부되자 충격과 부끄러움으로 정신에 이상이 생겨 자살을 도모한 것이라 한다.[117]

4월 15일 오전 10시 30분부터 신의주 지방법원에서 대총도원에 관한 공판이 개정되었다. 이 사건은 조선 교육계 전체에 자극을 준 것인 만큼 많은 주목을 받았으나 방청인은 비교적 적었다.

피고는 옷을 단정히 입고 기립하여 답변해 나갔는데, 그 정경은 자못 눈물겨웠다. 사건에 대하여 피고는 12일 밤 월봉당대사 화상과 심상훈 화상은 절도하였다가 다음날 13일 새벽에 양심의 가책으로 다시 돌려주었고, 불상과 경전은 절도한 사실이 분명하다고 하였다. 피고가 증거물을 교묘히 처치한 뒤 범죄를 부인하는 것이라고 여겨 일갈하고 징역 8개월을 구형하였는데, 피고 대총도원은 침울해 하며 졸도하여 버렸다. 얼마쯤 시간이 흐른 뒤 일어나 대총도원이 엉엉 울면서 이 사건 때문에 자신은 회한하여 일생 승려가 되어 참회하는 생활을 하기로 맹세하였으며, 자신의 처는 고통으로 정신에 이상이 생겼으므로 만일 구형의 소식을 접하면 전과 같이 또 자식을 살해하고 자살을 도모할 것이라고 탄식하는 광경은 비극적이었다. 변호사가 변론을 한 뒤 폐정하였는데, 판결은 4월 22일 오전 11시라 하였다.[118] 그 후 여러 번 공판을 거친 끝에 불상과 경문에 대한 것은 증거 불충분으로 무죄이며 월봉당, 심상훈의 화상을 절도한 사실에만 죄를 적용하여 6개월 징역, 2년간의 집행유예를 언도하였다.[119]

1935년 6월 4일 오후 2시경 전라남도 여수군 돌산면 율림리 향일암向日菴에 아무도 없는 틈을 타서 어떤 사람이 극락전의 자물쇠를 부수고 목조도금불상 1구를 절취해 간 일이 있었다. 경찰 당국에서 각지로 범인을 수사한

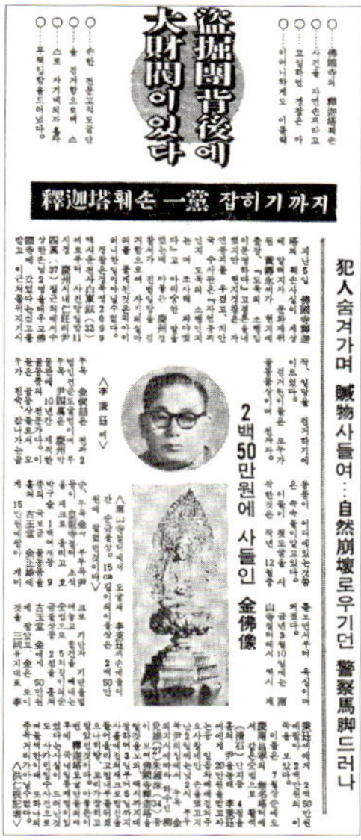

盜掘團背後에 大財閥이 있다

釋迦塔훼손 一黨 잡히기까지

犯人숨겨가며 贓物사들여…自然崩壞로우기던 警察馬脚드러나

2백50만원에 사들인 金佛像

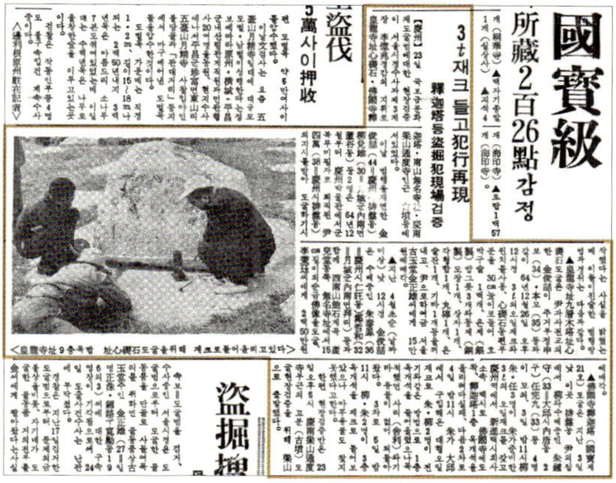

國寶級 所藏2百26點 감정

3t재크 들고犯行再現

釋迦塔등盜掘犯現場검증

<皇龍寺址9층목탑 址心礎石도굴을위해 재크로돌이올리고있다>

도 110. 『동아일보』, 1966년 9월 20일

도 111. 『동아일보』, 1966년 9월 24일

끝에 6월 6일에 돌산면 금성리에 사는 권모 씨를 체포하였다. 범인 권 씨는 일본 관서대학 상과 2년을 다닌 후 순천서면공보順天西面公普에 재직하였다가 다시 광주 수피아여학교에서 교편을 잡았던 사람이었다. 이후 목포경찰서에 순사로 재직하였다가 아편에 중독되어 감옥에 간 것을 시작으로 절도와 횡령 등을 저질러 전과 3범이 되었다고 한다.[120]

1966년 9월 18일 밤 불국사 석가탑을 비롯하여 고적의 탑과 무덤을 도굴해 오던 전문 도굴단의 주범 김모 씨와 유모 씨, 주모 씨 그리고 도굴품인 금불상을 사들인 삼성재벌 대표 이모 씨의 친형인 삼강유지사장 이모 씨를 입건하고 금불상 등 장물을 압수하였다(도 110). 범인들은 지난 3일 밤 경북영 2099 택시를 타고 불국사에 도착하였다. 미리 준비했던 기중기로 석가탑을 두 번 끌어올렸으나 보물을 발견하지 못하였다. 다시 5일 밤에 세 번 탑을 끌어올렸으나 역시 보물이 없어 미수에 그쳤다. 이들은 지난 3월 초에는 경주시 남산사 절터를 도굴한 적이 있었다. 5치 정도의 순금불상을 비롯한 불상 2점을 훔쳐 골동품상인 김모 씨에게 50만 원에 팔았고, 김 씨는 이것을 다시

이 모씨에게 250만 원에 매각하였다. 이렇게 6차례에 걸쳐 월광사, 통도사 등 유명한 사찰의 고적을 도굴하여 사리, 구슬, 금은부처상 등 시가 800만여 원 어치의 물건을 훔친 것이다(도111).[121] 특히 남산사의 순금불상은 신라시대의 유물로 은제도금한 받침대에 놓여있는데, 그 기교나 양식이 국보급 기준에 달하는 것이다.[122] 범인들은 경주에서 골동품상을 하면서 주로 서울 골동품상과 거래를 하는 전과자들로 구성되어 있었다. 그중에는 경주박물관에서 수위로 10년간 근무했던 사람도 포함되어 있다. 분배과정에서 불만을 품은 1명이 서울시경에서 심어놓은 정보원에게 정보를 준 것이다.[123]

당시에 도굴된 물건들은 대부분 일본인이 구입하여 일본으로 밀반출되거나 국내 재벌가들이 구입하였다. 1960년대 이후 재벌가들이 부동산보다 골동품에 투자하는 것이 안전하다는 생각을 하여 골동품을 사들이기 시작하였던 것이다. 정부에서도 떠돌아다니는 골동품을 재벌 측에서 되도록 많이 구입해주기를 바라고 있었다. 그중 유명한 소장가이자 삼강유지의 사장인 이 씨가 도굴된 국보급 문화재를 구입했다고 하여 경찰의 수배를 받았던 일화가 유명하다. 3년 전에는 그의 동생인 이모 씨가 도굴된 신라 금관을 사서 일본에 가져갔다는 얘기가 떠돌아 세상을 떠들썩하게 하기도 했다. 삼강유지 사장 이 씨는 혜화동에 본가를 두고 정릉동 별장에 이따금씩 기거하면서 골동품을 수집하였다. 몇백 년 전의 토기를 비롯하여 동제 불상과 석조불상, 금불상, 금목걸이 등 그 종류가 수백 가지에 이르러 박물관 못지않았다는 이야기다.[124]

현직 고등학교 교사가 포함된 문화재 절도범 6명 중 4명이 경찰에 붙잡혔다. 경찰은 주범인 울산고등학교 민속관 책임자 박모 씨의 집을 급습하여 금동불상 15구와 범종 1점, 토기 24점 등 40점을 압수하여 문화재관리국에 감정을 의뢰하였다. 경찰에 따르면, 체육교사인 안모 씨는 1979년 2월 15일 오전 10시쯤 자신의 학교 학부형인 서모 씨의 집 뒷산에서 고분을 팠으나 실패하였다. 그리고 오후 6시쯤 박모 씨, 김모 씨와 함께 돌무덤을 파서 토기 25점을 꺼냈다. 그중 5점은 학교에 가져가고 20점은 15만 원에 팔았으며

高校教師가 盜掘

遺物 2백여점 佛像등 1億원어치

4명令狀 2명수배

도망간 頭目은 高校 民俗館 책임자

가짜 金佛像 만들어

서서 듣는 講義

도 112. 『조선일보』, 1979년 3월 22일

도 113. 해인사 중수원문, 조선(1490년), 경남 합천

4만 원을 안 씨에게 주었다. 체육교사 안 씨의 진술에 의하면, 박 씨는 함안농고를 나와 골동행상을 하다가 안 씨의 소개로 지난해 6월에 학생민속관 책임자로 채용되었다. 주로 학생들에게 민속품과 문화재에 대한 설명을 하면서 학교 복도에 설치된 진열관을 관리해 왔다. 그러나 박 씨는 민속관용 명목으로 물건을 수집하고는 좋은 것은 자기가 챙기고 나쁜 것은 학교에 가지고 온다는 소문이 나서 지난 9월 18일에 해고되었다. 그 후 1976년부터 박 씨는 경남 일대의 고분을 찾아다니면서 도자기와 그림, 말 안장 등 백여 점을 도굴하여 골동품점에 팔거나 자신이 갖고 있었다. 경찰에 의하면, 울산고등학교에서는 2년 전부터 학생민속관을 마련하기 위해 학생들에게 집에 있

는 민속품을 1점씩 갖고 오도록 종용하였고, 현재 200여 점이 학교 복도 유리관에 진열되어 있다. 박 씨와 안 교사는 학생들이 가져온 토기의 출처를 물어 울산시 근교 산비탈에서 줍거나 땅을 파서 가져왔다는 얘기를 듣고, 그들이 직접 도굴하거나 전문 도굴꾼과 함께 도굴지를 물색하며 그동안 약 200점을 파냈다는 것이다(도112).[125]

전국 사찰의 불상 안에 봉안된 복장물과 고택이나 서원에 보관된 문화재 천여 점을 훔치거나 유통시킨 이들이 검찰에 대거 적발되었다. 그중에는 한국고미술협회 전직 간부, 사찰 주지, 현직 경찰관 등이 포함되어 있었다. 이 문화재 전문 절도범들은 1998년 7월 서울 서대문구 봉원사에서 보물급인 『능엄경언해활자본』 7점을 훔치는 등 전국 사찰을 돌아다니며 불상 안에 보관된 복장물 수백 점을 훔쳤다. 이들이 훔치거나 유통시킨 문화재 중에는 『용비어천가 진본』, 『해인사 판당고 중수원문』, 『능엄경언해활자본』, 『대반야바라밀경』 등 국보급 또는 보물급 문화재가 수두룩해 충격을 주고 있다. 그중 해인사 장경각藏經閣 불상의 뱃속에서 나온 『해인사 판당고 중수원문』은 푸른색 명주에 붉은색 안료로 쓴 필사본이다. 조선 세조 4년인 1458년에 판당고가 좁고 비가 새 50칸을 새로 지었으며, 정희왕후 윤씨가 중수하려다 승하하자 인수대비 한씨가 중창했다는 건축 연혁 등이 담겨 있는 귀중한 자료이다. 그리고 이들이 유통시킨 충청남도 유형문화재 329호 〈익안대군(조선 태종의 형) 영정〉의 경우 일본으로 밀반출했다가 현지에서 사오는 것처럼 위장하여 국내에 다시 들여오는, 소위 '세탁 과정'을 거친 것으로 드러났다. 이에 따라 상당수의 문화재가 해외로 밀반출되었을 가능성에 대해서도 수사 중이다. 또한 『해인사 중수원문』은 해인사 장경각 법보전法寶殿 불상 안에 있었던 것이다. 명주 위에 붉은색 글씨로 1490년(성종 21)에 작성한 학조대사의 발문과 중건을 위해 시주한 사람들의 명단이 적혀 있으며, 국보급 문화재에 해당된다(도113).[126]

07 박물관이나 미술관, 개인 소장의 불상 도난 사건

1925년 1월 8일 오전 10시에서 13일 오후 3시 사이 경기도 시흥군 파천면 막계리 윤모 씨의 집에 도둑이 침입하여 관세음보살상 1구와 작은 블상 2구를 절취하여 갔다. 각각 시가 100원과 41원에 상당하는 것이었다. 이 사실을 즉시 소관경찰서에 고발하여 범인을 수사하는 중이다.[127]

1928년 10월 7일 오후 1시경 일정한 거주지가 없는 유모 씨, 김모 씨, 또 다른 김모 씨 3명은 시내 한강동 11번지 188호 근등달웅近藤達雄의 집에 침입하였다. 주인이 없는 사이에 시가 150원인 불상 1구를 훔쳐 시외 용강면 신공덕리 고물상 김모 씨에게 30전을 받고 팔았다. 그 사실이 발각되어 30일 용산경찰서에 체포되었고, 고물상 김 씨도 장물을 산 죄로 검거되었다.[128]

대구 대흥전기주식회사 사장 소창무지조小倉武之助는 그 전브터 고고학에 많은 관심을 가지고 있었다. 진기한 고물을 수집하기에 힘써 개인 소유의 창고 속에 예부터 유명하다고 하는 많은 고물들을 진열하였다. 그런데 1938년 8월 20일 누구의 소행인지, 창고 문을 비틀고 그 속에 진열되어 있던 금불상 10점을 도난당한 것이다. 대략 3,000여 원에 상당하는 것이었다. 대구경찰서에서는 범인이 경성으로 잠적한 듯한 흔적을 발견하고 경성 각 경찰서에 수배하여 범인을 수사 중이라 한다.[129]

도둑질을 하고 미안하다고 자살을 시도한 사건이 있었다. 1940년 1월 4일 밤 서대문경찰서의 경찰이 봉원정 부근에서 순찰을 하다가 괴한이 있어 체포하였다. 그의 품 속에는 불상이 있어 더욱 수상히 생각하고 추궁하였다. 그는 교북정에 사는 현모 씨로 봉원정 31번지의 여승 이모 씨의 집에서 불상을 훔쳐가지고 나오던 중이라는 것이 판명되었다. 그런데 경찰서로 가는 도중에 범인이 미안하다고 여러 번 자살 행동을 하여 경찰관들을 괴롭혔다고 한다.[130]

1942년 11월 9일 정오부터 4시 사이 덕수궁 이왕가미술관에 있던 불상 1구가 없어졌다. 이왕가미술관 2층 제 7호실에 진열된 약 4촌 가량의 금동약사불상 1구가 알 수 없는 괴한의 손에 사라진 것이다. 이 불상은 약 1천300여 년 전 삼국시대에 만들어진 것으로 귀중한 국보일 뿐 아니라 미술상이나 고고학상으로도 가치가 매우 큰 것이다. 창덕궁 경찰서에서는 각 경찰서에 범인을 수배하고 총출동하여 수사 중이다.[131]

1953년 12월 1일 경상북도 영주군 순흥면 내죽리 숙수사 옛터에서 소수중학교 신축공사를 하다가 발견된 금동여래좌상 1구를 비롯하여 25구의 불상과 사리철탑 여러 개 등이 감쪽같이 없어졌음이 뒤늦게 밝혀졌다. 당시 박물관장 김재원 박사의 말에 의하면, 금동여래좌상 등 26구의 불상은 6세기 이전의 중국 불상 형식을 본떠 만든 통일신라기의 것으로 우리나라 불교문화의 극치를 보여주는 국보급 문화재라고 한다(도114, 115).[132] 주민들의 말에 의하면, 국보로 지정하기 위해 부석사에 보관하던 중 1959년 당시 이승만 대통령이 부석사에 와서 마지막으로 보고 간 후 경무대에서 몽땅 가져간것으로 알려졌으나 확인되지는 않는다. 영주군 교육청 문화재대장에는 이 불상들이 등록되어 있지도 않으며 언제 누가 가져갔는지조차 모르고 있는 실정이다.[133]

1971년 11월 7일 오전 6시쯤 전주시 풍남동 3가 전북도립박물관 진열

도 114. 금동불입상, 통일신라, 높이 14.8cm, 경북 영풍 숙수사지 출토, 국립대구박물관

도 115. 금동보살좌상, 통일신라, 높이 14.5m, 경북 영풍 숙수사지 출토, 국립중앙박물관

실에 있던 통일신라시대의 금동여래입상(높이 7.7m), 동제불보살상, 도금철제보살상 등 불상 4구가 없어진 것을 숙직하던 직원들이 발견하고 신고하였다. 도둑은 유리 창문을 깨고 침입한 것으로 보인다. 박물관 측은 잃어버린 불상이 지정문화재가 아니어서 시가 12만 원 정도일 것으로 보고 있으나 문화재 전문가들은 지정문화재 못지않은 가치가 있다고 하였다.[134]

1974년 6월 14일부터 16일 오후 사이 광주공원에 있는 광주시립박물관에 도둑이 들어 고려시대의 금동여래좌상(높이 30cm, 너비 14cm)을 훔쳐갔다. 경찰 조사에 따르면, 도둑이 박물관의 유리 창문과 철책을 부수고 들어와 진열되어 있던 불상을 훔쳐 달아난 것이라고 한다.[135]

서울 용산구 한남동 단국대박물관에서도 진열되어 있던 등록문화재 7점을 도난당하였다. 이는 사자산 흥룡사 절터에서 출토된 신라시대의 금동불상(시가 약 70만 원 상당)과 목조지장보살좌상(시가 약 20만 원 상당), 월정사 8각 9층석탑에서 발견된 은제도금불상(도 116), 고려 순청자병, 고려 녹청

도 116. 은제도금불입상, 고려(10세기), 높이 8.5cm,
월정사 8각9층석탑 발견, 강원도 평창 월정사성보박물관

도 117. 석인상, 조선 말기, 높이 73cm,
국립경주박물관 야외전시장

자병, 고려 모란문녹청자수저, 고려 순청자대접 등으로 학교 측의 추정 시가가 1000만 원에 상당하는 것이다. 이 도난 사건은 수위 김모 씨가 지난 16일 아침 학교를 순찰하다가 박물관 북쪽 쇠창살이 뚫려 있는 것을 보고 학교 측에 알린 다음 경찰에 신고하면서 드러났다.[136]

서울 강남경찰서는 1992년 11월 29일 대학교 박물관과 호텔 등에 전시된 보물급 문화재를 비롯하여 고가미술품 5억여 원 어치를 훔친 혐의로 오모 씨에 대해 구속영장을 신청하였다. 달아난 박모 씨 등 3명도 수배하였다. 초등학교 동창인 범인들은 지난 11월 7일 오후 5시쯤 서울 도봉구 쌍문동 덕성여대 박물관 1층 창문을 절단기로 뜯고 들어가 중앙 전시대에 전시되어 있던 보물급 고려청자(시가 약 1억 2000만 원 상당) 4점과 금동불상 2점, 산수화 7점 등 13점(시가 약 3억 8000만 원 상당)을 훔친 혐의를 받고 있다. 이들은 또 5월 28일 새벽 1시쯤 서울 강남구 청담동 리베라호텔 본관 2층 중국식당 안에 걸려 있던, 운보 김기창 화백의 산수화 1점(시가 약 7500만 원 상

당)을 훔치는 등 4차례에 걸쳐 고가 미술품 50점을 훔친 혐의를 받고 있다. 경찰은 이들이 훔친 미술품 중 42점을 압수하고, 고가 미술품을 동부 이촌동 등지의 화랑에 팔았다는 진술에 따라 유통 경로를 추적 중이다.[137]

1993년 2월 2일 오전 9시 10분쯤 대구시 중구 봉산동에 있는 성고당 골동품점에 도둑이 들었다. 높이 9cm인 국보급 통일신라 금동불상 1구와 고려청자대접, 민화병풍 등 3억 원 상당의 골동품 27점을 훔쳐 달아났다. 주인 김 씨의 부인인 염모 씨의 말에 따르면, 전날 오후 6시쯤 가게문을 잠그고 귀가했다가 이튿날 아침 나와 보니 가게 뒤쪽 유리 창문이 깨져있고 1.5m 높이의 금고문이 부서진 채 귀중한 골동품들만 없어졌다고 한다. 이로 미루어 보아 문화재 전문 절도범이나 내부 사정을 잘 아는 사람의 범행일 가능성이 높은 것으로 보고 있다.[138] 이 사건과 관련하여 9월 24일 서울 종로경찰서는 장물아비 강모, 성모 씨 등을 붙잡아 조사 중이다. 이들은 성고당에서 도난된 고려시대 금동불상을 비롯한 골동품 500여 점을 3차례에 걸쳐 450만 원에 사들여 보관한 혐의가 있다. 그중 크기 9cm의 금동불상은 통일신라시대에 만들어진 것으로 시기가 1억 2000만 원이 넘는 것이며, 고려청자대접과 조선백자 등도 수천만 원을 호가하는 귀중품이라고 한다. 경찰이 압수한 골동품 중에는 중국 한나라, 명, 청대의 화폐인 별전 103점과 조선시대 민화 77점 등도 포함되어 있다.[139]

1994년 6월 12일 오전 9시 10분쯤 강원도 명주군 성산면 어흘리 사설 대관령박물관에 도둑이 들었다. 고려 초기 목조불상 1구를 비롯하여 청동정병, 청동병, 청동초두 등 4점과 조선시대 〈문자도文字圖〉 병풍 10폭 등 귀중한 골동품 26점, 수억 원어치를 도난당하여 경찰이 수사에 나섰다.[140]

국립박물관의 유물을 또 도난당하였다. 국립경주박물관이 전시되어 있는 1,200여 점의 옥외전시물이 아무런 보안 조치 없이 방치되어 있었다. 전시 중인 조선 말기의 석인상이 도난되었는데, 두달이 넘도록 유물의 무게조차 파악하지 못하고 있다(도 117). 경주박물관의 책임자는 도난당한 유물의 무게가 얼마나 되는지, 몇 명이서 들고 갈 수 있을지, 국립박물관 경내에 있던 유물이 정문이나 담장을 통해 유출되는 동안 어떻게 전혀 모를 수 있었는지 등의 질문에 아무런 답을 하지 못했다. 이번 도난 사건은 이미 소를 잃고 외양간을 고친 후라서 더 심각한 일이었다. 지난해 2003년 5월에도 국립공주박물관에 강도가 들어 국보 불상을 비롯한 문화재 4점을 도난당한 적이 있었다. 그 후 7개의 지방 국립박물관이 6억 9000만 원을 들여 보안 강화 조치를 하였던 것이다. 최근에는 경주 황용동 표충사지 석탑의 탑신과 옥개석을 도난당한 사실이 확인되었고, 경주 유적지에 있던 초석이 조경석으로 사용되고 있다는 제보도 있다.[141]

08 국외로 불상을 밀반출하려다 적발된 사건

1955년 2월 23일 오후 지검에 접수된 보고에 의하면, 작년부터 수배 중이던 국보 금동불상 절도범을 서울 중구 명동 도심클럽에서 체포하였다고 한다. 절도범은 종로구 팔관동 28번지에 살고 있는 무직의 이모 씨로 작년 7월 중순경 부산시 영선동에 거주하는 김모 씨와 공모한 후 대청동에 있는 도서관에서 보관하던 신라 금동불 10구를 절도한 것이다. 그러나 이들은 이미 금동불상을 일본으로 밀반출하였다고 한다.[142]

몰래 반출됐던 높이 16cm, 너비 4cm의 통일신라시대 금동보살입상 1점이 1973년 8월 23일에 되돌아왔다. 일본 미즈가미 자동차주식회사 사장 미즈가미 씨가 지난달 31일 페리호편으로 후쿠오카현 아마끼시에 귀국하면서 자기 승용차 속에 숨겨 들어간 것이었다. 다행히 이 사실을 수사 기관에서 인지하고, 16일 수영공항을 통해 다시 우리나라에 들어오는 미즈가미 씨를 검거하였다. 그리고 불상을 부쳐 보내도록 미즈가미 씨를 종용하여 되찾게 된 것이다.[143]

1974년 9월 26일 경상북도 의성읍 중성리의 의사 박모 씨가 2,000여

년 전 것으로 보이는 금동석가불입상 1점을 제주에서 육지로 반출하려다 경찰에 검거되었다. 경찰은 박 씨가 문화재를 외국인에게 팔려고 했던 것으로 보고 박 씨를 『문화재보호법』 위반으로 입건하였다. 현재 불상의 출처를 조사 중이다.[144]

신라시대와 고려시대의 보물급 금동불상과 신안해저유물 등 문화재 26점을 일본으로 밀반출하려던 일당이 『문화재관리법』 위반 혐의로 검찰에 구속되었다. 한국고미술상중앙협회장 신모 씨를 비롯하여 이모 씨, 윤모 씨, 황모 씨 등 문화재 밀반출 조직 5명이다. 검찰은 이들로부터 금동탄생불, 금동미륵반가사유상, 신안해저유물인 청자양각연화문대반 등 문화재 26점을 압수하고 골동품 중개상 4명을 수배하였다. 검찰에 따르면, 신 씨는 1982년 1월 27일 일본에서 열린 꽂꽂이회에

金銅佛像 日반출 기도
古美術商중앙회장등 5명拘束
新安유물등 26점

도 118. 『조선일보』, 1982년 10월 26일

참석한 여인 이모 씨에게 삼국시대 청동거울 3점을 800만 원에 넘겼다고 한다. 이 여인은 신 씨의 도움으로 청동거울과 조선 후기 불화 2점을 일본에 밀반출한 후 친척인 재일동포에게 판매를 의뢰하였다. 이 여인은 1981년 8월 23일에도 꽂꽂이회에 참석차 출국하면서 신 씨와 윤 씨의 부탁을 받고 금동불상 1점과 삼국시대 토기 3점을 일본으로 가져간 바 있었다. 이 때 토기는 신 씨가 소개한 일본인에게 맡겨두고 불상은 가격이 안 맞아 그대로 가져왔다. 원래 문화재가 해외로 나가기 위해서는 공항에서 문화재감정관의 확인을 거쳐야 하는데 이를 밀반출하기 위해 골동품 업계의 실력자인 신 씨가 금동불상에 도금을 입혀 모조품이라고 속인 후 비문화재로 확인을 받아낸 것으로 밝혀졌다. 윤 씨는 수배 중인 박 씨와 짜고 지난 13일 신라시대 금동미

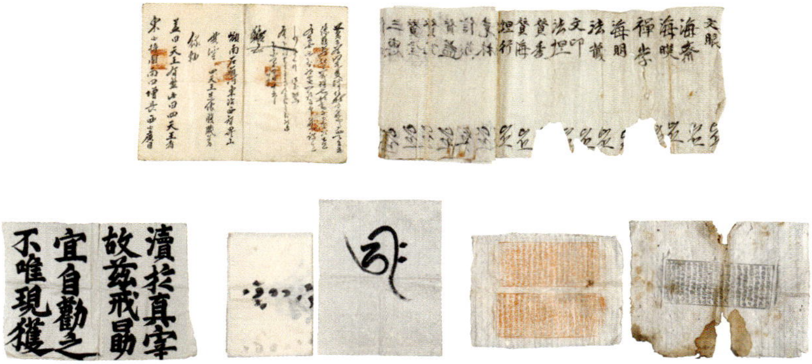

도 119. 쌍계사 사천왕상 복장물, 조선 후기, 경남 하동

륵보살반가상 등 보물급 3점과 조선백자 2점을 일본인에게 1억 5000만 원에 팔기로 하고, 함께 만나 물건을 감정하려다 검거되었다. 이 금동불상은 모두 신라시대에 만들어진 것으로 『한국미술 2천년 사』에 수록된 걸작이다. 원 소유자는 전 고려제지 사장 김모 씨로 밝혀졌다(도 118).[145]

북경 상주 특파원이 북한 문화재를 중국으로 밀반입하여 판매하려다가 중국 공안 당국에 적발되어 국외 추방령을 받았다. 이 사건은 1995년 5월 9일 북한 노동당 기관지인 『노동신문』에 실렸다. 북경의 골동품상들에 따르면, 노동신문의 특파원 한모 씨는 최근 북한의 문화재급 불상 2점을 북한에서 중국으로 밀반입하여 북경의 골동품상인들에게 팔려다가 현장에서 중국 공안 당국에 적발되었다고 한다. 한 특파원의 국외 추방이 북한 당국의 요청에 따른 것인지는 알려지지 않고 있으나, 사실로 밝혀질 경우 북한 관영매체 기자로서는 최초로 중국 당국으로부터 추방을 당한 것이다.[146]

경상북도 K대 남모 교수를 포함한 2명이 경상남도 하동 쌍계사 사천왕상에서 도난당한 복장물 27점을 일본으로 밀반출하려다 적발되었다(도 119).[147]

09 도굴 또는 도난되거나 출처가 불분명한 불상을 팔다가 들통난 사건

대구부 동성정 광기다차랑廣崎多次郎과 동부 남욱정 전중무일랑田中武一郎 외 2명은 1916년 11월 20일 경상북도 영주군 부석면 북지리 부석사를 공사하던 중 무량수전이 헐릴 때, 들보 위에서 청동으로 만든 불상 10구를 발견하고 공모한 후 그 불상을 절취하였다. 불상의 가격은 270만 원 50전에 달한다. 7월 10일 대구경찰서에서 범인 4명을 체포하여 취조 중이라 한다.[148]

강원도 회양군에 사는 박모 씨와 김모 씨 2명은 작년 1916년 음력 6월 중 경기도 장단군 전재리 이모 씨의 집에 가서 7구의 불상을 팔아달라고 부탁하였다. 이 씨는 장물인줄 알면서도 영정증태랑永井增太郎 외 1명에게 불상 5구를 50원에 팔고, 나머지 불상 2구는 20원에 팔았다. 이 혐의로 6월 8일 2명 모두 개성경찰서에 잡혀 취조를 받고 검사국으로 보내졌다.[149]

1926년 1월경 시내 숭인동 11번지에 거주하는 김모 씨란 사람이 고향에서 가져온 동제 금부처 1구를 시내 관전동 127번지에 사는 박 씨에게 맡겨두었다. 시가 수천 원 정도 되는 것인데, 나중에 다시 가보니 그 사이 불상을 감추었는지 팔았는지, 그 종적을 알 수 없었다. 4월 23일 밤 9시경 종로경찰서에서 박모 씨를 데려다가 비밀리에 엄중히 취조하고, 4월 24일 아침에는 박 씨의 아내 김모 씨를 소환·취조하였으나 그 내용을 확실하게 알 수 없었다. 불상의 출처와 종적에 대하여 적지 않은 문제가 있는 것이다.[150]

1938년 7월 29일 밤 8시경 평양 선교리 부근에서 포대자루를 가지고 돌아다니는 자가 있었다. 선교서원이 수상하게 여겨 취조하였는데, 그 속에서 높이가 2촌이나 되는 석조불상 2구가 나왔다. 강원도 성선군 상용면 봉분리에 사는 이모 씨로 얼마 전 금강산에 갔다가 어떤 사람에게서 사가지고 온 것이라고 하였다. 이 2구의 석조불상은 도굴된 것으로 경찰서에서 엄중히 조사를 하고 있다.[151]

1968년 1월 12일 부산시 동래구 온천동에 사는 여인 김 씨가 동래경찰서에 찾아왔다. '난중일기 도난 사건'의 주범인 유 씨로부터 동제 11면 관세음보살상 1구를 1만 5,000원에 산 일이 있다면서 출처를 밝혀달라고 하였다. 독실한 불교 신자인 김 씨는 지름 24cm, 높이 71cm, 무게 3관인 고려시대의 불상을 1월 2일 오후 7시쯤 자기 집에 모시기 위해 구매했다는 것이다. 경찰이 극비리에 불상의 출처를 캐고 있으며, 이 불상이 가짜 동제가 아니라면 국보급에 해당할 수도 있다고 보고 전문가에게 감정을 의뢰하였다.[152]

국보급 금불상을 팔아버린 주지 3명이 구속되는 사건이 있었다. 대전사 주지를 비롯한 세 사람은 대전사大典寺 보광전 북쪽 30m 지점, 불에 탄 법당자리에 보물이 묻혀 있다는 소문을 들었다. 그리고 1968년 4월 5일 이곳을 파헤쳐 금동불입상 2점(당시 시가 약 600만 원 상당) 등 10점의 유물을 발견하였다. 그들은 값이 나가는 금동불상 2점은 빼돌리고 나머지 8점만 당국에 신고하였다. 같은 해 10월 20일에는 빼돌린 금동불상을 각각 12만 원, 20만 원을 받고 골동품 상인에게 팔아넘겼다. 서울 시경은 골동품상으로부터 정보를 입수하여 형사대를 대전사로 보내 이들을 검거하였다. 금동불상 2점은 모두 압수하여 전문가에게 감정을 의뢰하였는데, 모두 통일신라시대의 것으로 우리나라에서 보기 드문 예이며, 국보로 지정할만한 가치가 있는 것이라고 한다. 27cm 크기의 탄생불상은 오른손을 위로 들고 왼손은 아래로 내린 채 서 있는 형태로 시가 500만여 원이다. 21cm 크기의 석가불입상은 도금이 일부 벗겨져 있으나 약 100만 원의 가치가 있는 것으로 감정하였다.[153]

문화재관리국은 1974년 4월 11일 문화재급 불상 도굴범 김모 씨 등 일당 4명을 검거하고, 이들로부터 지정문화재급 금동불좌상 5점과 도제 감실 1점을 압수하였다. 김 씨는 수배 중인 다른 도굴범인 승려 정모 씨로부터 불상 2점을 78만 원에 사서 손모 씨를 통해 8000만 원에 팔려다 지난 5일 서울에서 붙잡혀 현품을 압수당한 것이다.[154]

통일신라시대의 국보급 금동불상 2점을 일본인에게 판 골동품상 한모 씨, 오모 씨, 서모 씨 3명이 『문화재보호법』 위반 혐의로 구속되었다. 한 씨는 작년 8월 한국고미술협회장으로부터 금동불상 1점을 1500만원에 팔아달라는 부탁을 받았다. 그리고 이 불상을 일본인 골동품상 와다나베 씨에게 800만 원에 판 후 회장에게 500만 원만 주고 나머지 300만 원은 3명이서 100만 원 씩 나누어 가졌다. 또한 같은 해 11월 회장으로부터 중형 금동불상 1점을 위탁받고 와다나베 씨에게 1500만 원을 받고 판 다음 750만 원만 주인에게 주고 나머지 750만 원은 분배하여 착복하였다. 경찰은 한 씨를 통해 와다나베 씨에게 불상을 되돌려 줄 것을 교섭 중이며, 와다나베 씨도 불상 반환에 호의적인 반응을 보인 것으로 알려졌다. 고미술상협회가 감정한 바에 의하면, 이 금동불상 2점은 높이 18cm 정도로 『조선고적도보』(5615쪽)에 나오는 동조약사불입상과(도120) 제작 기법이 동일한 것으로 보아 통일신라시대의 불상으로 추정된다.[155]

이 국보급 불상은 김포세관 검사대를 무사히 통과하여 일본에 두 번이나 밀반출되었다가 되돌아온 것이다(도121). 한 씨가 '불교 신자 회장인 김모 씨가 원하는 물건'이라며 원소유주인 선우모 씨를 속이고 와다나베 씨에게 1500만 원에 팔아 반출한 것이었다. 김포세관에는 문화재관리국 직원까지 파견되어 있었는데도 출입국 과정에서 한 번도 발견하지 못했다. 한 씨 일당이 일본인 와다나베 씨에게 이렇게 팔아넘긴 금동불상은 11개월 만인 1973년 8월 5일 재일교포 박모 씨에 의해 돌아왔다. 불상을 품에 안고 서울에 온

도 120. 동조약사불입상, 통일신라, 높이 18cm

品貴비로 四배값으로 뒷去來

專門的 暗賣商 판치 警察서 일제搜査

商人 한명拘束·한명手配

新羅佛像 日에 密搬出

두개 三千二百萬원받은 골동品商셋拘束

地方學生 서울轉入

願書안써줘 抗議소동

연합考査 실패「서울學生」을 몰려

태풍「길다」계

暴雨동반

駐日韓國大使館앞서 反政府 데모벌여

日警, 僑胞二명 체포

도 121. 『동아일보』, 1974년 7월 5일

박 씨는 한 씨의 공범으로 구속된 서모 씨의 사촌매부이며, 불상을 밀반출한 와다나베 씨와도 3-4년 전부터 친분을 맺어온 사이다. 박 씨는 4일 오후 서울시경으로부터 국보급 문화재인 불상을 꼭 찾을 수 있도록 도와달라는 연락을 받고 오후 4시쯤 와다나베 씨를 만나 국교관계를 생각해서라도 돌려주는 게 어떠냐고 설득하였다. 결국, 와다나베 씨는 자기가 팔았던 불상의 소유자를 두 차례나 찾아가 모든 피해보상을 약속하고 5일 아침 불상을 찾아왔던 것이다. 경찰은 박 씨가 가져온 금동불상을 압수하고 검찰에 송치하였다.[156] 그렇게 밀반출된 금동불상 2구 중 1구는 회수하였으나 나머지 1구는 그 행방을 알 수 없다.

1973년 8월 골동품 업자들에 의해 일본에 밀반출되었다가 1년 만인 1974년 7월 5일에 되돌아온 불상이 있다. 통일신라시대의 것으로 알려져 있으나 한 때는 국내 장인에 의해 만들어진 모조품이라는 설이 나돌았다. 이는 당시 불상 밀반출 혐의로 구속 중인 골동품상들에 대한 공판을 유리하게 이

日서 돌아온 新羅佛像은 가짜

警察서 수사 一部만 진짜…座臺·光背등은 모조품

學界·골동품商선 오래전부터 의아

中部·湖南 집중暴雨로 一億六千萬원 피

도 122. 『동아일보』, 1974년 7월 30일

新羅유물 百50點도굴

梵鐘·佛像등 時價1億…가짜도 만들어

6名令狀

붙잡힌 고분전문도굴범들과 불상등 도굴품들.

"靈藥"속여 팔아

「녹자양」「율무」등 1년간 3億어치

도 123. 『동아일보』, 1979년 3월 21일

끌기 위한 조작극이었음이 밝혀졌다. 불상이 진품이 아니라 모조품이면 『문화재보호법』에 위반되지 않기 때문에 피고인에게 유리한 점을 이용하려 한 것이다. 이 위작 설은 출처가 모호하고 불상에 전혀 손상이 없다는 점 등을 근거로 한 것이다. 불상의 대좌와 광배가 일부 보수되었다는 사실은 국립박물관에서 확인하였는데, 불상이 보수되었다고 하더라도 국보급 문화재로서의 가치가 있으며, 10명의 전문가가 감정하여 진품임을 입증하였다(도 122).[157] 이런 논란이 벌어지고 있는 와중에 고미술품 수리기사 나모 씨가 나타났다. 그는 "5년 전에 누군가 불신을 가지고 와서 부탁하기에 3년 걸려 보수하였다."고 하였다. 즉, 불상의 광배와 대좌뿐 아니라 불신 자체도 많이 긁혀 있어 얼굴에 손을 댔고, 재래식 방법으로 도금을 새로 했으며 전체 불상에다 인공으로 녹을 입혔다고 밝힌 것이다.[158] 결국 그동안 진위여부를 둘러싸고 다툼을 벌여온 통일신라시대의 금동불상은 법원에 의해 진품으로 판결되었다. 그리고 이 불상을 일본으로 밀반출하려고 했던 이들은 유죄 판결을 받았다. 서울 형사지법 6부는 29일 골동품상인 3명에 대하여 『문화재보호법』 위반으로 각각 징역 1년 6개월, 집행유예 3년을 선고하였다.[159]

서울 마포결찰서는 3월 29일 문화재급 불상을 훔쳐 팔아온 박모 씨와 김모 씨를 특수절도 혐의로 구속하였다. 이들은 공범 이모 씨와 짜고 지난 1973년 1월 전라남도 승주군 쌍암면 죽학리 선암사 대웅전에서 목재불상(시가 1000만 원 상당)을 훔쳐 서울 용산구 후암동 대원정사 주인 장모 씨에게 60만 원에 팔아넘긴 것을 비롯하여 세 차례에 걸쳐 문화재급 불상 3구(시가 2500만 원 상당)를 훔쳐 팔았다.[160]

신안 앞바다의 송·원대 문화재 불법 인양 사건을 수사 중인 대검특별수사부는 1976년 12월 20일 불법 인양자 정모 씨, 이모 씨, 정모 씨 등 수배해 온 3개 파의 7명과 취득자 전모 씨 등 2명을 추가로 검거하였다. 머리 부분이 깨진 청자 조각, 보살의상, 청자, 수우형水牛形 연적, 청자양각모란문화병, 청자무문항아리 등 국보급 4점을 포함한 180점을 추가로 압수했다고 밝혔다. 이로써 검거된 불법 인양자 및 취득자는 모두 14명이며 압수품은 220점으로 늘었다. 검찰은 이 220점 외에도 아직 회수하지 못한 청화백자 등 30점의 소재를 계속 추적하고 있다.[161]

서울 노량진 경찰서는 1979년 3월 21일 신라와 가야시대의 범종, 제기, 불상 등 시가 1억 원 상당의 유물 150여 점을 도굴하고 뒷거래해 온 김모 씨, 오모 씨, 고교교사 안모 씨 3명과 이들로부터 도굴문화재를 사들인 김모 씨, 가짜 불상을 만들고 진품인 것처럼 속여 팔아온 이모 씨와 오모 씨 등 6명에 대하여 구속영장을 신청하였다. 경찰은 또 안 씨 일당과 함께 문화재를 도굴해온 김모 씨, 박모 씨 2명을 수배하였다. 이들이 팔다남은 금동불상 15점과 제기 24점, 범종 1점 등 모두 40점은 증거물로 압수하였다. 도굴범들은 지난해 9월 15일 오후 6시경 울산시 채운동 914번지에 있는 신라고분에서 30여 점을 도굴한 것을 비롯하여 모두 5차례에 걸쳐 제기, 불상, 범종 등 1백여 점을 파헤쳤다. 이 중 70여 점을 대구, 부산 등의 골동품점에 판매하고 나머지 30여 점도 팔기 위해 가지고 다니다가 경찰에 붙잡힌 것이다. 또한 오 씨는 지난 1977년 2월 10일 경상남도 의령군 의령읍에 있는 고분터에서 가야시대로 추정되는 제기를 비롯한 9점을 도굴하는 등 지난해까지 모두 6차례에 걸쳐 30여 점을 도굴하고 골동품 상인들에게 팔아온 혐의다(도123).[162]

서울 종로경찰서는 1983년 12월 27일 시가 6억 원 상당의 신라 금동불상을 팔아넘기려던 최모 씨와 운반책 김모 씨 2명을 『문화재보호법』 위반 혐의로 붙잡았다. 불상은 좌대를 포함하여 높이가 60cm이며, 왼손에 약탕을 든 약사불입상이다. 경찰은 이 불상을 압수하여 문화재관리국에 감정을 의뢰했다. 최 씨는 27일 오전 8시 20분경 12년 가량 자신의 집에서 보관해오던 이 불상을 누비잠바에 싸 가방에 넣어 김 씨에게 인계하고, 이를 오토바이에 실어 남산드라마센터까지 운반하도록 했다가 경찰에 붙잡힌 것이다. 최 씨는 경찰에서 "이 불상은 전남 승주군 황전면 괴목리 김모 씨의 소장품이었으나 자신의 부친이 인수하여 가보로 보관해 오던 것으로 최근 골동품 감정사에게 감정한 결과 시가 6억 원 상당의 신라 문화재인 것을 알았다. 서울의 모 사찰 승려를 통해 문화재 애호가에게 팔려고 했다"고 말했다. 최 씨는 자신이 서울 중구 충무로에 있는 오토바이 가게의 주인이라고 주장하나 경찰은 지방출장이 잦았고 문화재에 대해 많이 아는 점 등으로 미루어 보아 불법으로 문화재를 계속 팔아온 것이 아닌지 수사 중이다.[163]

서울시경은 1991년 3월 16일 임모 씨를 비롯한 4명에 대하여 특수절도 혐의로, 골동품상 문모 씨 등 2명에 대하여 장물취득 혐의로 구속영장을 각각 신청했다. 이들은 지난해 4월 25일 오후 11시경 충청남도 아산군 임주면 해암리 산 310 대륜사가 증축공사를 벌이는 사이 곡괭이 같은 도구들로 배모 씨 소유의 높이 3m 불상을 들어내 골동품점에 팔아넘긴 혐의를 받고 있다. 문 씨는 불상 2점이 훔친 것인 줄 알면서도 헐값에 사들여 서울 안국동 골동품점을 통해 시중에 내다 팔려고 한 것이다.[164]

1997년 4월 22일 서울 청량리경찰서는 도난당한 통일신라시대 문화재를 골동품상에 팔려고 한 김모 씨를 장물취득 혐의로 입건해 조사 중이다. 경찰에 따르면, 김 씨는 지난 2월 25일 서울 동대문구 답십리동 강모 씨의 화랑에 찾아가 1991년 경희대박물관에서 도난당한 통일신라시대 금동석가여래입상과 가야시대 금방울팔찌 1개, 청동기시대 돌칼 3개 등 7점을 팔려고 하였다고 한다. 김 씨는 경찰에게 "이 문화재들은 장물이 아니라 지난 1993년부터 2년 동안 일본 회사의 건축공사장에서 잡부로 일하다 밀린 임금 300만 엔(약 3000만 원) 대신 받은 것이다."라고 주장했다.[165]

대구지검 경주지청 형사2부는 1998년 7월 27일 전국의 고분 등에서 수십억 원 상당의 유물을 도굴한 황모 씨와 국보급 문화재를 일본으로 밀반출하려 한 박모 씨 등 10명을 『문화재보호법』 위반 혐의로 구속하였다. 검찰은 또 전국의 사찰을 돌며 불상을 훔쳐온 또 다른 황모 씨 등 6명을 같은 혐의로 입건하고, 중국으로 흘러나온 북한산 문화재를 밀반입한 중국교포 김모 씨 등 4명을 수배하였다. 검찰은 이들로부터 시가 15억 원 상당의 국보급 고려시대 백자소꿉 한 세트 54점과 경상북도 영천 은해사 등에서 도난당한 시가 5억 원 상당의 금동불상, 시가 1억 원 상당의 탱화, 고려청자 등 문화재 80점을 압수하였다. 검찰에 따르면 황 씨는 1980년대부터 지금까지 고려시대 장군형 물병과 청자대접, 삼국시대 제기 등을 도굴해 자신의 집 등에 숨겨온 혐의다.[166]

경찰청 특수수사과는 2001년 5월 29일 지방문화재 보수공사 중 우연히 발굴한 금동불상을 정부에 신고하지 않고 판매해 거액을 챙긴 윤 모씨 등 2명과 이들이 판매한 유물이 장물인 줄 알면서 구입한 김모 씨 등 2명을 『문화재보호법』 위반 혐의로 구속하였다. 경찰은 또 김 씨가 구입한 금동불상을 해외로 밀반출하려 한 엄모 씨 등 5명도 같은 혐의로 불구속 입건하였다. 경찰에 따르면, 윤 씨 등은 1999년 11월경 경상남도 함양군 지정문화재 〈문창후 최치원 신도비〉 주위에 보호철책을 설치하기 위해 터파기 공사를 하던 중 금동불상 5점을 발견하였는데, 그중 2점만 군청에 신고하고 나머지 3점은 6000만 원을 받고 김 씨에게 판매한 혐의를 받고 있다.[167] 김 씨는 같은 달 26일 윤 씨로부터 구입한 금동여래입상, 금동관음보살좌상, 아미타여래좌상 등 3점을 또 다른 김모 씨 형제에게 8000만 원을 받고 판매한 혐의가 있다. 김 씨 형제는 이를 친구인 엄모 씨 등 5명에게 2억-4억 5000만 원을 받고 일본이나 미국 등지로 팔게 해달라고 부탁한 것으로 드러났다. 이화여대 미술사학과 강모 교수는 "이번에 발견된 금동아미타여래입상은 1300년 전 통일신라시대 초기 작품이고, 금동관음보살좌상과 아미타여래좌상은 고려시대 작품으로 추정된다. 원형 보존이 잘 되어있고 한국적 독창성이 뛰어나 보물급 문화재에 해당된다"고 설명하였다. 문화재청은 문화재위원회의 심의를 거쳐 이 불상들을 정식 문화재로 지정할 방침이다.[168]

전국 유명 사찰 등에서 도난당한 문화재를 밀매한 골동품 수집상들이 무더기로 적발되어 법정구속 및 실형을 선고받았다. 서울지법 형사 7부는 2001년 6월 26일 도난당한 고려 금속활자본을 비롯하여 불상 복장물들을 밀매한 혐의로 기소된 김 모씨 등 7명에 대해 각각 징역 8개월-1년 4개월을 선고하였다. 박모 씨를 비롯한 5명에 대해서는 보석을 취소하고 법정 구속하였다. 재판부는 또 충청남도 신안사 극락전에 들어가 골동품을 훔친 혐의로 기소된 오모 씨에 대해 징역 2년을, 오 씨에게서 이를 사들인 모 사찰 주지 한모 씨에 대해 벌금 1500만 원을 선고하였다. 김 씨 등은 문화재 절도범들이 해인사, 봉은사 등 전국의 사찰에서 훔치거나 불법 발굴한 장물인 줄 알면서도 이를 수천만 원에 사들인 혐의로 구속 기소되었다.[169]

자기 소유의 땅에서 발견된 문화재를 멋대로 팔려다 들통난 사건도 있다. 전라남도 순천시 매곡동에 사는 최모 씨는 2002년 11월 집을 짓기 위해 자신의 밭에 있던 5층석탑을 전통음식점을 운영하는 문모 씨에게 100만 원에 팔았다. 이 석탑은 심하게 파손되어 옥개석 3개만 남아 있었는데, 기중기로 석탑을 옮기는 과정에서 진귀한 보물이 발견되었다. 발견된 청동불감 안에는 금동아미타불상과 금동관세음보살상, 금동지장보살상(도 124-1, 124-2), 사리 4과, 석탑 조성발원문 등 조선시대 문화재 6점이 들어 있었다. 최 씨는 유물 6점을 문 씨에게 1200만 원에 팔았다가 가치가 있다는 이야기를 듣고 500만 원을 얹어 주고 다시 매입하였다. 그러나 최 씨는 자신의 밭에서 발견됐다 하더라도 문화재는 국가에 신고해야 한다는 사실을 뒤늦게 알고 문 씨를 통

도 124-1. 금동아미타삼존불상, 조선, 국립광주박물관
도 124-2. 청동아미타삼존불상 불감, 조선, 국립광주박물관

해 화랑 운영상인 오모 씨에게 1700만 원을 받고 다시 팔았다. 오 씨는 2003년 5월 14일 이 문화재를 서울 종로구 인사동에서 고미술종합대전을 개최할 예정이었던 조모 씨에게 3억 원에 팔아달라고 의뢰했다가 검찰에 덜미를 잡혔다. 도굴된 문화재들이 전시회에 나와 있다는 제보를 받은 서울지검 형사 7부는 5월 24일 『문화재보호법』 위반 혐의로 최 씨와 문 씨, 오 씨 3명을 구속하고, 문화재 6점을 압수하였다. 문화재청 사범단속담당 강모 반장은 "이번에 발견된 불상은 고려 말의 불상 양식을 충실히 계승한 것으로 조선 초기의 불상 조각 양식 파악에 중요한 자료여서 문화재적 가치가 크다. 석탑 조성 경위를 알 수 있는 조성발원문이 함께 발견되어 더욱 가치가 있다."고 말하였다.[170]

10 가짜 불상을 진품으로 속여 팔다가 덜미를 잡힌 불상 사기 사건

부처를 진유眞鍮로 고대 금불처럼 공교히 만들어 가지고 각 처로 돌아다니며 팔던 사람이 천안경찰서에 붙잡힌 사실이 있었다. 탐문한 바에 의하면, 현주소를 전라남도 광주군 광주읍 읍내리에 두고 있는 김모 씨는 진유로 금부처를 여러 구 만들어 소금물에 담근 뒤 땅속에 파묻었다가 녹이 끼어 마치 고대의 금부처처럼 되었을 때 다시 꺼냈다. 이를 전라북도 이리와 충청남도 조치원 등에서 모 일본인에게 높은 가격을 받고 팔았으며, 천안에서도 그와 같은 수법으로 금품을 절도하려다 체포된 것이다. 김 씨에게 여죄도 상당히 많을 것으로 보여 수사 중이다.[171]

경성 부하동에 거주하는 직물세공 직공 조모 씨와 동업자 이모 씨 2명도 가짜 불상을 고대의 골동품이라고 속이고, 평양에서 다수 판매하여 폭리를 취하였다. 불상이 매진되자 조 씨는 다시 불상을 사기 위해 서울로 올라갔다. 이 씨는 먼저 신의주로 와서 노송정老松町 명성여관에 들러 일본 이름을 써 가며 부내 수처에서 가짜불상을 팔다가 1934년 5월 30일 신의주경찰서에 끌려간 것이다. 현재 취조 중인데 피해자가 상당히 많다고 한다.[172]

치안본부는 1978년 7월 8일 국보급 문화재 전문 절도범인 골동품 브로커 민모 씨, 김모 씨 등 2명을 『문화재보호법』 위반 혐의로 구속하고, 6명을 수배하였다. 경찰에 따르면, 이들은 1976년 7월 충청남도 청양군 대치면 장곡리 장곡사에 보관 중인 국보 58호 통일신라시대의 철조불좌상(도125)을 훔치기로 모의하였다. 이는 시가 5억 원 상당의 것이다. 모조 불상을 만들어 바꿔치기 하려고 장곡사 대웅전의 자물쇠를 부수고 침입하였으나 불상의 중량이 무거워 훔쳐내지 못하고 검거되었다.[173]

범인들이 지난 1977년 3월부터 집 창고에서 금동불상 22점을 모조하여, 지금까지 10여 점을 22만 원에 골동품상인에게 팔아왔다고 한다. 경찰은 이렇게 가짜 금동불상을 만들어 판 이모 씨, 오모 씨 2명에 대하여 『문화재보호법』 위반 혐의로 구속영장을 신청하였다.[174]

경찰이 시가 6억 원 이상으로 추정된다는 금동불상 소지자를 『문화재보호법』 위반 혐의로 연행·조사했으나 감정 결과 문제의 불상은 문화재적 가치가 전혀 없는 모조품으로 밝혀졌다. 서울 종로경찰서는 1983년 12월 27일 금동불상을 몰래 판매하려던 최모 씨를 『문화재보호법』 위반 혐의로 입건하였다. "이 금동불상이 신라시대의 것으로 시가 6억원 이상으로 추정 된다."는 최 씨의 말에 따라 문화재관리국에 감정을 의뢰하였다. 문화재관리국은 최 씨가 붙잡힌 지 7시간 만인 이 날 오후 3시쯤 "이 불상은 일제강점기 때 만들어진 모조 동銅불상으로 하등의 문화재적 가치가 없다."는 결론을 내리고, 불상을 다시 경찰에 넘겼다. 최 씨는 지난 20일 골동품 수집가로부터 "이 불상이 시가 6억 원이 넘는 신라시대의 것 같다."는 말을 들었다고 한다. 이날 오전 8시 20분쯤 친지가 소개한 전문 감정가를 만나기 위해 약속 장소인 남산 드라마센터 앞으로 가다가 경찰의 불심검문에 적발된 것이다. 높이 70cm, 둘레 30cm 크기에 작은 약탕기를 왼손에 받쳐 들고 있는 이 불상은 25년 전 최 씨의 아버지가 고향인 전남의 갑부로부터 구입한 것이라고 한다. 그동안 최 씨 집 가보로 보관해오다 1971년 아버지가 사망한 뒤 최 씨가 보관해 왔다. 최 씨는 불상이 가짜로 판명된 직후 경찰에서 "엉터리 감정가

도 125. 장곡사 철조약사불좌상, 통일신라, 높이 91cm, 충남 청양군

로부터 시가 6억 원에 상당한다는 설명을 듣고 난 뒤 너무 귀한 물건이라 강도범에 의해 살해당할지도 모른다는 생각이 자꾸 들어 잠을 설치는 밤이 많았다."면서 "가짜임이 판명됐지만 마음은 오히려 후련하다."고 말했다. 경찰은 문화재관리국으로부터 모조품 통고를 받은 즉시 최 씨를 석방했다.[175]

서울 종로경찰서는 1990년 12월 3일 가짜 골동품을 진품으로 속여 팔아온 골동품 중개상 장모 씨 등 5명에 대하여 사기 혐의로 구속영장을 신청하였다. 이모 씨를 비롯한 2명도 수배하였다. 장 씨 일당은 지난 5월 종로구 인사동에 '청목회'라는 사무실을 차려놓고, 달아난 이 씨로부터 최근 제작된 가짜 이조백자를 넘겨받아 손모 씨에게 7800만여 원을 받고 팔아 넘겼다. 이렇게 인사동과 동대문구 장안동 일대에서 3억 원어치의 가짜 골동품을 진품으로 속여 팔아온 것이다. 또 범인 중 김모 씨는 도봉구 수유동 K암자에서

훔친, 시가 약 400만 원 상당의 동불상을 국보급 불상이라고 속여 김모 여인에게 1억 7000만여 원에 판매하려고 한 혐의이다.[176]

서울지검 북부지청 김모 검사는 1994년 6월 17일 가짜 금불상을 진품이라고 속여 재일교포로부터 6억여 원을 받아 가로챈 골동품 중개업자 이모 씨를 사기 혐의로 구속하였다. 검찰에 따르면, 이 씨는 지난해 4월 중순경 평소 알고 지내던 재일교포 서모 여인을 찾아가 시가 40만 원 정도의 가짜 불상을 8억여 원 상당의 통일신라시대 진품이라고 속였다. 그리고 이를 담보로 돈을 빌려달라고 해 6억 1000만여 원을 가로챘다는 것이다.[177]

1994년 7월 26일에는 서울지검 형사6부에서 (주)아인테크 대표 석모 씨와 모 항공사 김포국내 운송지점장 권모 씨를 『특정경제범죄 가중처벌법』과 『외국환관리법』 위반 혐의로 각각 구속했다. 검찰에 의하면, 석 씨는 1992년 11월 일본 나고야名古屋시에서 열린 골동품 전시회에서 만난 일본 노무라쇼지그룹(온천, 빠찡코 기업)의 회장인 재일교포 노무라 레이코 여사에게 접근하여 가짜 금불상을 수백억 원 대의 국보급 문화재로 속였다. 그리고 이를 팔아 갚겠다며 5000만 엔(약 4억 원 상당)을 빌려 가로채는 등 3차례에 걸쳐 3억 2000만 엔(약 25억 원 상당)을 사취하였다. 함께 구속된 권 씨는 일본 나고야 지점의 차장으로 근무할 때 석 씨가 노무라 씨로부터 사취한 현금을 공항검색대를 통과하지 않고 항공사 직원 전용통로를 통해 밀반출 해준 혐의이다. 검찰 수사결과, 석 씨는 노무라 씨에게 "한국 고위층에게 부탁해 국유지와 호텔 불하를 허락받게 해주겠다."고 속여 왔으며, 지난 5월에도 "국내 특급호텔 카지노 영업 허가를 따게 해주겠다."며 13억 엔(약 104억 원 상당)을 요구했다가 거절당했다.[178]

서울 경찰청은 1995년 3월 12일 최근 제작된 금동불상을 신라시대의 국보급 불상이라고 속여 팔려고 한 김모 씨에 대하여 사기 혐의로 구속영장을 신청했다.[179]

서울 서대문경찰서는 1996년 5월 27일 가짜 청동불상을 맡기면서 빌린 돈을 갚지 않은 혐의로 마포구 동교동 모 교회 목사 나모 씨에 대하여 구속영장을 신청하였다. 나 목사는 1994년 5월경 박모 여인에게 가짜 청동불상을 3000만 원에 상당하는 것이라고 속여 모두 1250만 원을 빌린 뒤 달아난 혐의를 받고 있다.[180]

모조품을 진품으로 속여 1억 대를 받고 팔아넘긴, 악명높은 도굴꾼의 국보 사기 사건이 있었다. 이름난 도굴꾼이었던 전력前歷을 이용하여 국보 90호 경주 부부총 태환 금귀걸이를 비롯한 문화재들을 위조해 거액에 팔아넘긴 혐의이다. 대구지방경찰청 광역수사대는 2005년 5월 3일 김모 씨 등 2명에 대한 구속영장을 신청했다. 이들은 지난 해 4월, 모조품을 삼국시대의 유물처럼 보이기 위해 손과 망치로 세공한 금귀걸이 5쌍과 토기 1점을 방금 도굴한 것처럼 흙을 묻힌 상태로 탈지면을 덮은 채 대구 중구에서 골동품 가게를 운영하는 이모 씨에게 가져갔다. 그리고 전남 나주와 함평에서 직접 도굴해 온 진품이라고 속여 1억 2000만 원을 받고 팔아넘긴 것이다. 이 씨는 경찰에서 "20년 이상 전국적으로 이름을 날린 유명 도굴꾼인 김 씨가 가져온 것이라 설마 이들 물건이 가짜일 것이라고는 상상도 하지 못했다."고 말하였다. 특히 이들은 금으로 된 가짜 골동품의 표면에 염화암모니아 용액 등으로 약품 처리를 해서 오래된 금제품처럼 푸른빛이 돌게 하는 등 치밀하게 위조했다고 경찰은 밝혔다. 김 씨의 위조 귀걸이는 5쌍 모두 합하여 현재 금값 시세로 약 450만 원 정도이다. 이를 감정한 국립대구박물관 학예연구실에서는 "진품과 섞어 놓았을 때 그 진위를 확인하기가 거의 불가능할 정도로 정교하게 만들어졌다."고 설명했다. 경찰은 이들이 보관하고 있던 가짜 반가사유상과 가짜 통일신라시대 불상 등 위조품 13점을 압수하는 한편, 이들의 통장에 수차례에 걸쳐 거액이 입·출금된 점으로 미루어 추가 범행이 있었을 것으로 보고 수사 중이다.[181]

한편, 재미있는 이야기로 경기도 고양시 덕양구에 있는 한 개인 사찰에 소장된 낡은 청동관음보살상이 1400년경에 제작된 조선시대 불상이라 믿고 모조품을 만들어 빼돌린 승려 일당 3명이 경찰에 구속된 사건이 있다. 서울 은평경찰서는 2006년 9월 6일 경기도 고양시 덕양구의 한 개인 사찰에 있던 청동관음보살상을 훔친 혐의(특수절도)로 승려 황 모씨 등 3명을 구속하고, 같은 혐의로 정모 씨 등 2명을 불구속 입건하였다. 이 일당은 우연히 둘러본 고양시의 한 사찰에서 본 불상을 국보급 고미술품으로 지레 짐작하였다. 그리고 이 불상을 최소한 3-5억 원에 국내 고미술품 수집가에 팔거나 그 10배 가격으로 일본에 팔 수 있을 것이라고 생각하였다. 이들은 사찰 주인인 곽모 씨와 6억 원에 매매계약을 맺은 후 계약금으로 6000만 원을 지불하였다. 하지만 남은 돈을 마련하지 못하자 불상을 빼돌리기로 마음먹고 납으로 모조 불상 2점을 제작하였다. 그리고 7월 20일 곽 씨가 절을 비운 사이 불상을 바꿔치기 한 것이다. 이들의 범행은 지분을 놓고 다툼을 벌이던 일당 중 1명의 신고로 들통 났다. 이들이 훔친 불상을 고미술협회에 감정 의뢰한 결과, 70년밖에 되지 않았다는 평가를 받았다.[182]

11 승려를 빙자한 불상 사기 사건

중과 중 사이에서 불상을 보내달라는 재판이 있었다. 시내 홍파동 14번지에 사는 승려 백모 씨 외 44명이 시내 현저동 백련교회에 있는 홍모 씨 외 1명을 상대로 '불상을 비롯한 기타 물품들을 보내달라'는 소송을 제기한 것이다. 사건의 내용은 이러하다. 원고들은 모두 불교 신자이다. 1916년 진관사津寬寺에 있는 피고 홍 씨를 포교사로 데려와 서대문 밖 마포에 포교소를 설립하고, 돈을 모아 불상과 법고, 당고 등 80여 가지의 물건을 장만한 후 포교를 하였다. 그러다 얼마 전에 피고가 그 포교소를 떠나 현저동 백련교회로 가게 되었다. 그런데 80여 가지의 물건이 원고의 소유임에도 불구하고 모두 가져간 것이다. 그래서 원고가 그 물건을 돌려받기 위해 그와 같이 소송을 제기한 것이라 한다.[183]

1931년 5월 1일 오전 인천경찰서에서는 시내에 있던 불교 포교소의 주지 김모 씨를 데려왔다. 김 씨는 부처의 이름 아래에 모여드는 선녀善女들 중에서 외모가 아름다운 사람에게 친절하게 대하며 축복하는 기회를 주는 것처럼 속이고 강간에 가까운 간음을 감행하였다. 피해자가 다수에 달하는 모양이나 대부분이 가정의 부녀자들이어서 자신들의 명예 때문에 아무 대책을 취하지 못하고 사실을 숨겨왔던 것이다. 피해자 중 18세의 처녀가 임신까지 하게 되어 할 수 없이 부산 방면에 피신한 사실도 있다고 한다. 지금 형사가 엄중하게 취조를 하는 중인데 아직 비밀에 부치는 터이므로 자세한 내용은 알 수 없다. 하여간 취조 결과는 주목할 바이다.[184]

개성 부내경정 이모 씨는 자신의 집 뒷방에 흙으로 만든 불상 3점과 귀신의 화상을 만들어 붙이고 소위 남자무당이라는 이름으로 활동하였다. 그러면서 신을 위하고 명산에 가서 굿을 하면 옥동자도 탄생할 수 있고 재물도 늘어나며 재화를 물리치고 모든 것이 마음대로 성사한다는 미명을 팔아 양가의 유부녀들에게 재물을 편취하였다. 이러한 사실이 발각되어 개성 경찰서에서 엄중한 취조를 하고 있다.[185]

12 종교적인 갈등으로 인한 불상 파괴 사건

종교적인 문제로 불상을 파괴하는 행위는 예부터 지금까지 늘 계속되어 왔다. 근래에도 장로교 신자인 82세의 노인이 불당에 침입하여 불상 3구를 깨트린 사건이 일어나 경찰의 심문을 받고 있다. 1959년 6월 10일 오후 4시경 동대문구 신설동에 있는 미타사彌陀寺에 한모 씨란 노인이 나타났다. "총명한 백성의 혼만 빨아먹어 나라가 망한다."고 고함을 치면서 고무신을 신은 채 불당에 들어서자마자 금불상 3점을 마루에 내동댕이쳤다. 시가 약 300만 원 상당의 금불상이었는데, 그중 2점의 불상이 깨지고 나머지 1점에도 금이 가는 소동이 일어났다. 신고를 받은 고사파출소에서 한 씨를 연행한 후 동대문 경찰서에 인계하였으며 현재 문초 중이다. 그의 범행 동기는 아직 알려지고 있지 않으나 정신이상자로 추측되고 있다.[186]

6월 20일 서울 시내 조계사에 있는 대한불교총무원에서 '미타사불상 파괴 사건'의 범인인 한 씨 장로교 측 가족 2명과 불교 측 대표가 만나 사건 수습을 위한 최종적인 절충을 하였다. 한 씨의 자녀 2명은 "팔순 노인의 정신착란으로 인한 사건인 만큼 개인이 불교계에 사과하고 파괴된 불상을 변상하겠다."고 하면서 "교회와 대한기독교장로회의 공식 사과는 교인들의 반대로 불가능하다."고 통보하였다. 앞서 불교 총무원 측에서 응암교회 이 모 목사에게 제시하여 20일까지 이행하기로 한 5개의 요구 조건 중 2개 조건이 불가능하게 됨으로써 완전히 결렬상태에 들어갔다. 한편, 이 사건은 당일인 10일 오후 5시경 한 씨가 '문교부에서 신년도 예산에 문화재 보호비 1억 7000만 환을 책정한다'는 소식을 듣고 불교 사찰 등에 이 돈이 나간다고 생각한 후 "기독교 외에 진정한 종교는 없다."고 주장하며 미타사에 들러 불상 3점 등을 내던져서 파괴하였던 것이라 한다. 그 후 불교계의 고발로 서울지검 검사가 이 사건을 담당하여 조사한 후 재물을 파괴한 혐의로 한 씨를 불구속·기소하고 지금 공판을 기다리는 중이다.[187]

서울 서대문구 봉원동 태고종 봉원사 경내에 있는 대웅전에서 1991년 10월 9일 새벽 0시 20분경 불이 났다. 불은 목조건물 22평을 모두 태우고 2시간 만에 꺼졌다. 관리인에 따르면, 경내 순찰을 돌던 중 대웅전 쪽에서 '펑' 하는 소리가 나서 달려가 보니 대웅전 뒤쪽에서 불길이 치솟아 오르고 있었고, 남자 2명이 산 쪽으로 황급히 달아나고 있었다는 것이다. 불이 난 대웅전은 조선 영조 24년인 1748년에 건립된 것으로 서울 유형문화재 제 68호로 지정되어 있다. 대웅전 안에는 3.5×1.5m 크기의 탱화 8점과 높이 60cm의 나무로 된 삼존불상 등 보물급 문화재가 보존되어 있었는데, 이 날 화재로 모두 소실되었다. 경찰은 봉원사에 대해 불만을 품은 사람에 의한 방화 가능성이 높은 것으로 보고 수사 중이다.[188]

경상남도 진해경찰서는 깊은 밤 법당에 무단 침입해 불상을 부수고 난동을 부린 진해시 자은동 면류관교회 목사 배모 씨를 1996년 4월 29일 폭력행위와 『처벌에 관한 법률』 위반 혐의로 입건·조사하였다. 배 씨는 지난 28일 새벽 2시 10분쯤 자신의 교회 신자 박모 씨의 건축 현장에서 기도를 마친 뒤 승용차를 타고 3km가량 떨어진 자은동 산 1번지 청룡사 법당에 들어갔다. 그리고 쇠파이프를 휘둘러 불상 3점을 완전히 부수고 탱화를 찢는 등 30분 동안 난동을 부린 혐의를 받고 있다. 배 씨는 경찰조사에서 "하나님과 대치된 그 어떤 우상 숭배도 있어서는 안 된다는 일념으로 일을 결행했다."며 "나의 행동을 하나님은 용서할 것"이라고 횡설수설하였다.[189]

또한 서울 방배경찰서는 1998년 6월 9일 절에 들어가 불상을 파손한 혐의로 김 모씨를 구속하였다. 경찰에 따르면 모 종교 신자인 김 씨는 지난 3일 오후 1시쯤 서울 서초구 방배동 보덕사 법당에서 "우상 숭배를 그만두라."며 관세음보살 등 청동불상 2점을 망치로 내려친 혐의를 받고 있다.[190]

불교문화재 도난 현황과 불법 거래

6

01 불교문화재 도난 사건은 얼마나 심각한가?

문화재청 안전기준과 사범단속반에서 조사한 자료에 의하면, 1985년부터 2015년 3월까지 도난된 문화재는 총 705건 2만 7,675점에 이른다. 그중 다시 제자리로 돌아온 것은 총 209건 4,757점으로 통계상 약 17%에 불과하다 (표1).[1] 그러나 이 통계 수치가 도난 문화재의 전체 규모를 반영하였다고 볼 수는 없다. 1985년 이전에 해당하는 도난 문화재의 현황에 대해서는 자료가 부족하여 규모를 파악하기 어려울 뿐 아니라 신고되지 않은 경우까지 생각해 본다면, 도난된 문화재의 수는 이보다 훨씬 많을 것으로 추정된다. 도난 문화재 중 절반 이상이 불상, 불화, 석조물 등과 같은 불교문화재이며 지정되지 않은 문화재라는 점은 이미 잘 알려진 사실이다(표2, 3, 4).

불교문화재의 약탈과 도난, 불법 거래는 오래전부터 지속적으로 이루어졌다. 고려 말 왜구의 침략을 비롯하여 조선시대 임진왜란을 전후한 시기에 많은 불상과 불화, 도자기 등이 약탈되어 일본으로 대량 유출되었다. 특히 일제강점기와 같은 혼란기에는 일본인들이 떼로 몰려다니면서 전국에 있는 무덤을 파헤치거나 불상, 도자기, 회화, 고문서 등을 강제로 약탈해 갔고,

8·15 광복 이후에는 문화재를 훔쳐서 내다 팔거나 국외로 밀반출하는 일들이 허다하였다.[2] 그 당시 얼마나 많은 우리 문화재가 다른 나라로 건너갔는지는 알 도리가 없지만, 단편적으로 전하는 기록이나 신문기사를 보면 그 수가 실로 믿기 어려울만큼 엄청나다. 심지어 2002년 2월 4일자 미국의 시사주간지 타임지에는 '일본은 19세기 말에서 1945년까지 한반도에서 최소한 10만여 점의 문화재를 수집, 약탈하였다. 일본 정부의 비호를 받은 고고학자나 도굴꾼들은 개성, 경주, 공주 등에서 고분을 도굴하고 동시에 불상, 탑, 도자기, 회화, 고문서 등을 강탈해 갔다'는 내용의 기사가 실렸을 정도이다.[3]

이렇듯 19세기부터 20세기 중반까지 수십 년에 걸쳐 전 지역의 무덤이 무참하게 도굴되었으며 그중 상당수에 이르는 문화재들이 불법적인 거래를 통해 전국적으로 확산되었다. 뿐만 아니라 사찰이나 폐사지에 있던 불상과 석탑, 석등, 부도, 동종 등 불교문화재들도 일본 골동품상이나 권력층 또는 재력가들에게 밀매되어 일본으로 불법 반출되었다.[4]

1934년부터 1941년까지 총 7회에 걸쳐 조선총독부의 후원으로 일본 도쿄와 오사카에서 열린 〈조선공예전람회〉를 통하여 엄청난 숫자의 불상이 매매되었다.[5] 그 도록을 보면, 고구려 불상을 비롯하여 신라, 고려, 조선시대에 이르기까지 114점의 불상들이 출품된 것을 알 수 있다.[6] 서문에서 밝혔듯이 문명상점의 주인 이희섭이 수집한 고미술품 중 일품만 선별하여 전시·판매하기 위하여 발간한 도록이다. 그러니 실제로는 이외에 훨씬 많은 불상들이 수시로 일본으로 반출되어 판매되었을 것이다(표5).

당시 일본인 고미술 수장가들은 서울(경성), 평양, 대구를 중심으로 활동하였다. 특히 후치가미 테이스케淵上貞助, 시노자키篠崎, 니와세 히로아키庭瀬博章, 오구라 다케노스케小倉武之助, 고미야 미호마츠小宮三保松, 무카이 니리쇼向井業昌 등이 불상을 많이 수집한 수장가로 알려져 있다.[7] 그중 조선 전기 주식회사 사장으로 막강한 재력가였던 오구라는 불상 외에도 고고자료, 도자기, 회화, 금속공예, 칠공예, 서예 등 모든 분야의 고미술품을 소장하고 있는 대구에서 제일가는 수장가였다. 현재 도쿄국립박물관의 오구라켈렉션에는 우리나라 불상이 무려 48점이나 소장되어 있다. 이 불상들이 모두 어디에서 왔겠는가? 그중에는 합법적으로 골동품상에서 구입하여 나간 경우도 있지만 극히 일부에 해당되고, 대개는 사찰에 있는 불상들이 약탈이나 도난을 당한 후 불법적인 거래를 통해 일본으로 건너간 것이다. 이렇게 일본으로 반출된 불상들은 그 유례를 찾아보기 어려울 정도로 많은 수량으로 모두 조각 기법이 뛰어난 작품들이다.

1945년 광복 후 미군이 진주하여 3년 간 통치한 미군정기에도 문화재의 수난은 극심하였다. 이 시기에는 일본인이 소유하고 있던 문화재를 모두 국가에 귀속시켜야만 했다. 일본인 수장가들은 문화재 반출이 불가능하게 되자 아끼던 고미술품들을 일부 남에게 맡겨두거나 땅속에 묻어 두기도 했으나, 일본으로 밀반출한 경우도 적지 않았다. 이 무리 중 거물급에 속하는 자로 대구의 병원장이었던 이치다 지로市田次郎가 있다. 그는 삼국시대 불상 중 유명한 것으로 부여 규암리에서 발견된 백제의 금동관음보살상을 몸에 지니고 일본으로 밀반출하였다(도6). 이 무렵에는 등신대 크기의 신라 목조약사불상이 해외로 빠져나간 일까지 발생하였다. 이 약사불상은 충청남도 공주의 옛 절터에서 발견된 것으로 우리나라 목조불상 중에서는 국보급에 해당하는 것인데, 우리 골동품상인에 의해 아무런 절차 없이 덴마크박물관에 들어간 것이다. 이 얼마나 기막힌 일인가.[8]

광복 이후 주목할 만한 문화재 도난 사건은 대구시립박물관을 개관하기 위해 창고에 보관해 놓았던 유물이 사라진 것으로 아직도 그 실체가 밝혀지지 않았다. 일본인 수장가들은 8·15 광복 이후 재산 반출이 안 된다는 이야기를 듣고 할 수 없이 수집한 고미술품들을 대구부윤大邱府尹에게 기증하였는데, 그 수가 무려 2,000점을 훨씬 넘었다. 이 유물들을 대구시에서 임시로 보관하다가 6·25 한국전쟁 때 달성공원 안에 있는 시립박물관의 동편과 서편 창고로 다시 옮겨 보관하였다. 1953년 9월 28일 서울이 수복된 후 유물 중 일부를 도난당하였으나 어떤 물건이 없어졌는지조차 파악하지 못하고 한동안 그 소재지를 전혀 알 수 없었다. 몇 년 후인 1957년 9월 11일 골동품상인이 도난품에 대한 일부 내막을 폭로함으로써 없어진 12개 유물에 대한 윤곽이 드러나게 되었다. 도난당한 물품은 백동경 2개, 여의륜불상, 상약국합자尙藥局盒子, 청자수병, 청자유호 등 4점과 청자목단상감완 2점 등이었다. 이 유물들은 5명의 골동품상을 거쳐 서울로 옮겨진 뒤 처분된 것으로 알려져 있으며, 남은 소장품 1,312점은 경북대학교에 위탁하여 현재에 이르고 있다.[9] 일본 수장가로부터 헌납 받은 2,000점이 넘는 유물이 대구시에서 경북대학교로 이관되면서 그 수가 줄어든 것이다. 10여 년간의 도난 피해 상황이 어떠했는지 충분히 짐작이 간다. 이러한 대구 문화재의 피해는 일본인 수장가들이 아니라 대구시를 비롯한 우리 관청 직원들이 창고에 있는 유물을 마음대로 처분하여 넘기면서 일어났으니 누구를 탓할 수 있겠는가.

우리 문화재의 수난이 일제강점기에는 대부분 도굴꾼이 무덤에서 훔친 부장품을 매매하는 행위에 의해 일어났다면, 광복 이후에는 문화재를 훔쳐 불법으로 팔거나 국외로 밀반출하는데 혈안이 되어 있었다. 이로 인한 문화재의 국외 밀반출도 심각한 상태에 이르게 되었다. 그 실례로 1961년 5월 18일 국내에 거주하던 외국인이 우리 골동품을 국외로 반출하려 한 사건이 있었다. 계엄령 하에 국내 행정이 어수선한 틈을 타서 52점의 골동품이 든 상자 14개를 이삿짐으로 가장하고 국외로 반출하려 한 것이다. 동으로 만들어진 불상과 고려자기, 이조청자장군도刀, 신라시대의 불상 등 희귀한 골동품이 포함된 상자들의 화주는 노스웨스트 항공사 반도사무실의 지배인이었던 디 J 헤어링 씨였다. 그는 지난 17일 가족과 함께 떠나고, 이 골동품들은 이삿짐으로 가장하여 노스웨스트 항공 편에 휴대품으로 보내려고 하다가 김포공항 세관직원들에게 적발되었다.[10]

1958년부터 1963년까지 주한 미국대사관에서 근무했던 그레고리 헨더슨 또한 150여 점의 도자기를 비롯하여 불상, 불화, 서예, 전적 등을 싹쓸이해 미국으로 가져갔다는 이야기도 잘 알려진 사실이다.[11] 1970년경에 우리나라에서 근무한 리처드 스나이더 미국대사 부부 역시 민화를 대량으로 수집해 간 것으로 유명하다.[12] 우리 문화재를 모두 불법으로 반출하여 자기네

寺刹文化財

盜難 무방비

佛像-幀畵등 허술한 住持室에 보관

管理委, 분실대책보다 관람료 신경

전문博物館 건립하여 일괄保存-展示 바람직

◇요즈음 幀畵등 사찰문화재에 대한 도난사건이 자주 일어나 시급한 방지책이 요청되고 있다 (사진은 無爲寺 본당벽 佛畵).

도 126. 『조선일보』, 1978년 11월 12일

나라로 가져간 것이다.

1970년대에는 문화재 절도범들에 의해 불상이나 복장물, 불화 등 불교 문화재를 집중적으로 도난당하는 일이 많아졌다(도 126). 1980년에서 1990년에 이르러서는 관리가 다소 허술한 능묘 앞을 지키는 문인석, 무인석, 석양, 석호 등과 같은 석물들이 도난 대상으로 인기가 높았다.

2000년대 이후에는 큰돈은 되지 않지만 처분하기 쉬운 물건으로 지방의 서원이나 향교, 사당, 재실 등에 대대로 내려오는 현판, 영정, 족보, 교지, 고문서류 등을 모조리 도난당하였다. 심지어 문짝과 문고리까지 뜯어가는 경우도 있었다. 상여의 조각 장식물인 인물꼭두상과 동물꼭두상도 모두 도난 대상이었다. 특히 1990년대 이후 '문화재가 돈이 된다'는 이야기가 떠돌면서 문화재 도난과 불법적인 거래는 더욱 심각해졌다. 1995년부터 2000년 사이에 무려 5,665점의 문화재를 도난당하였고 그중 일부는 국외로 밀반출되었다. 1년에 약 20건에서 30건이었던 문화재 도난 사건은 2005년 이후에는 60여 건으로 급격하게 늘어났다.[13]

도난 불교문화재를 정리하여 처음으로 발간한 『불교문화재 도난택서』

를 보면, 1984년부터 1999년 6월까지 조계종 사찰에서만 316건 453점의 불교문화재가 도난당한 사실을 알 수 있다.[14] 이중 약 60% 이상이 불상과 불화이며, 지역적으로는 경상도에 있는 사찰이 절반 이상을 차지하고 있다. 불화의 경우, 불상이나 석탑, 석등과 같은 유물에 비해 무게가 훨씬 가볍고 부피도 적기 때문에 도난당하는 수가 많았다. 크기가 작은 불화에서부터 규모가 큰 후불탱화까지도 쉽게 훔쳐갈 수 있었다.

또 어떤 지역에서는 비슷한 시기에 연쇄적으로 문화재를 도난당하기도 하였다. 1988년 4월부터 몇 달 사이에 금산사, 심곡사, 흥복사, 운주사, 천은사, 도갑사, 내소사, 금당사, 위봉사, 귀신사 등 전라도 지역에 있는 불교문화재들을 도난당한 것이다. 1991년 10월부터 12월 사이에는 충청도 일대의 광덕사, 영국사, 향천사, 봉곡사 등의 불교문화재들을 도난당하였으며, 1997년 2월부터 5월까지는 경상도 일대의 신흥사, 상주포교당, 수정사, 기림사, 김룡사 등에서 불교문화재들을 차례로 도난당하였다. 계절상으로는 태풍이나 장마로 비가 몹시 내리는 여름이나 눈이 많이 오고 바람이 세차게 부는 겨울에 도난당하는 경우가 많았다. 시간대별로는 저녁 예불 이후 밤 11시부터 다음날 새벽 예불을 드리는 4시 전까지 도난 사건이 가장 많이 발생하였다.[15] 그러나 사찰에서는 국보나 보물, 지방유형문화재로 지정된 것이 아니면 무엇을 잃어버렸는지 조차 모르는 경우가 많았다.

불교문화재를 훔치는 수법 또한 단순한 절도 행위에서부터 전문가의 솜씨, 기상천외한 방법에 이르기까지 매우 다양하였다. 문화재를 잘 모르는 초짜절도범들은 종류를 가리지 않고 닥치는 대로 훔쳤으며 범죄수법 또한 무식하리만큼 대담했다. 그러나 지능적인 문화재 전문 절도범은 유통이 어려운 국보나 보물급 지정문화재에는 손대지 않았다. 이들은 주로 행동대원, 장물아비(나까마), 유통업자로 구성된 점조직 단위로 활동하며, 도난 행위도 아주 은밀하게 이루어졌다. 조직의 핵심인 장물아비는 전국에 있는 사찰과 고택에 대한 정보를 수집하여 행동대원에게 지시를 내린다. 그러면 행동대원은 목표대상물을 훔친 다음 장물아비에게 물건에 대한 감정을 받은 후

돈을 받게 된다. 물건의 전달과 금전 거래는 동시에 이루어지는 것이 원칙이다. 장물아비는 물건에 관심을 보일만한 개인 수집가 또는 골동품상 등을 찾아가 팔아넘기고, 남은 물건은 전국의 골동품상에서 유통되면서 문화재 세탁 과정을 거치게 된다.[16] 도난 물건은 여러 단계를 거치다 보면 출처가 모호해져서 찾는다고 하더라도 돌려받기가 상당히 어렵다.

이처럼 불교문화재를 지속적으로 도난당하는 이유는 무엇일까? 불교문화재를 훔치는 공급자와 이를 사들이는 수요자 간의 끊임없는 불법거래가 존재하기 때문이다. 간혹 승려들 간의 이해관계가 대립되면서 불교문화재의 소유가 쟁점이 된 경우도 있고, 일부 승려들의 잿밥에 대한 욕심이 도난 사건의 요인이 되기도 하였다. 이처럼 불교문화재 도난이 끊이지 않고 전문적이면서 조직화되는 경향은 우리 문화가 발전하고 생활수준이 향상됨에 따라 경제적인 이익과 함께 불교문화재에 대한 관심도가 높아진 점도 있으나 문화재 절도에 대한 법의 처벌이 약한 탓도 있다. 특히 국보나 보물, 지방의 유형문화재와 같은 국가지정문화재 보다는 비지정문화재의 도난 빈도가 높았던 것은 10여 년 전까지만 해도 『문화재보호법』에 비지정문화재에 대한 보호규정이 없어 그 죄질에 비해 가벼운 처벌에 그쳤던 실정 때문이다.

02 도난된 불교문화재는 어떻게 유통되고 있는가?

우리나라의 도난 불교문화재는 상당수 국외로 밀반출된 상황이다. 도난된 문화재는 국내에서 유통하기 어렵기 때문에 대개 일본이나 미국 등 해외시장으로 흘러 들어가는 것이다. 특히 일본은 오래전부터 고미술시장이 활성화되어 있고 우리 불교문화재 애호가들도 많기 때문에 도난 불교문화재를 매매하기에 가장 좋은 곳이다.

최근 조사에 따르면, 국외에 소재한 우리나라 문화재는 총 14만 9,075점인데, 그중 일본에 6만 6,295점이 있어 가장 많다. 그 다음으로 미국 4만 2,293점, 독일 1만 792점, 중국 8,225점, 영국 460점 등의 순이다.[17] 그중 상당 부분이 불교문화재에 해당된다. 이 불교문화재들이 모두 어디에서 나왔겠는가? 외교상 우리가 보내거나 외국인이 구입하여 합법적으로 나간 경우도 있지만, 대개는 임진왜란과 일제강점기, 광복 이후 6·25 한국전쟁을 전후한 혼란기에 약탈이나 도난을 당한 후 불법 거래를 통하여 국외로 밀반출된 것이다. 실제로 일본이나 미국, 영국, 프랑스 등 해외 유명박물관들은 대부분 구입 과정이 명확하지 않고 소유권 상태가 불분명한 다른 나라의 문화재를 상당수 소장하고 있다. 이는 미국, 일본, 영국 같은 나라가 과거 식민지 나라로부터 많은 문화재를 합법적 또는 불법적으로 가져와 박물관을 만들었다는 역사적 사실을 말해준다. 우리가 문제 삼는 것은 이들 문화재가 어떻게 반출되었는가 하는 과정이다.

도난 불교문화재가 국외로 밀반출될 때에는 흔히 항공기와 같은 정상적인 경로가 아니고 대개 수출용의 화물컨테이너나 보따리 장수들이 주로 드나드는 국제여객선을 이용하는 경우가 많다. 최근에는 검색시스템이 다소 허술하고 운송기록이 전산으로 입력되지 않아 추적이 어려운 국제특급우편(EMS) 또는 국제택배, 국제소포 등을 이용하여 반출되는 경우도 종종 발생하고 있다.

한 예로 장모 씨를 비롯한 4명은 2009년 8월 8일에서 2013년 5월 13일까지 해외 유명 인터넷 경매사이트인 이베이E-bay에 불상, 도자기, 고서적 등 159점을 경매물품으로 등록하고, 낙찰된 후에 국제소형등기(RR)를 통하여 미국과 캐나다 등으로 밀반출한 일이 있다.[18] 또 다른 유모 씨는 2009년 4월부터 2011년 11월까지 인터넷사이트에서 구입한 조선시대 고서적 총 3천 486점을 129차례에 걸쳐 국제특급우편(EMS)으로 중국에 밀반출하려다 적발되었다. 이들은 범행이 드러나지 않도록 운송장 품목에 내용물을 고서적으로 기재하지 않고 일반 서적 사이에 끼워 넣는 등 치밀한 수법으로 우리 문화재를 국외로 빼돌렸다. 문화재 매매업자 이모 씨 등 20명도 2005년 5월부터 2011년 12월까지 서울 동대문구와 중구의 고미술상에서 목공예와 토기 등 100점을 구매하고, 부산항을 통해 일본과 중국으로 밀반출하였다. 이들은 문화재를 일반 가구로 위장하는 방법으로 관세사 서면심사만 받고 수출면장을 받아 부산항을 통해 국외로 빼돌린 것이다.[19] 이 문화재들 중 일부는 회수되었지만, 이미 밀반출된 문화재는 다시 돌아올 방법이 없다.

도난 문화재의 경우는 국외로 밀반출된 후에 해외 경매시장이나 인터넷 경매 사이트를 통하여 국내에 합법적으로 다시 들어와 공공연히 거래되거나 사설박물관에 전시되는 등 기이한 현상이 일어나고 있다. 이는 '도난

문화재라는 사실을 모르고 구매한 경우 선의의 취득을 인정받아 완전한 소유권을 얻는다'는 것을 이용하여 우리 문화재를 되찾아온 것처럼 소위 '문화재 세탁과정'을 거치는 것이다. 이 때문에 선의취득을 인정하는 나라는 '도난 문화재를 합법화시키는 곳'으로까지 여겨지고 있다.

중국의 경우, 1980년 이래 20세기에 이르기까지 적어도 30-40기의 고분이 도굴되었고 그중 수백만 건에 이르는 문화재를 도난당하였다. 2000년 이후에는 전국 각지에서 도굴된 분묘가 10만여 개에 달하며 훼손된 고분만 해도 20만여 개에 이르고 있다.

1988년에는 중국 후베이성 굴운기념관에서 도난된 전국시대의 청동 유물이 미국으로 밀반출되어 뉴욕의 한 경매시장에서 경매되었던 적이 있다.[20] 또한 최근에는 중국 사찰이나 유적지에 있는 조각과 기념물이 세계 각지의 경매시장에 거래 대상으로 등장하면서 대량으로 도난되었던 사실이 보고된 바 있다.[21] 특히 1997년에는 600여 점이 넘는 도굴을 포함한 문화재 도난 사건이 일어났다. 하나의 컨테이너 안에 4,000여 점이 넘는 문화재들이 실려 해외로 유출되었으며, 1999년에도 중국 세관에서 1,000여 건이 넘는 문화재를 선적한 11척의 배를 적발하였다.

중국의 경우는 문화재가 홍콩을 통해 해외로 빠져 나가는 게 가장 일반적이다. 1993년 말에 100만 달러가 넘는 107점의 문화재를 싣고 심수에서 홍콩으로 넘어가던 트럭 한 대가 잡힌 적이 있다. 그 후 4개월 만인 1994년 4월 초 같은 장소에서 청동불상에서부터 도검, 병마총, 왕실용 장식물 등에 이르기까지 250여 점의 골동품이 실린 트럭이 또 발견되었다. 홍콩에서는 1992년에 중국 골동품 296점을 압수한데 이어 1993년에 238점을 압수했으나 1994년에는 이보다 훨씬 많은 455점을 적발하였다.[22] 통계상으로 보면, 1991년에서 1995년 사이에는 고고학적 자료와 문화재 밀반출이 11만 건 적발되었으며 1997년에는 1만 2,000여 건, 1998년에는 5,000여 건을 적발하였다고 한다.[23] 또한 1999년 한 해에만 약 1만 1,200점의 문화재가 밀반출될 뻔하였다가 적발되었고, 최근에 들어서는 점점 더 늘어나고 있는 추세이다.[24]

그리고 중국 문화재 밀반출로 인한 가장 큰 고미술시장은 우리나라를 비롯하여 영국, 미국, 프랑스, 일본 등으로 밝혀졌다.[25]

최근 들어 고미술품에 대한 인식이 대중화되면서 경매시장과 인터넷 경매 사이트를 통하여 고미술품의 거래가 활발하게 이루어지고 있다. 대표적인 해외 경매시장은 1744년에 설립된 소더비Sotherby's와 1776년 12월 5일 런던에서 첫 경매를 실시한 크리스티Christie's, 1976년 설립된 필립스 드 퓨리 앤 컴퍼니Phillips de Pury & Company 등이다. 이 경매회사들은 처음에는 미술, 보석, 서적 등 다양한 물품을 경매하다가 최근에 인터넷 경매사이트를 구축하여 온-오프라인의 통합체제를 갖추게 되었으며 우리나라 고미술 경매시장과 인터넷 시장에도 큰 영향을 주었다.

우리나라와 주로 거래하는 대표적인 해외 인터넷 경매시장으로는 일본의 '야후 옥션Yahoo Auction', '야후 재팬Yahoo Japan', 미국의 '이베이E-bay' 등이 있다. 특히 이베이는 세계 최초로 인터넷 경매사업을 시작한 회사로 2001년에 200여개 국가에 해당하는 2250만여 명의 회원이 가입되어 있으며, 하루에 5,000여 종의 50만개 이상이 거래되는 세계 최고의 온라인 경매회사이다.[26]

우리나라의 경우, 1922년 6월 5일 서울 중구 퇴계로에 경성미술구락부가 세워지면서 고미술 경매가 시작되었다. 1910년 이후 일제강점기 때 고려청자에 대한 관심이 지대하게 높아지면서 거래가 늘어나자 일본인 고미술상들에 의해 처음으로 조직적인 경매회사가 설립된 것이다. 특히 1930-1940년대에는 일본인들이 우리나라 고미술품을 광적으로 수집하여 서울(경성), 평양, 대구를 중심으로 고미술 시장이 매우 활성화되어 있었다. 당시 경매시장의 분위기를 잘 전해주는 내용이 있다.[27]

> 경성미술구락부의 경매는 장안 골동가를 술렁거리게 만들었고 전국 각처 즉 평양, 부산 등지에서 상인들이 몰려와 일대 아우성이었다. 우리 골동품 수집가에게도 미술구락부의 경매는 큰 관심거리가 아닐 수 없었다. 그 때의 골동 수집열은 인구에 비례해 보면 과열상태여서 매

월 열리다시피 하는 경매에도 도록이 한 권씩 나오는 판이었다.

이처럼 뜨거운 열기 속에서 1922년부터 1941년까지 약 20년 동안 260회의 경매가 이루어졌다. 이 때 발간된 경매도록은 1930년 이후의 것만 남아있다. 경매물품을 보면, 국적으로는 우리나라, 일본, 중국 순이고 분야별로는 도자기, 회화, 금동불, 목기 등이 많이 나왔다는 것을 알 수 있다.[28] 일제강점기의 유일한 경매 단체인 경성미술구락부에서는 고려청자를 비롯한 도자기와 서화가 가장 인기 있는 경매물품이었다. 경성미술구락부는 광복 전까지 고미술품의 매매를 주도하는 역할을 했으나 사실 거래되는 수는 얼마되지 않았으며, 도굴한 부장품이나 도난된 미술품들은 대부분 밀거래에 의해 매매가 이루어졌다.

1948년 봄에는 남산초등학교 강당에서 한국고미술협회가 주최한 고미술경매가 열렸다. 광복 이후 고미술경매로서는 가장 규모가 큰 것으로 일본인 수장가에 의한 것이 아니라 우리 고미술상의 고미술품을 중심으로 한 경매라는 점에서 특별했다.[29] 출품된 유물은 주로 도자기와 금속품이다.

이렇듯 고미술품에 대한 본격적인 경매가 이루어진 것은 그리 오래되지 않았다. 1970년경에는 인사동, 관훈동, 답십리, 장안평 등에 고미술상가가 개점되면서 골동품상인이나 개인적인 친분을 통해 소규모의 고미술품 거래가 이루어졌다. 물론 거물급의 유명한 수장가들 사이에서는 거래가격을 드러내지 않으면서 거액이 오고가는 음성적인 거래가 항시 있었다. 조직적인 경매로는 1979년에 신세계 경매가 처음 열렸으나 얼마 가지 못하고, 이후 고미술 분야에서는 1회성 또는 장·단기적인 여러 형태의 경매가 열리곤 했다. 이렇게 고미술 경매시장이 활성화되면서 음성적인 형태를 띠던 고미술품의 유통이 거래 가격까지 알 수 있는 투명한 형태로 점차 바뀌게 되었다. 아울러 개인적 성향의 고미술품이 일반인에게도 공개되면서 공적인 성격으로 변하게 되었다.

1990년에 영국 런던의 소더비 경매회사가, 1995년에는 미국 뉴욕의 크리스티 경매회사가 서울에 각각 지사를 설립하였다. 특히 고미술품 경매는 1996년에 시작한 한국미술품 경매회사, 1999년 명품옥션, 2005년 K옥션, 2007년 (주)고미술 경매 동예헌 등에서 주로 이루어졌다. 2007년 이후부터는 더욱 다양한 형태의 경매회사들이 설립되어 옥션 시대가 열리게 되었다.

고미술품은 경매시장에서 현대미술에 비해 상당히 열세에 놓여 있다. 2005년에만 해도 전체 품목 중 고미술이 절반 이상을 차지하였으나 2006년에는 10% 정도로 크게 줄어들었다. 2009년 이후 고미술품의 경기가 다소 살아나는 듯 했으나 현재 여전히 열세인 상황이다.[30]

주요 경매 대상은 도자기와 서화가 중심을 이루었으나 가끔 불상이 등장하여 거액에 거래되었고, 최근에는 중국 도자기에 대한 관심이 상당히 높아졌다. 중국 도자기의 경우는 3, 4년 전부터 중국의 고미술 수장가들이 경매를 통해 구입하기 시작하면서 활성화된 것이다. 그러나 고미술품에 대한 애정보다는 단순히 투자를 목적으로 경매시장에 뛰어드는 추세이기 때문에 분명 심각한 문제이다.

고미술품의 거래는 경매시장(off-line)이 중심을 이루고 있지만, 최근에는 인터넷 경매(on-line)가 등장하여 꾸준히 성장하면서 인기를 끌고 있다. 국내에도 다양한 인터넷 경매사이트가 있다. 1998년 9월 '서울경매주식회사'로 시작한 서울옥션Seoul Auction을 비롯하여 옥션아트Auction Art, 마이아트My Art, K옥션K Auction, 코베이Kobay, 헬로아트Hello art, 옥션Auction 등 크고 작은 10여 개의 회사들이다. 이러한 인터넷 경매시장은 구매자와 판매자가 온라인으로 연결되어 있어 원하는 고미술품을 몇 번의 마우스 클릭만으로 쉽게 구입할 수 있다. 그러나 출품과 낙찰에 따른 수수료를 통하여 이익을 얻기 때문에 고미술품의 진위 여부나 파손 상태 등에 대해서는 인터넷 경매회사가 전혀 책임을 지지 않는다. 최근 인터넷 경매를 통한 고미술품의 거래량이 많아지면서 위작 시비가 벌어지는 일이 증가하고 있다. 또, 도굴 또는 도난당한 문화재들이 인터넷이라는 매개체를 통하여 더욱 은밀하고 신속하게 불법 거래되는 것도 문제라 할 수 있다.

근래에 이르러 문화재 거래가 급증하고 있는데, 이는 1980년대 이후 문화재에 대한 새로운 소비계층이 등장하면서 문화재를 수익성이 높은 투자사업의 하나로 보게 되었기 때문이다. 한때 재벌가들이 부동산 투자보다 고미술품에 투자하는 것이 훨씬 안전하고 효율적이라는 생각에서 많은 고미술품을 수집하기도 했다. 또한 자금 세탁이 필요한 거부들이 문화재 매매에 참여하게 된 것, 주식시장의 하락으로 인하여 개인 투자자들이 이득을 목적으로 개입하게 된 것도 주된 원인으로 볼 수 있다.

앞으로 오프라인 경매시장 뿐 아니라 화상 기술의 발전에 따른 인터넷 경매시장에서의 고미술품 거래도 크게 증가할 것으로 보인다. 그러나 문화재를 우리나라 고유의 역사적인 유산이라기보다 단순히 경제적 이익을 얻을 수 있는 돈이나 재산의 개념으로만 보는 인식 자체에는 분명 문제가 있다. 문화재의 가치를 재화나 투자의 대상으로만 이해하는 일반인이나 수장가들이 많아질수록 문화재 도난과 불법적인 거래는 없어지지 않을 것이다.

03 도난 문화재 밀반출과 불법 거래에 대한 법적인 규제는 어떠한가?

문화재는 인류의 오랜 역사 속에서 다른 문화와 끊임없는 교류 및 상호 작용을 하며 형성되었다. 그러므로 문화재는 국가적 유산으로 여기고 각 나라에서 보호·보존해야 한다. 일반적으로 문화재의 밀반출과 관련된 법적인 규정은 각 나라의 역사와 관련된 법에 의거하고 있다.

우리나라는 『문화재보호법』 제 92조에 국가 지정문화재를 손상하거나 절취, 은닉한 자는 3년 이상의 유기징역에 처한다는 규정이 있다. 그 외 지정문화재와 가지정문화재, 일반동산문화재에 대해서도 마찬가지로 2년 이상의 유기징역에 처한다는 처벌조항이 마련되어 있다. 이와 같이 지정 또는 비지정문화재에 해당하는 모든 문화재를 절취, 손상, 은닉하는 행위에 대해서는 엄격한 법을 적용하고 있다.

이러한 처벌규정이 있는데도 불구하고 문화재 도난 사건이 매년 줄어들지 않고 있다. 이는 처벌의 위험보다도 도난 문화재 구입을 통해서 얻을 수 있는 이익이 훨씬 크다는 것을 의미한다. 도난 문화재를 고가에 매입하는 구매자가 있는 한 불법적인 거래가 가능한 유통조직은 계속 존재할 것이다.

또한 도난 문화재를 구매하더라도 몇 차례의 세탁과정을 거치게 되면 합법적으로 자기의 소유가 될 수 있다는 점을 악용하는 사람들도 늘어날 것이다. 특히 비지정문화재의 경우 이전에는 절취한 뒤 은닉하고 있다가 공소시효 7년이 지난 이후에 매매를 하면 법적인 처벌을 할 수 없었다. 예를 들면, 전라남도 장성군 백양사는 1994년에 도둑맞은 〈아미타영산회상도〉가 10년이 지난 후 서울 인사동에 있는 한국불교미술박물관에 전시되어 있는 것을 발견하였다. 그러나 박물관 측은 작품을 1995년에 인사동 고미술상으로부터 합법적으로 구입했다며 선의취득을 주장하였다. 백양사와 박물관 측은 소유권 문제로 갈등을 빚었다.

1995년에 보고된 바에 의하면, 불법문화재에 대한 전세계 거래의 총액이 20억 불에 달한다고 한다.[31] 실제로 각 나라마다 문화재 밀반출을 금지하는 규정이 있지만 제대로 시행되지는 못하고 있어 이를 위한 국제적 차원에서의 여러 가지 공조가 필요하다. 그중 하나로 1970년에 마련된 유네스코UNESCO 협약이 있다. 국제 간 문화재 불법 거래를 방지하고 합법적인 거래를 명확히 하기 위한 내용으로 문화재의 불법 유통에 관한 국제적 규제의 틀이 만들어졌다는 점에서 중요한 의미가 있다.[32] 그러나 이 협정에는 미국, 캐나다, 호주, 우리나라 등 일부 국가들만 가입하여 실효성에서 큰 효과를 얻지 못하고 있다. 또한 1986년 국제박물관위원회ICOM는 도난당하거나 불법 거래된 유물을 박물관에서 구입하지 못하도록 규정하였다.[33] 이러한 규정은 문화재 불법 거래를 막고자 하는 국제사회의 의지를 전달하는 계기가 되었으며, 문화재 거래에 관한 태도를 변화시키는데 효과적인 역할을 하였다.

도난 문화재의 경우 원산지 국가나 원소유자가 반환을 요구할 때 각 나라의 법정에서 그 권리를 대부분 인정하고 있다. 대개 불법적으로 유출된 문화재가 거래된 경우 원래의 소유자 또는 소유국가와 구입자 중 누구를 보호할 것인가는 국가에 따라 적용되는 규제가 다르다.

최근에는 도난이나 불법 반출된 문화재는 원산국으로 반환을 하는 것이 국제적인 추세이며, 실제로도 많은 사례를 통하여 국가 간의 다양한 협상이 이루어지고 있다. 사실, 문화재 반환은 상당히 어렵고 미묘한 문제이다. 지난 1965년 한일국교 정상화 때 〈문화재 및 문화 협력에 관한 협정〉에 따라 다시 돌아온 문화재는 1,432점(고미술품 438점)에 지나지 않는다. 그중 불교문화재는 강릉 한송사 절터에서 발견된 석조보살상과 문경 봉서리 삼층석탑에서 발견된 사리장엄구 등 일부에 지나지 않는다. 지금도 여전히 유네스코를 중심으로 문화재 반환 운동을 벌이고 있지만 강대국들이 대부분 유출문화재를 많이 갖고 있어 그 실효성이 별로 없다. 때문에 민간기업들이 문화재에 대한 관심을 갖고 해외 경매시장에서 사들이는 방법이 가장 효과적이라고 주장하는 문화재 전문가들도 많다.[34]

1995년의 유니드로와Unidroit 협약에서는 보다 발전된 형태의 문화재 도난과 불법 유통에 관한 방안이 마련되었다. 도난 문화재와 불법 반출 문화재일 경우 선의의 취득을 인정하지 않고 원산지 국가나 원소유자에게 반환하도록 하는 국제 간의 합의가 이루어진 것이다. 도난 문화재의 경우, 문화재의 소재지나 구매자의 신원을 알고 있다면 3년 안에 반환 청구를 해야 하며, 반환 청구는 도난일로부터 50년을 경과할 수 없다고 규정되어 있다. 이는 도난된 사실을 모르고 문화재를 구입했다고 해도 몰수할 수 있다는 것이다. 그러나 이 협약은 협약 전에 발생한 불법 반출 문화재의 반환에 대해서는 소급하여 적용할 수 없고, 협약을 체결하지 않은 국가에서 발생한 문화재의 밀거래는 협약의 효력을 기대하기 어렵다는 근본적인 한계가 있다. 예를 들면, 문화재를 절도하고 도난 문화재의 선의의 취득을 인정하는 국가로 반출하여 그곳에서 다른 사람에게 넘겨 버리면 문화재의 원소유자가 이를 회수할 수 없다는 점이다. 실제로 스위스 같은 나라는 문화재 거래를 금지하는 국내법이 없을 뿐 아니라 문화재 보호에 관한 다른 나라와의 협약도 체결하지 않아 도굴 또는 도난 문화재를 세탁하는 곳으로 유명하다.[35]

우리나라의 경우 1983년 2월 유네스코 협약에 가입하였으나, 유니드로와 협약에는 아직 가입하지 않았다. 유니드로와는 일본이나 미국, 영국, 프랑스 등도 가입하지 않은 협약이다. 현재 이 협약에 가입한 나라보다 가입하지 않은 나라가 훨씬 더 많다는 사실로 본다면, 각 나라에서 시행되는 『문화재보호법』과 『국제사법』의 역할이 여전히 중요하다는 것을 알 수 있다.

이와 같은 국제적 규제에도 불구하고 문화재 도난과 불법 거래로 인한 문제의 심각성은 오히려 확산되고 있는 실정이다. 일반적으로 역사가 오래되어 문화재가 풍부한 우리나라를 비롯하여 중국, 터키, 이집트, 그리스, 멕시코 등과 같은 국가에서는 문화재 도난이나 불법 유출에 대해 강력한 법규를 사용하고 있다. 문화재 소비가 높은 미국이나 한 때 문화재 약탈자였던 일본, 영국, 독일 등에서는 문화재 자유 거래를 장려하면서 문화재 거래에 대해 완화된 규제를 적용하고 있다.[36]

중국의 경우는 2002년에 개정된 『문물보호법』에 의거하여 1911년 이전에 제작된 모든 문화재는 반출을 금지하고 있다. 중앙정부 관할의 국가문물국에서는 성省과 시市 문물국 내부에 14개의 '국가문물출경감정소'를 마련하여 문화재 밀반출을 엄격하게 방지하고 있다. 북경을 비롯하여 상해, 천진, 운남, 광동, 복건, 절강, 강소 등에 국외로 반출되는 개인 소유의 문화재를 감정하는 감정소가 설치되어 운영되고 있다. 만약 문화재를 밀반출하려다 적발되었을 때에는 벌금, 형사구류, 유기징역에서 최고 사형에 이르기까지 엄한 처벌을 받게 된다. 그럼에도 불구하고 정상적인 경로가 아닌 방법을 통한 불법 반출이 횡행하고 있는 실정이다. 특히 단동, 연길, 심양 등 고미술상에 의한 북한 문화재 반출이 빈번한 곳에서도 금전적인 거래를 통한 밀반출 묵시가 관행화되어 있다.[37]

우리나라 또한 문화재 밀반출을 방지하기 위해 1968년부터 전국 국제공항과 국제항만에 문화재청 소속의 문화재감정관실을 설치하였다. 인천공항을 비롯하여 김포공항, 인천항, 청주공항, 대구공항, 부산항, 김해공항, 제주공항, 무안공항 등 17개소에 문화재감정관실이 있다. 이는 무분별한 문화재 도난과 국외로의 밀반출이 확산되는 것을 방지하는 데에 중요한 역할을 하고 있다.

『문화재보호법』 제 60조와 제 90조에 의하면 국보, 보물, 천연기념물 또는 중요 민속문화재는 국외 전시와 같이 국제적인 문화교류를 위한 경우를 제외하고는 국외로 수출 또는 반출할 수 없도록 규정되어 있다. 이 법은 시도지정문화재 및 문화재 자료 뿐 아니라 50년이 지난 비지정문화재 중 역사적, 문화적으로 보존가치가 있는 일반 동산문화재의 경우에도 해당된다. 따라서 우리 문화재를 국외로 반출하는 것은 문화재청장의 허가를 받은 경우를 제외하고는 모두 금지되어 있다. 이를 어기고 문화재를 국외로 반출할 경우 3년 이상의 유기징역에 처하고, 그 문화재는 몰수하게 되어 있다.[38]

그런데 이러한 법률규정에도 불구하고 문화재 도난 사건은 끊임없이 일어나고 있을 뿐 아니라 문화재가 다양한 유출경로를 통하여 국외로 밀반출되고 있다.[39] 특히 매년 발생하는 불교문화재 도난 사건은 줄어들지 않고, 밀반출 방법도 점점 대담하고 다양화되고 있는 실정이다. 그래서 보다 근본적인 불교문화재 도난과 불법적인 유통구조, 국외 밀반출 방지를 위한 여러 방안들이 시도되었다. 그 노력의 일환으로 2002년 12월 30일에 문화재 절도범에 대한 처벌을 강화하고, 도난 문화재를 매매할 수 없도록 『문화재보호법』이 일부 개정된 바 있다(부록 - 문화재보호법 개정안). 문화재를 절도하고 숨겨 놓고 있다가 3년에서 7년이 지난 후 팔아버리면 처벌할 수 없었던 공소시효가 사실상 없어진 것이다. 이제 도난 문화재를 처분한 자나 구입한 자 모두 처벌받을 수 있도록 법안이 강화되었다. 이에 따라 도난이나 도굴 등 불법으로 취득한 문화재는 팔지도 사지도 못하게 되어 문화재 범죄가 상당히 줄어들 것으로 보인다. 이와 함께 도난 문화재의 대부분을 차지하는 비지정문화재에 대해서도 지방지정문화재와 같은 처벌 조항을 새로 마련하였다. 2007년 7월 27일에는 도난 문화재에 대한 선의취득을 인정하지 않는 조항까지 새로 제정되어 매매행위가 일어나면 언제든지 처벌받게 되었다. 10여 년 전만 해도 도난 문화재를 장물인지 모르고 구입하게 된 경우에는 원소유주가 소유권을 내세울 수 없었으나 지금은 다시 돌려받을 수 있게 된 것이다.

또한 1996년부터 몇 년간에 걸쳐서 전국 사찰에 소장된 불교문화재에 대한 체계적인 실태 조사가 마무리되었으며, 개인이나 대학박물관을 대상으로 한 불교문화재 현황 조사도 진행 중이다. 이와 함께 연도별, 유형별, 지역별, 시간별로 나누어 도난 불교문화재의 현황을 파악하고 전체 도난 규모와 유출 경로, 불법 거래에 대한 조사도 이루어져야 한다. 그 다음 가치 정도에 따라 도난 불교문화재를 등급화하고, 이를 전산화하여 DB자료 시스템을 갖추어야 할 것이다. 특히 국보 및 보물급에 해당하는 지정문화재보다는 등급이 낮은 지방지정문화재나 문화재 자료, 비지정문화재에 해당하는 유물들이 주로 도난의 대상이 되고 있다. 그러므로 아직 그 가치가 제대로 평가되지 않은 비지정문화재도 조사하여 국가 및 시도지정문화재로 지정하는 작업을 실시하고 지속적으로 관리하는 작업도 필요하다. 도난 불교문화재 중에 국외로 밀반출된 후 해외 인터넷 경매시장을 통하여 합법적으로 국내에 다시 들어와 유통되는 경우도 종종 있으므로 인터넷시장의 현황도 제대로 파악해야 한다. 더 나아가 도난 불교문화재의 국제적인 불법거래를 막기 위해서는 인터넷 통신망을 통해 인터폴Interpol(국제 형사경찰기구)[40] 회원국 간에 정보를 신속히 공유하는 일이 필요하며, 국제 협약에 가입하는 일도 효율적인 방안이라고 할 수 있다.

문화재 도난은 우리나라 뿐 아니라 세계 곳곳에서 끊임없이 일어나고 있다. 문화재 밀반출 및 불법적 거래 역시 국제사회 공동의 고민거리이다. 따라서 우리 문화재에 대한 무분별한 도난 행위를 방지·해결하기 위해서는 문화재 전반에 대한 인식 뿐 아니라 여러 나라 간의 국제적인 협조가 있어야 할 것이다.

북한 문화재의 중국 밀반출과 위작

7

01 북한 문화재가 외화벌이용으로 밀반출되는 경로

1990년대에 들어 북한의 경제 사정이 더욱 어려워지면서 북한 주민들이 생계유지 수단으로 고분을 도굴하여 문화재를 중국으로 밀반출하는 횟수가 크게 늘어났다. 2005년 이후에는 문화재가 돈이 된다는 이유로 북한 전 지역에서 북한 주민은 물론이고 당 간부들까지 고분 도굴과 밀반출에 적극 가담하고 있는 실정이다. 도굴 행위는 주로 황해도, 개성, 함경남도에 있는 옛 무덤에서 이루어졌는데, 특히 함경남도 양덕에서 많은 유물이 나왔다. 북한에서 도굴된 문화재들은 대개 신의주를 통해 낮은 가격으로 중국 고미술상과 거래되고 그중 일부만 고가에 우리 고미술상들에게 팔리고 있다.[1] 1990년대에 시작된 북한 문화재 밀거래는 몇 년 만에 거대한 시장이 되었다.

북한에서는 도굴 문화재 외에도 박물관 등 공공기관에 소장되었던 문화재까지 밀반출된 실정이다. 1990년에는 황해남도 신원군 장수산 일대의 남평양 유적지에서 발견된 고려 동경과 조선시대의 숟가락 등 많은 유물이 일본으로 밀반출되었다. 1992년에는 평양시 외곽에 있는 사찰에 보관된 불상, 벼루, 팔만대장경 번역본과 개성 고분에서 발굴된 청자 등 고려시대의

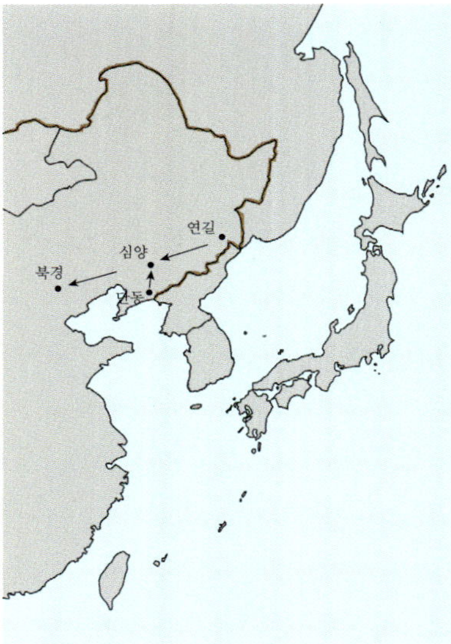

도 126. 북한 문화재 유출경로

유물이 중국으로 밀반출된 경우도 있다. 심지어는 평양역사박물관에 있는 조선시대의 유물을 도난당하는 사건까지 발생하였다.[2]

북한의 국보급 문화재가 어떻게 반출되어 국내로 유입될 수 있었을까? 북한의 경우는 1994년 4월 7일에 제정된『조선민주주의 인민공화국 문화유물보호법』(약칭 문화유물보호법)에 의거하여 문화재를 보호·관리하고 있다. 그러나 북한에서는 문화재를 문화유물 자체로서의 가치에 대한 인식보다는 혁명과 체제유지라고 하는 국가의 핵심적 가치에 얼마나 기여할 수 있는가 하는 정치·사회적 기능에 중점을 두고 있다. 이 때문에 북한은 1990년 이후 경제난에도 불구하고 문화유물의 발굴과 복원·보존 사업에 적극적인 관심을 가져왔던 것이다.[3]

북한 문화재는 주로 두만강과 압록강의 접경지대를 통해 중국 단동, 연길, 심양, 북경 등으로 흘러들어온 후 밀거래가 이루어지면서 우리나라로 유입되었다(도126). 10년 전만 해도 중국 단동, 심양, 연길에 가면 북한 문화재를 전문적으로 취급하는 밀매업자와 이를 내다파는 조선족들을 심심찮게 만날 수 있었다.

중국으로 밀반출되는 북한 문화재는 상당수 북한 관계 당국의 직·간접적인 지원 또는 묵인 아래 이루어졌을 것이라는 설이 있다. 정무원 기관별로 운영되는 각 외화벌이 사업소에서 직접 고분을 발굴하거나 각 가정에 있는 골동품을 매입하여 해외로 반출하고 있지만, 최근에는 할당된 외화를 벌기 위해 서로 심하게 견제하는 등 내부적으로 많은 알력과 문제점이 있다.[4]

북한 문화재가 유출되는 과정은 크게 두 가지로 볼 수 있다. 평안북도 신의주에서 압록강을 통해 중국 단동으로 유입되는 경로와 함경북도 무산에서 두만강을 건너 중국 남평과 용정을 거쳐 연길로 유입되는 경로이다. 특히 압록강을 통해 단동으로 들어오는 경로가 문화재 밀반출에 가장 많이 이용되었던 길이다.

도 127. 압록강 접경지대
도 128-1. 두만강 접경지대
도 128-2. 두만강 접경지대

2005년 12월에 문화재청에서 기획한 『해외의 문화재 반출·입 유통 및 감정제도』 실태 조사를 했을 때 그곳에 간 적이 있다.[5] 중국 단동과 남평에서 직접 바라본 압록강과 두만강은 머릿속에 늘 그려왔던 그 모습과는 많이 달랐다. 너무도 광대해서 근접할 수 없을 것이라고 막연하게 생각했던 압록강과 두만강은 마냥 넓기만 한 것이 아니고, 상류지역으로 올라가면 강의 폭이 거의 100m 정도로 좁아지면서 수심이 얕아지는 곳이 있었다(도 127, 128-1, 128-2). 한여름에 비가 온 뒤 물이 꽉 차서 멱을 감고 놀았던 우리 동네의 개울과 별반 다르지 않았다. 이 좁고 얕은 강길을 따라 여름에는 헤엄을 쳐서 건너오고, 겨울에는 영하 20도가 넘는 추위에 꽁꽁 얼어붙은 강 위를 단숨에 뛰어서 중국 땅으로 넘어오는 것이다. 국경선이라고는 해도 북한 초소가 군데군데 있고 북한 군인들이 돌아다니는 모습이 간혹 보일 뿐 철조망과 같은 경계선이 없어 황량하기 그지없었다. 이리도 쉽게 북한 땅에서 중국으로 넘어올 수 있다고 생각

도 129. 평안북도 신의주시
도 130. 압록강철교

하니 허망한 마음마저 들었다.

중국 단동에서 압록강 쪽을 바라보니 철교 건너편으로 멀리 북한 땅인 함경북도 신의주가 보였다(도 129). 낡고 초라한 집들과 함께 드문드문 일하다가 손을 흔드는 북한 사람들도 눈에 띄었다. 반면에 단동의 압록강변에는 아파트와 관광호텔이 즐비하게 늘어서 있다. 이렇듯 중국과 북한은 압록강을 사이에 두고 너무나 다른 생활을 하고 있었다.

압록강 철교는 일제강점기인 1943년에 만들어진 것이다. 기찻길과 차도가 함께 놓여 있으며 지금은 '중조우의교中朝友誼橋'라고 부른다(도 130). 이 철교 바로 옆에 1950년 한국전쟁 때 미군의 폭격에 의해 끊어진 단교가 또 하나 있다. 압록강 단교는 원래 배가 지나갈 수 있도록 다리의 상판을 올릴 수 있게 만들어졌는데, 중국쪽만 일부 복원되어 있고 북한쪽에는 교각만 남아 있는 상태이다. 신압록강대교는 2013년 10월에 완공되었으나 아직 개통이 되지 않았다. 앞으로 개통된다면 단동에서 신의주로 그리고 평양까지 고속도로로 연결될 것이라고 한다.[6]

또 다른 길인 중국 남평진에서 두만강변 도로를 따라 호암산虎岩山에 올라서서 보면, 눈으로 덮힌 산길 속에서도 멀리 아득히 굽이굽이 흐르는 두만강의 모습이 그대로 펼쳐졌다. 왠지 멀리서 보는 두만강에서는 쓸쓸한 정취가 느껴졌다. 이 두만강을 사이에 두고 맞은 편에는 북한의 철광도시인 함경북도 무산시가 보인다. 무산시는 아시아 최대의 노천 철광지로 알려진 곳이나 지금은 채굴과 선광에 필요한 각종 설비가 심하게 낙후되어 이전보다 생산량이 줄어든 상태이다(도 131). 겉으로는 여느 다른 도시와 별반 차이가 없지

도 131. 함경북도 무산

만 차도 사람도 보이지 않는다. 삭막하다 못해 황량하기까지 하다.

최근 2-3년 전에 중국이 두만강 상류에서부터 하류지역까지 철조망을 설치하였다. 이는 국경을 통한 마약 밀수나 문화재 밀반출, 인신매매 등을 막으려는 의도도 있지만 북한 주민들의 탈북을 막으려는 목적이 더 크다고 볼 수 있다. 압록강과 두만강은 그냥 강이 아니라 우리의 아픔이 고스란히 담겨 있는, 넘을 수 없는 커다란 강이었다. 그러나 이제는 북한 사람들이 문화재를 밀반출하는 장소로도 이용되고 있으니 이 얼마나 아이러니한 사실인가? 가난과 배고픔 때문에 죽음을 두려워하지 않고 압록강과 두만강을 건너 문화재를 밀반출하는 북한 사람들에게는 경제적인 부를 꿈꾸면서 넘어오는 길일 것이다.

02 북한 문화재의 유통 과정과 모조품

북한 문화재는 압록강과 두만강 두 경로 외에도 북한을 왕래하는 화교나 북한에 친인척을 두고 있는 연변 조선족 보따리장수, 또는 북한 무역상을 통해 우리나라와 일본 고미술상의 손에 들어가고 있다. 심지어 북한 박물관에 전시되어 있는 유물까지 유출되고 있다는 소문이 돌고 있을 정도이다. 근래에는 북한에서 밀반출된 고가의 문화재를 중국 고미술상이 인터넷에 올린 후 우리나라 또는 일본의 고미술상과 직접 거래하는 방식을 취하고 있다. 거래 과정이 이전보다 훨씬 빠르고 간편해진 것이다.

북한에서 밀반출된 문화재는 고려 토기를 비롯하여 청자매병, 청자광구병 등과 같은 시대가 올라가는 청자류가 가장 많다. 그러나 최근 2000년대 초반까지는 비교적 상태가 좋지 않고 다소 가격이 낮은 15세기의 분청사기나 조선 후기의 백자호, 백자대접, 백자접시 그리고 일제강점기의 해주가마에서 제작된 청화백자호와 회령가마에서 제작된 철채청자호 등 백자류가 대량으로 들어왔다. 특히 해주가마 청화백자는 대개 목이 약간 높고 길쭉한 항아리 형태에 코발트색으로 물고기나 모란문, 초화문 등을 큼직하고 거칠게 그린 것이 특징이다. 간혹 철사나 산화동을 함께 사용하여 푸른색에 붉은색과 갈색이 어우러져 있는 것이 눈에 띈다. 이외에 불상과 금관, 동경, 숟가락 등과 같은 금속 제품도 적은 양이지만 일부 밀반출되어 유통되고 있다.

최근 북한에서 출토된 삼국시대의 금동반가사유상이 우리나라에 들어온 적이 있다(도132). 중국 북경에서 북한의 한 고위관리로부터 100만 달러(약 8억 원)에 구입했다는 이 불상은 왼쪽 다리를 오른쪽 무릎 위에 올리고 오른손으로 턱을 살짝 받치고 있는 전형적인 반가사유상이다(도133). 이 금동반가사유상은 높이 16.2cm로 연화대좌 위에 앉아 있는데, 석탑 안에서 사리함과 함께 발견되었다고 한다. 머리에 쓰고 있는 보관이나 유난히 가는 허리와 날씬한 몸매, 연화대좌 등에서 국보 118호로 지정된 고구려 반가사유상과 매우 유사하다(도134).[7] 불상의 진위 여부는 앞으로의 문제로 남아 있다.

北, 국보급佛像 한국인에 팔아

북경서 1백만弗에… 반가사유상 추정

日지지통신 보도

【東京=연합】 북한의 한 고위 관리가 北京(북경)에서 한국 고미술상에게 국보급불상을 미화 1백만 달러에 팔았다고 일본의 지지(時事)통신이 6일 보도했다.

이 통신은 최근 몇 해 동안 계속된 홍수와 한발로 인해 경제적 어려움을 겪고 있는 북한이 외화를 얻기 위해 문화재를 판매한 것으로 보인다고 말했다.

북경시 문화재 감시센터의 감정에 따르면 이 불상은 삼국시대에 제작된 반가사유상으로 추정되며 높이는 16.2cm이고 직경 9.5cm의 기단이 불상을 받치고 있다고 통신은 덧붙였다. 한국에는 이와 비슷한 3개의 반가사유상이 있으며 이들은 모두 국보로 지정돼 있다.

무도비관 前 中企이사 한강다리서 목매 숨져

5일 새벽 6시45분쯤 서울 송파구 풍납2동 올림픽대교 남단 끝에서 陳화범씨(52·G전자산업 이사·서울 송파구 신천동 시영아파트)가 난간에 목을 매 자살했다.

陳씨는 양복 윗저고리에 「金○○, 李○○야, 미안해, 저승가서 사업 잘해. 내 사랑하는 당신 미안해」라는 내용의 유서를 남겼다. 경찰조사 결과 陳씨는 중소기업인 T社 이사로 근무하다 지난해 10월 회사의 부도로 사직한 뒤 G산업으로 옮겨 무보수

도132.『조선일보』, 1996년 9월 7일

압록강을 통해 중국 단동으로 유입되는 북한 문화재는 단동역 앞에 있는 대규모 고미술상가인 고완성古玩城에서 주로 매매가 이루어진다(도135-1, 135-2, 135-3, 135-4, 135-5). 단동 고완성에는 200여개소의 고미술점이 들어와 있는데, 북한 문화재 외에 우리나라 문화재만 전문으로 취급하는 상가도 다수 포함되어 있다. 이에 반해 두만강을 통해 중국 연길로 유입되는 북한 문화재는 연길의 서시장과(도136-1, 136-2) 몇몇 고미술상에서 거래되고 있으며, 일부는 북경 조양구 동삼환남로 화위교 서측에 있는 고완성과(도137-1, 137-2, 137-3) 유리창 거리 그리고 심양 고완성으로 들어가 매매가 이루어진다(도138-1, 138-2, 138-3).

도 133. 금동반가사유상,
삼국, 높이 16.2cm
도 134. 금동반가사유상,
고구려(7세기 전반),
높이 17.5cm, 평양 평천리 출토,
호암미술관

중국 고완성에 진열되어 있는 북한 문화재는 상태가 좋은 것을 보기 드물다. 특히 도자기의 경우 대부분 다량으로 제작된 것이어서 질이 떨어지는 잡기류가 많은 편이다. 고가의 진귀한 문화재 매매는 대부분 음성적 거래를 통해 이루어지기 때문에 잘 드러나지 않는다. 북한 문화재 중 진귀한 것은 한국 고미술상끼리 경쟁이 심해 국내에서 거래되는 가격 이상으로 거래되는 경우가 있는데, 일부는 일본의 고미술상이 매입하였다. 특히 근래에는 일본 고미술상이 중국 경호원을 대동하고 직접 고완성에 나타나 고가로 구입한 후 일본을 비롯한 제 3국으로 유출하는 경향이 있다. 북한 문화재는 2008년 베이징올림픽 때 중국에서 대거 사들였으나 그후에는 가격이 많이 떨어졌다고 한다.

이전에는 북한 문화재를 취급하는 단동, 연길, 심양 지역의 고미술상인이 100여 명이 훨씬 넘을 정도로 경기가 활발하였다. 그러나 지금은 경기 침체와 함께 북한 문화재 고갈 현상 등으로 인하여 그 숫자가 현저히 줄어들어 20여 명 정도만 활동하고 있다. 그중 5-7명만 고정적으로 상주하고, 북한을 직접 왕래하면서 비교적 값이 나가는 문화재를 취급하고 있다. 반면에 조선족은 약 30-40여 명이 단동, 심양, 연길 등의 지역에서 활동하고 있다. 이들은 자본이 없어 영세성을 면치 못하고, 문화재도 가치가 적은 것들을 주로

도 135-1. 단동 고완성 전경, 중국 요령성
도 135-2. 단동 고완성 고미술상가

도 135-3. 북한 유출 도자기
도 135-4. 북한 유출 불상
도 135-5. 해주가마 청화백자호

도 136-1. 연길 서시장 고미술상가, 중국 길림성
도 136-2. 연길 고미술상가

도 137-1. 북경 고완성
도 137-2. 북한 유출 도자기
도 137-3. 북한 유출 불상

취급·매매하고 있다.[8] 이러한 상황이다 보니 중국 내의 고미술상에서는 북한과 한국 또는 중국에서 만들어진 모조품이 진품과 섞여 버젓이 거래되고 있다. 특히 근래에는 북한에서 만든 불상과 도자기들이 압록강과 두만강 경로를 통해 밀매되고, 북한을 왕래하는 화교, 북한 무역상, 연변의 조선족들을 통해 중국을 거쳐 우리나라에 많이 들어왔다.

한편, 북한 문화재의 밀거래가 활성화되면서 가격이 오르자 모조품을 만드는 사람들도 많아졌다. 한국 고미술상이 국내에서 정교하게 제작된 모조품을 중국에 가져가서 조선족 중개상을 통하여 북한 문화재라고 속인 후

북경, 연길 등지에서 관광객이나 사업차 중국을 왕래하는 한국인에게 되팔아 다시 국내로 유입되는 경우도 종종 있다. 불상에서부터 도자기, 회화, 금속공예 등에 이르기까지 가짜가 없는 것이 없다. 1990년대 이후에는 중국 지린吉林省 지역에서 고미술상과 조선족들이 함께 조직적으로 만든 가짜 불상들이 국내로 대량 들어오는 횟수가 늘어나고 있다. 이 가짜 불상들을 국내 각종 전시회에 출품하고 별탈없이 전시가 끝나면 진품으로 둔갑하여 판매를 하는 것이다. 진품을 구입한 자에게 가짜 불상을 끼워서 파는 것도 흔한 수법이다.[9] 한때 '북한 것은 진짜'라는 소문이 돌자 국내에서 제작된 가짜 불상이 중국을 거쳐 북한으로 유입되었다가 다시 중국을 거쳐 수입되는 경우도 생겼다. 금동불상의 경우는 표면에 염화암모니아 용액 등으로 약품 처리를 해서 오래된 불상처럼 푸른 녹이 끼이게 하거나 수년 간 땅속에 묻어두었다 꺼내는 등 치밀하게 만들었다.[10]

도 138-1. 심양 고완성, 중국 요령성
도 138-2. 심양 고완성 고미술 상가
도 138-3. 북한 유출 도자기

가짜 불상은 진짜보다 무겁다. 가짜를 만들 때는 구리를 많이 사용하기 때문이다. 반면에 진짜 불상은 세월이 흐르면서 부식되어 구리 성분이 빠져 나가기 때문에 제작 당시보다 무게가 가벼워진다. 또 어떤 경우는 오래된 나무나 금속재료를 사용하여 가짜 불상을 제작하기 때문에 불상의 형식이나 특징, 미감 등에 시대 양식이 반영되어 있는지를 확인해야 한다.

부록

600여 년 만에 돌아온 국보급 불상, 일본에서 훔쳐온 우리 불상

1990년 3월 11일 오후 2시경 문화재 전문 절도범 2명이 일본에 있는 우리 문화재를 훔쳐 국내로 들어온 사건이 발생하였다. 일본 고베에 사는 고미술품 수장가인 히가사 겐이치日笠健一의 집에 침입하여 혼자 있던 히가사 부인을 생선회칼로 위협하고 종이테이프로 입과 손발을 묶은 다음 진열대에 있던 고려청자 6점과 조선백자 3점을 훔쳐 김해공항을 통해 밀반입한 것이다. 이들이 훔친 도자기 9점은 모두 일제강점기 때 일본으로 반출된 것으로 그중 일부는 국내박물관에도 없는 희귀한 작품이다.

부산시경 강력계는 고미술상을 상대로 탐문한 결과 골동상 김모 씨를 용의자로 주목하고 추적 끝에 1990년 4월 4일 대전에 숨어 있는 범인을 붙잡았다.[1] 또 장물 알선 등의 혐의로 중개상 4명을 구속하고, 함께 범행을 했던 김모 씨는 특수강도 혐의로 수배하였다. 주범인 김 씨는 세무공무원 생활을 하다가 개인 사업을 하면서 고미술품에 취미를 가졌으나 사업을 실패하자 일본으로 건너가 고미술품을 판매하는 골동품상이 되었다. 그는 "방법은 나빴지만 이런 식이 아니면 수탈당한 우리의 문화재를 찾아올 방법이 없었다."

고 당당하게 말했다.

2004년에도 무속인 김모 씨 일당이 일본 효고현兵庫縣 가쿠린지鶴林寺에 있는 고려시대의 〈아미타삼존도〉를 훔쳐 우리나라로 가져왔다. 그 후 고려불화는 소유자가 몇 차례 바뀐 뒤 개인사업가의 손을 거쳐 대구 동화사에 기증되었다. 이 사실을 알게 된 일본 가쿠린지스님은 검찰청을 찾아와 고려불화의 반환을 요구하였으나 사찰 측에서는 불화를 소장하던 중에 도난당하여 아직까지 행방이 묘연한 상태라고 하였다.[2]

이와 비슷한 일이 최근에 또 발생하였다. 2012년 10월 6일 일본 쓰시마對馬島의 가이진진샤海神神社와 간논지觀音寺에서 도난당한 우리나라 불상 2점을 국내로 들여와 판매하려던 일당이 붙잡힌 사건이다.[3] 일본의 사찰과 신사에 진열되어 있던 불상 2점과 대장경이 유리가 깨진 흔적도 없이 감쪽같이 사라졌는데, 도난당한지 이틀 후 오후 6시경 손모 씨가 후쿠오카에서 배를 타고 부산항으로 들어왔다. 이 불상 2점은 분명 불법적인 방법이기는 하지만 일본으로 건너간 지 600여 년 만에 우리나라에 다시 돌아온 것이다.

이번 불상 도난 사건은 전문적인 문화재 절도범에 의해 치밀하고 계획적으로 이루어졌다. 경찰 조사에 의하면, 문화재 전문 절도범들은 10월 6일 전시장 천정의 기와를 뜯고 침입하여 불상 등 문화재 3점을 훔친 다음 대장경은 일본에서 버리고 불상 2점만 챙겼다. 그리고 이틀 뒤에 X-ray 검색대가 없는 후쿠오카항을 이용하여 우리나라에 가져온 것이다.[4] 부산항을 통해 국내로 들어온지 한 달쯤 지난 11월 말경 경찰서에 “도난 문화재로 의심되는 불상 2점을 팔고 다니는 사람들이 있다.”는 1통의 전화가 걸려왔다. 익명을 요구하는 전화 제보를 통하여 그동안 종적을 감추어 왔던 용의자를 비롯하여 관련자 7명에 대한 실체가 드러났다.

2개월 후인 2013년 1월 29일에 일본에서 훔친 국보급 불상 2점을 알선책을 통하여 팔려고 했던 김모 씨를 구속하고, 운반·보관을 담당한 손 씨 등 4명을 불구속 입건하였다. 또 일당 중 달아난 김모 씨 등 3명도 모두 검거하였다. 대전지법 제 12형사부는 6월 28일 주범 3명에게 『문화재보호법』 위반 혐의로 징역 3-4년을 선고하고, 공범 4명에게는 집행유예 1-2년을 선고하였다. 창원시 마산의 한 창고에 있던 금동불입상과 금동관음보살좌상도 회수하여 현재 국립문화재연구소 수장고에 보관 중이다.[5]

일본 소재의 불상 도난 사건은 사건 자체로도 주목을 받았지만 이후 불상의 향방에 대한 관심이 더욱 집중되었다. 그런데 이번 사건의 주범인 문화재 절도범들의 행위를 이상하리만큼 민족감정에 결부시켜 합리화하려는 사람들이 있었다. 심지어 불상을 훔쳐온 문화재 절도범들을 우리 문화재를 되찾아온 의객으로까지 이야기하고 있다. 우리나라와 일본이 가입되어 있는 『유네스코 협약』 제 7조에는 '밀반출된 문화재를 원 소유자에게 돌려줘야 한다'는 원칙 아래 '선의로 취득한 문화재는 보호받을 수 있다'는 내용이 있다. 일본 소재의 불상 2점은 절도범에 의해 불법 반입된 것이므로 일본에 다시 돌려보내야 하는지, 아니면 약탈의 가능성이 크기 때문에 불상의 원소유지인 사찰에 돌려줘야 하는 것인지 등의 복잡미묘한 문제가 남아 있다.

금동불입상은 2015년 7월 15일 최종적으로 검찰에서 일본으로 반환하기로 결정되었다. 앞으로 불상을 반환하는 시기와 방식에 대한 절차만 남아 있다. 반면에 금동관음보살좌상은 1330년 서산 부석사에서 만들어진 것으로 왜구들이 약탈해 갔다는 것이 분명하다는 점에서 최근 법원에서 3년 간 불상의 반환을 금지하도록 가처분 결정을 내린 상태이다.[6]

1. 금동불입상

금동불입상은 최근 일본에서 부산항을 통해 들어온 것으로 쓰시마에서 도난당한 불상 2점 중 하나이다(도 139-1, 139-2, 139-3). 일본 쓰시마 가이진진샤에 봉안되어 있었으나 2012년 10월 6일에 간논지 금동관음보살좌상과 함께 도난당하였다. 이 금동불입상이 언제, 어떻게 일본에 건너갔는지에 대해서는 자세히 알 수 없지만 1685년의 『대주신사지對州神社誌』에 기록된 내용으로 보아

도 139-1. 금동불입상, 통일신라, 높이 38.2cm, 일본 쓰시마 가이진진샤
도 139-2. 불상 뒷면
도 139-3. 불상 대좌

17세기 후반 이전에는 이미 일본으로 건너갔음을 알 수 있다.[7] 그러나 금동불입상과 관련된 또 다른 기록이 없고, 변방지역인 쓰시마의 작고 초라한 신사神社에 모셔져 있었다는 점으로 보아 고대 한일간의 문화교류를 통해 전해졌다기보다는 임진왜란 때 약탈되었을 가능성이 큰 것이다. 이 금동불입상은 1974년 6월 8일에 일본 국가 중요문화재로 지정되었다.

가이진진샤 소장의 금동불입상은 높이 38.2cm로 광배와 대좌가 없어졌으나 크기나 조각 기법 등에서 일본에 있는 통일신라시대 불상 중에서 단연 으뜸에 속한다. 지금의 대좌는 불상을 고정하기 위해 후대에 만들어진 것이다. 얼굴의 왼쪽 귓불 부분과 왼손 다섯 손가락 끝마디가 모두 절단되어 있고, 오른손 손가락 세 개에는 파손된 것을 다시 이어붙인 흔적이 있다. 상의 내부는 텅 비어있고 머리와 등 뒤에는 크고 작은 구멍들이 뚫려 있어 8세기 통일신라시대 불상의 주조 기법을 보여준다. 시대가 내려갈수록 주조할 때 생긴 구멍이 커지거나 하나로 줄어드는 경향이 있다.

전반적으로 몸에 비해 얼굴이 조금 큰 듯하나 신체 비례는 비교적 균형을 이루고 있다. 머리의 육계가 유난히 큼직하여 조화롭지 못하지만 두 눈을 지그시 감고 있는 얼굴에서는 종교적인 엄숙함이 느껴진다. 양쪽 어깨를 덮으면서 내려온 통견의 법의는 몸에 완전히 밀착되면서 신체의 곡선을 강조하여 불상 전체에 생동감을 준다. 특히 신체의 윤곽선을 따라 표현된 옷주름이 특징적이다. 가슴 위에서 여러 개의 반원형을 이루며 내려오다가 허리 밑에서 다리 양쪽으로 갈라져 둥근 주름이 형성되어 발목 위까지 늘어져 있다. 두 손은 모두 손가락 끝부분이 파손되어 더욱 작게 보이며 각각 위와 아래를 향하여 시무외인施無畏印과 여원인與願印을 하고 있다. 이 금동불입상은 얼굴이나 손의 모양이 의미하듯이, 중생의 두려움을 없애주고 원하는 바를 다 들어주겠다는 부처의 위엄이 강하게 풍긴다. 이런 형식의 불상은 통일신라 전성기 때 많이 볼 수 있다. 가이진진샤 소장의 금동불입상은 표면 전체에 푸른 녹이 끼어 있지만 통일신라시대 불상 그대로의 예스러움을 간직하고 있다는데 그 매력이 있다.

2. 금동관음보살좌상

금동관음보살좌상은 일본 쓰시마 간논지觀音寺에 오랫동안 봉안되어 있다가 도난당한 것으로 원래 충청남도 서산시 부석면 부석사에 있었던 불상이다 (도 140-1, 140-2, 140-3). 1951년 5월에 관음보살상의 복장에서 발견된 조성발원문에 의하면, '고려 충선왕 원년인 1330년 2월에 승려와 불교 신도 등 32명이 서주瑞州 부석사의 당주堂主로서 관음상 1구를 조성하여 현세에는 재화를 없애고 복을 누리며 내세에는 아미타정토에 태어나기를 바라며 영원토록 공양하겠다'고 되어 있다. 발원문의 내용으로 본다면, 금동관음보살좌상은 서산 부석사에 조성되어 모셨던 독존상이나 어느 시기에 어떤 일로 인하여 일본에 건너간 것으로 짐작된다. 이 관음보살상은 1973년 5월 18일에 일본 나가사키현長崎縣의 유형문화재로 지정되었다.

일본 쓰시마 섬에는 도난당한 불상 2점 외에도 고려시대 불상이 상당수 남아 있다. 이 불상들 중에는 일본과 불교문화가 교류되면서 합법적으로 전해진 것도 있지만 대부분은 왜구의 침략으로 인한 문화재 약탈이라는 역사적 사실과 관련이 있다. 『고려사』에는 1370년을 전후하여 왜구들이 서산 일대를 침략하여 사찰을 불태우고 많은 불교문화재를 마구 약탈했다는 내용이 여러 번 기록되어 있다. 고려 말인 1350년부터 1400년경까지 왜구의 침략이 극심하였는데 특히 공민왕(1351-1374)과 우왕(1374-1388)이 재위한 기간에는 약 387회로 절정에 이르렀다.[8] 이 때 상당수의 불상, 불화, 경전 등 불교문화재가 약탈되었을 것으로 보인다. 부석사의 금동관음보살상도 고려 후기에 있었던 왜구의 침략 때 약탈된 것으로 보인다.

부석사 금동관음보살좌상은 높이 50.5cm로 대좌와 광배가 없어진 상태이며 보관도 잃어버렸다. 일부 부식되었기는 하나 상 자체는 비교적 보존상태가 좋은 편이다. 전반적으로 몸에 비해 얼굴이 큰 편이며, 결가부좌한 두 다리가 빈약하나 신체는 비교적 당당하고 균형이 잡혀 있다. 얼굴은 둥글면서 넙적한 편인데 표정이 거의 없는 무심한 모습이다. 머리 위에는 보관을

도 140-1. 금동관음보살좌상, 고려(1330년), 높이 50.5cm, 일본 쓰시마 간논지

도 140-2. 얼굴

도 140-3. 불신

도 141. 금동보살좌상, 고려(14세기), 높이 60cm, 국립전주박물관

쓰고 있었을 것이나 지금은 높게 틀어 올린 상투만 남아 있다. 양 어깨 위에는 머리카락이 길게 내려와 있다. 몸에는 여래상이 주로 입는 소매 폭이 넓은 법의를 걸치고 있으며, 내의內衣 위에 금구 장식과 띠매듭 등이 장식되었다. 두 손 역시 가슴 앞에서 엄지와 셋째손가락을 맞대고 있는 아미타불의 설법인說法印을 하고 있다. 양쪽 귀에는 작은 귀걸이가 장식되었고, 가슴 위의 목걸이와 양쪽 무릎을 감싸면서 늘어진 영락 장식 등에서는 고려 후기 보살상의 특징이 잘 나타나 있다. 이런 형태의 보살상은 전형적인 보살상과는 달리 중국 명대 보살상의 영향을 받은 것이다. 고려시대에 처음 등장하였으며,

특히 고려 후기에서 조선 초기에 걸쳐 크게 유행하였다.

국립전주박물관에도 이와 거의 유사한 고려 후기의 금동보살좌상이 전시되어 있다(도141). 크기가 약 60cm로 조금 크고 얼굴에 미소를 머금고 있는 것만 다를 뿐 법의 착의법이나 손 모양, 영락 장식, 옷주름 표현 등에서 거의 같은 조각가의 솜씨로 보인다. 이 두 보살상이 한 쌍으로 제작되었다면, 관음과 세지보살상이 될 것이고 본존불은 아미타불상이었다는 얘기가 된다. 하지만 부석사 금동관음보살상의 경우는 '부석사의 당주로 모셨다'는 복장기의 내용을 보아 독존불로 조성되었을 가능성이 크다고 볼 수 있다.

〈표1〉 문화재 도난 및 회수 현황 (2015. 3. 기준)

년도	국가지정				시도지정			
	건수		점수		건수		점수	
	도난	회수	도난	회수	도난	회수	도난	회수
1985	2	1	4	2	4	3	5	4
1986	0	0	0	0	3	0	6	0
1987	0	0	0	0	1	1	1	1
1988	3	3	4	4	10	5	477	7
1989	5	3	6	4	5	3	13	6
1990	1	0	18	0	5	2	11	5
1991	1	0	4	0	4	4	231	49
1992	2	2	65	65	1	1	1	1
1993	3	1	72	65	7	3	109	28
1994	0	0	0	0	0	0	0	0
1995	1	0	13	0	0	0	0	0
1996	0	0	0	0	3	2	3	2
1997	1	1	11	11	4	0	88	0
1998	1	1	1	1	8	2	27	2
1999	3	2	22	19	4	3	5	4
2000	2	2	2	2	4	1	10	3
2001	1	0	1	0	2	1	3	1
2002	1	1	45	45	7	2	414	273
2003	1	1	1	1	3	2	94	93
2004	1	1	7	7	8	2	10	3
2005	1	1	1	1	15	5	162	128
2006	0	0	0	0	14	2	73	32
2007	0	0	0	0	4	0	43	0
2008	0	0	0	0	5	2	23	6
2009	0	0	0	0	5	1	14	2
2010	0	0	0	0	0	0	0	0
2011	0	0	0	0	0	0	0	0
2012	1	0	1	0	0	0	0	0
2013	0	0	0	0	1	0	25	0
2014	2	0	2	0	3	0	163	0
2015	0	0	0	0	0	0	0	0
합계	33	20	280	227	130	47	2,011	650

비지정				합계				
건수		점수		건수		점수		회수율 (%)
도난	회수	도난	회수	도난	회수	도난	회수	
8	2	271	6	14	6	280	12	4.3
3	0	8	0	6	0	14	0	0.0
3	1	6	1	4	2	7	2	28.6
20	5	95	57	33	13	576	68	11.8
14	4	76	23	24	10	95	33	34.7
15	2	748	4	21	4	777	9	1.2
15	3	28	4	20	7	263	53	20.1
28	9	1,104	93	31	12	1,170	159	13.6
25	4	82	6	35	8	263	99	37.6
14	4	271	125	14	4	271	125	46.1
10	3	1,998	35	11	3	2,011	35	1.7
13	1	645	4	16	3	648	6	0.9
18	7	951	81	23	8	1,050	92	8.8
28	5	978	409	37	8	1,006	412	40.9
28	4	121	4	35	9	148	27	18.2
22	13	833	35	28	16	845	40	4.7
18	5	310	98	21	6	314	99	31.5
12	4	1,379	308	20	6	1,838	626	34.1
7	3	16	5	11	6	111	99	39.2
28	12	512	110	37	15	529	120	22.6
44	15	2,481	894	60	21	2,644	1,023	38.7
36	7	889	140	50	9	962	172	17.8
21	3	1,355	700	25	3	1,398	700	50.1
22	5	108	7	27	7	131	13	9.9
20	10	745	598	25	11	759	600	79.1
24	6	4,472	124	24	6	4,472	124	2.7
10	1	4,189	1	10	1	4,189	1	0.2
17	3	684	6	18	3	685	6	0.9
8	1	15	2	9	1	40	2	5
9	0	12	0	14	0	177	0	0
2	0	2	0	2	0	2	0	0
542	142	25,384	3,880	705	209	27,675	4,757	17

(문화재청 안전기준과 자료 제공)

〈표2〉 국가지정문화재 도난 및 회수 현황 (2014. 6. 기준)

연도	구분	국보				보물				중요민속자료			
		건수		점수		건수		점수		건수		점수	
1985	도난	-		-		2		4		-		-	
	회수		-		-		1		2		-		-
1988	도난	-		-		1		1		-		-	
	회수		-		-		1		1		-		-
1989	도난	-		-		4		4		1		2	
	회수		-		-		2		2		1		2
1990	도난	-		-		1		18		-		-	
	회수		-		-		-		-		-		-
1991	도난	-		-		-		-		-		-	
	회수		-		-		-		-		-		-
1992	도난	-		-		2		65		-		-	
	회수		-		-		2		65		-		-
1993	도난	-		-		2		67		1		5	
	회수		-		-		1		65				
1995	도난	-		-		1		13		-		-	
	회수		-		-		-		-		-		-
1997	도난	-		-		1		11		-		-	
	회수		-		-		1		11		-		-
1998	도난	-		-		-		-		-		-	
	회수		-		-		-		-		-		-
1999	도난	1		1		2		21		-		-	
	회수		1		1		1		18		-		-
2000	도난	-		-		2		2		-		-	
	회수		-		-		2		2		-		-
2001	도난	1		1		-		-		-		-	
	회수		-		-		-		-		-		-
2002	도난	-		-		1		45		-		-	
	회수		-		-		1		45		-		-
2003	도난	1		1		-		-		-		-	
	회수		1		1		-		-		-		-
2004	도난	-		-		1		7		-		-	
	회수		-		-		1		7		-		-
2005	도난	-		-		-		-		1		1	
	회수		-		-		-		-		1		1
2006-	도난	해당사항 없음											

천연기념물				사적 문화재				계				비고
건수		점수		건수		점수		건수		점수		
-		-		-		-		2		4		
	-		-		-		-		1		2	
-		-		2		3		3		4		
	-		-		2		3		3		4	
-		-		-		-		5		6		
	-		-		-		-		3		4	
-		-		-		-		1		18		
	-		-		-		-		-		-	
1		4		-		-		1		4		
	-		-		-		-		-		-	
-		-		-		-		2		65		
	-		-		-		-		2		65	
								3		72		
									1		65	
-		-		-		-		1		13		
	-		-		-		-		-		-	
-		-		-		-		1		11		
	-		-		-		-		1		11	
-		-		1		1		1		1		
	-		-		1		1		1		1	
-		-		-		-		3		22		
	-		-		-		-		2		19	
-		-		-		-		2		2		
	-		-		-		-		2		2	
-		-		-		-		1		1		
	-		-		-		-		-		-	
-		-		-		-		1		45		
	-		-		-		-		1		45	
-		-		-		-		1		1		
	-		-		-		-		1		1	
-		-		-		-		1		7		
	-		-		-		-		1		7	
-		-		-		-		1		1		
	-		-		-		-		1		1	

연도	구분	국보				보물				중요민속자료			
		건수		점수		건수		점수		건수		점수	
2011	회수												
2012	도난	-		-		-		-		1		1	
	회수		-		-		-		-				
2013	도난	-		-		-		-					
	회수		-		-		-		-				
2014	도난	-		-		-		-					
	회수		-		-		-		-				
총계	도난	3		3		20		258		5		9	
	회수		2		2		13		218		2		3

천연기념물				사적 문화재				계				비고
건수		점수		건수		점수		건수		점수		
-		-		-		-		1		1		중민44호 분실
	-		-		-		-					
-		-		-		-						
	-		-		-		-					
-		-		-		-						
	-		-		-		-					
1		4		3		4		31		278		
	0		0		3		4		20		227	

(문화재청 안전기준과 자료 제공)

(표3) 지정문화재 도난 목록(1985-2014) - 불상 편 (2014. 6. 기준)

연번	년도	종별 및 지정번호	문화재명	도난일자
1	1985	충남 문화재자료 제 252호	천안 광덕사 석사자상	85. 4. 20 - 4. 25
2	1985	경북 유형문화재 제 176호	의성 월소동 석조비로자나불좌상	85. 9. 8
3	1988	사적 제 312호	화순 운주사 석불	88. 1. 13
4	1988	충남 문화재자료 제 252호	천안 광덕사 석사자상	88. 4. 17 - 4. 18
5	1988	전남 민속자료 제 21호	영광 도갑사 석장승	88. 8. 2
6	1988	사적 제 312호	화순 운주사지 석불	88. 9. 24
7		전북 민속자료 제 9호	완주 대원사 목각사자상	88. 12. 1 - 12. 2
7	1988	전북 민속자료 제 9호	완주 대원사 목각사자상	88. 12. 1 - 12. 2
8	1989	전남 민속자료 제 24호	무안 법천사 석장생	89. 4. 3
9	1989	중요민속자료 제 20호	남원 서천리 당산 진서대장군, 방어대장군	89. 6. 16 - 6. 17
10	1989	충남 유형문화재 제 100호	부여 무량사 금동불상	89. 7. 13 - 7. 14
11	1989	"	부여 무량사 금동아미타불좌상(1)] 청동외합·내합(2), 동제 보살문 원판(1), 동경(1)	89. 7. 13 - 7. 14
12	1989	보물 제 539호	달성 용연사 석조계단의 사천왕상	89. 9. 18 - 9. 19
13	1989	강원 유형문화재 제 20호	횡성 상동리 석불좌상의 불두	89. 10. 20
14	1989	보물 제 994호	강화 백련사 철조아미타불좌상	89. 12. 11 - 12. 12
15	1990	경남 기념물 제 41호	진주 오방산조선조고분 앞 석인상	90. 9. 27 - 9. 29
16	1993	충남 유형문화재 제 34호	서산 문수사 금동여래좌상	93. 7. 23 - 7. 24
	1993	보물 제 959호	경주 기림사 비로자나불 복장전적 일괄 중 [감지은니묘법연화경(권2)] [감지금니묘법연화경(권6)]	93. 12. 5
17	1993	보물 제 959호	경주 기림사 비로자나불 복장전적 일괄 중 [감지은니묘법연화경(권2)] [감지금니묘법연화경(권6)]	93. 12. 5
18	1997	보물 958호	경주 기림사 소조비로자나 삼존불상 복장유물	97. 3. 15
19	1997	경기 기념물 제 96호	양평 이준경 선생 묘 문인석	97. 3. 10
20	1998	충북 기념물 제 95호	진천 이거이의 묘 양석(2점), 문인석(2점)	98. 6. 10
21	1998	경기 기념물 제 16호	여주 이완장군 묘 장명등, 동자석(2점)	98. 12. 15
22	1999	국보 제 282호	영주 흑석사 [목조아미타불좌상]	99. 3. 20
23	1999	경남 유형문화재 제 8호	함안 주리사지사리탑 석사자상	99. 7. 1
24	2000	경북 문화재자료 제 351호	예천 승본리 석불입상	00. 1. 1
25	2004	경남 민속자료 제 6호	창녕 관룡사 석장승	03. 12. 25 - 04. 1. 10

도난 수량	도난장소	소유별	회수일자	회수량	비고
2	충남 천안군 광덕면 광덕리 광덕사	사찰	85. 5. 24	2	
1	경북 의성군 신평면 월소동 쌍호국민학교 내	개인	85. 9. 13	1	
2	전남 화순군 도암면 대초리 운주사	사찰	88. 10. 10	2	
2	충남 천안시 광덕면 광덕리 광덕사	사찰	88. 4. 24	2	
2	전남 영광군 군서면 도갑리 42-2 도갑사	사찰			
1	전남 화순군 도암면 용강리 산36 운주사	사찰	88. 10. 10	1	
1	전북 완주군 구이면 원기리 대원사	사찰			
1	전북 완주군 구이면 원기리 대원사	사찰			
2	전남 무안군 몽탄면 달산리 144-1 법천사	사찰	89. 11. 14	2	
2	전북 남원군 운봉면 서천리 350-2	기타	89. 6. 29	2	전화제보
3	충남 부여군 외산면 만수리 무량사	사찰	01. 2. 29	3	
5	"	사찰			
1	경북 달성군 옥포면 반송리 865 용연사	사찰	89. 9. 27	1	
1	강원도 횡성군 공근 면 상동리 495-9	기타			
1	경기도 강화군 하점면 부근리 231 백련사	사찰			
4	경남 진주군 미천면 오방리 166번지	개인			
1	충남 서산군 운산면 태평리 산25 문수사 극락보전	사찰			
2	경북 경주군 양북면 호암리 419 기림사 유물전시관	사찰			
2	경북 경주군 양북면 호암리 419 기림사 유물전시관	사찰			
11	경북 경주시 양북면 호암리 420 기림사	사찰	99. 2. 20	11	
2	경기 양평군 양서면 부용리 산35-1	문중			
4	충북 진천군 진천읍 상계리 산45-1 이거이 묘소	개인			
3	경기도 여주군 여주읍 상거리 산19 이완 장군 묘	개인			
1	경북 영주시 이산면 흑석사 극락전 내	사찰	99. 3. 20	1	
2	경남 함안군 함안면 북촌리 1002-3 함성중학교 내	개인	99. 8. 17	2	
1	경북 예천군 승본리 산 79	기타	00. 9. 19	1	
2	경남 창녕군 창녕읍 옥천리 산 318 관룡사 내	사찰	04. 2. 1	2	

연번	년도	종별 및 지정번호	문화재명	도난일자
26	2004	충북 유형문화재 제 206호	제천 정방사 목조관음보살상	04. 5. 13
27	2004	경북 기념물 제 76호	고령 김면 장군 묘 동자석	04. 12. 17
	2005	전남 유형문화재 제 229호	목포 달성사 목조지장보살반가상	05. 3. 19
28	2005	전남 유형문화재 제 229호	목포 달성사 목조지장보살반가상	05. 3. 19
29	2005	경남 유형문화재 제 6호	의령 중교리 석조여래좌상	05. 8. 3
30	2005	강원 유형문화재 제 144호	태백 장명사 목불좌상 복장유물	05. 10. 22
31	2005	경기 기념물 제 182호	파주 파평윤씨 묘 문인석	05. 11. 15
32	2006	경기 문화재자료 제 130호	파주 용재성현 묘 무인석	06. 3. 15 이전
33		충북 기념물 제 132호	증평 충익공 신경행 묘 동자석	06. 3. 22
10		경남 기념물 제 165호	함양 세종왕자 한남군 묘의 장명등	06. 4. 20 - 4. 25
33	2006	충북 기념물 제 132호	증평 충익공 신경행 묘 동자석	06. 3. 22
34	2006	경기 기념물 제 104호	용인 오윤겸 선생 묘 동자석	06. 5. 30
35	2008	경기도기념물 제 89호	양평 한음이덕형 선생 묘 동자석 두상	08. 2. 28 이전
36	2009	경남 문화재자료 제 325호	거제 세진암 목조불상 관음보살좌상, 대세지보살좌상	09. 6. 3

도난 수량	도난장소	소유별	회수일자	회수량	비고
1	충북 제천시 수산면 능강리 산 52번지 정방사	사찰			
2	경북 고령군 쌍림면 고곡리 산 23-12 김면 장군 유적 내	문중			
1	전남 목포시 죽교동 317 달성사 지장전 내	사찰	05. 3. 28	1	
1	전남 목포시 죽교동 317 달성사 지장전 내	사찰	05. 3. 28	1	
1	경남 의령군 정곡면 중교리 428-1 정곡초등학교	개인			
1(일괄)	강원 태백시 장성동 228-1 장명사 내	사찰			
2	경기 파주시 교하면 영하리 산5-3 파평윤씨 묘역	개인			
2	경기 파주시 문산읍 내포리 산60-1	개인			
2	충북 증평군 증평읍 남차리 산3-1 영산신씨 묘역	개인			
1	경남 함양군 함양읍 교리 산755-11	개인			
2	충북 증평군 증평읍 남차리 산3-1 영산신씨 묘역	개인			
2	경기 용인시 모현면 오산리 산5	개인	06. 8. 23	2	익명신고
2	경기 양평군 양서면 목왕리 산82	기타			두상만 절단 절취
2	경남 거제군 거제면 동상리 27-1 세진암	사찰	09. 6. 11	2	대전 중리동에서 회수(거제경찰서)

(문화재청 안전기준과 자료 제공)

(표4) 비지정문화재 도난 목록(1985-2014) - 불상 편 (2014. 6. 기준)

	년도	문화재명	도난일자	도난수량
1	1985	서산 대산중학교 불상 등 [철조여래상,청화백자, 장승업그림, 민화, 동경, 마패, 와당, 엽전]	85. 10. 28	114
2	1988	김천 직지사 목사자상	88. 1. 20 - 1. 21	1
2	1988	고성 옥천사 나한상	88. 1. 30	7
3	1988	진주 청곡사 목동자상	88. 2. 6	10
4	1988	봉화 청량사 석가불상	88. 3. 5	1
5	1988	순천 동화사 목조금강역사상	88. 7. 21	2
	1988	완주 위봉사 목사자상	88. 9. 4	1
6	1988	완주 위봉사 목사자상	88. 9. 4	1
7	1988	강릉 보현사 석사자상	88. 11. 6	1
8	1988	강릉 보현사 석사자상	88. 11. 6	1
	1988	상주 용흥사 목조귀왕상	88. 11. 11	2
9	1989	임실 해월암 지장보살상 및 관음보살상	89. 2. 25	2
10	1989	예천 용문사 동자상	89. 4. 4 - 4. 9	9
11	1989	고창 선운사 목사자상(사자업경대)	89. 6. 17	1
12	1989	강화 백련사 목조아미타불좌상	89. 12. 11 - 12. 12	1
13	1989	괴산 능촌리 미륵불상	89. 12. 27 - 12. 28	1
14	1990	제천 장곡리 석불입상	90. 2. 9 - 2. 10	1
15	1990	광양 백운암 [삼존불감]	90. 9. 10	1
16	1990	고흥 수도암 목조아미타불좌상	90. 10. 30 - 10. 31	1
17	1991	청주 보살사 협시보살좌상	91. 5. 24	2
18	1991	경산 반룡사 목조아미타불좌상	91. 10. 20 - 10. 21	1
19	1992	종로 옥인동 금동여래좌상	92. 1. 31	4
20	1992	창녕 운봉리 석불좌상	92. 2. 9 - 2. 10	1
21	1992	시흥 한준겸 묘 동자석	92. 7. 15	2
22	1992	순천 정혜사 관음보살상, 대세지보살상	92. 9. 2	2
23	1992	청송 주왕암 불상	92. 12. 29	1
24	1993	점촌 운암사 관세음보살상 및 대세지보살상	93. 1. 9 - 1. 10	2
25	1993	고흥 능가사 불상 관세음보살상 및 대세지보살상	93. 2. 16 - 2. 17	2
26	1993	장수 팔성사 목조아미타불좌상	93. 8. 27	1
27	1993	금산 부암리 [목제장승]	93. 9. 6	1
28	1993	군위 법주사 대세지보살상 및 관세음보살상	93. 12. 4	2
29	1993	여수 용문사 목조관음보살상	93. 12. 15 - 12. 16	1
30	1993	해남 대흥사 불입상	93. 12. 31	1
	1996	성북 개운사 지장보살 10대 대왕상 등 복장유물	96. 1 .9	1(일괄)

도난장소(소유자 관리자)	소유별	회수일자	회수량	비고
충남 서산군 대산면 대산중학교 향토관 (김기중)	전시관			
경북 금릉군 대항면 운수동 216 직지사	사찰			
경남 고성군 개천면 북평리 408 옥천사	사찰	2014. 6. 2	2	
경남 진주시 금산면 갈전리 청곡사	사찰			
경북 봉화군 명호면 천양산 청량사	사찰			
전남 순천시 별량면 대용리 동화사	사찰			
전북 완주군 소양면 대흥리 위봉사	사찰	88. 9. 24	1	
전북 완주군 소양면 대흥리 위봉사	사찰	88. 9. 24	1	
강원도 강릉시 성산면 보광리 산544 보현사	사찰			
강원도 강릉시 성산면 보광리 산544 보현사	사찰			
경북 상주시 지천동 718 용흥사	사찰			
전북 임실군 둔남면 대명리 725 해월암	사찰			
경북 예천군 용문사	사찰			
전북 고창군 아산면 선운리 선운사	사찰			
인천 강화군 하점면 부근리 231 백련사	사찰			
충북 괴산군 괴산읍 능촌리 2리	기타	90. 3. 7	1	
충북 체천시 송학면 장곡리 437	개인			
전남 광양군 옥룡면 동곡리 112 백운사	사찰			
전남 고흥군 두원면 운대리 산47 수도암	사찰			
충북 청주시 용암동 산7번지 보살사 극락보전	사찰			
경북 경산군 용성면 용전리 28 반룡사	사찰			
서울 종로구 옥인동 22-1 김동현씨 댁	문중			
경남 창녕군 성산면 은봉 2구 산32-2	기타			
경기 시흥시 거모동 산62 한준겸 묘역	기타	93. 5. 8	2	
전남 승주군 서면 청소리 정혜사	사찰			
경북 청송군 부동면 상의리 200 주왕암	사찰			
경북 점촌시 불정동 운암사 극락전	사찰			
전남 고흥군 정암면성기리 능가사	사찰			
전북 장수군 장수읍 용계리 산1267 팔성사 대웅전	사찰			
충남 금산군 진산면 부암리 산34	기타			
경북 군위군 소보면 달산리 773 법주사 보광명전	사찰			
전남 여수시 화양면 용주리 용문사 관음전	사찰			
전남 해남군 삼산면 대흥사내 서산대사유물관	사찰	01. 2. 23	3	
서울 성북구 안암동 5가 15 개운사	사찰			

	년도	문화재명	도난일자	도난수량
31	1996	성북 개운사 지장보살 10대 대왕상 등 복장유물	96. 1. 9	1(일괄)
32	1996	구미 해평초교 소장 문관석	96. 5. 13	1
33	1996	영월 무릉리 석불좌상 및 좌대	96. 8. 9	1
34	1997	상주 포교당 목조석가불좌상	97. 2. 17	1
35	1997	문경 김용사 불상 [영파당대선사지진존상(1), 침운당대사지진존상(1), 백련당상림지전존상(1), 대은당진영존상(1) 등]	97. 5. 3	4
36	1997	영천 한광사 달마대사상	97. 5. 23 - 5. 25	1
37	1998	순창 김해김씨 묘 장군석	98. 1. 7	2
38		괴산 몽촌리 유근, 유평수 묘 문인석(4), 동자석(2)	98. 3. 10	6점
38	1998	괴산 몽촌리 유근, 유평수 묘 문인석(4), 동자석(2)	98. 3. 10	6
39	1998	괴산 김봉일 묘 문인석(6), 동자석(2)	98. 4. 5 - 5. 4	8
40	1998	괴산 김홍보의 묘 문인석	98. 4. 5 - 5. 13	2
41	1998	달성 함양조씨문중 불상	98. 5. 26	1
3		군위 원각사 불상 [미륵불]	98. 6. 21	1점
4		충주 용탄동 불상 [미륵석불]	98. 6. 26 - 6. 27	1점
42	1998	군위 원각사 미륵불상	98. 6.21	1
43	1998	충주 용탄동 미륵석불상	98. 6. 26 - 6. 27	1
44	1998	문경 홍귀달의 묘 문인석	98. 7. 31	2
45	1998	구례 화엄사 금강역사상(1), 판관상(2)	98. 8. 8	3
7		안동 금계리 불상 [석조비로자나불좌상]	98. 12. 2	1기
46	1998	안동 금계리 석조비로자나불좌상	98. 12. 2	1
47	1999	청원 동암리 채기만 댁 동자석	99. 3. 25	2
48	1999	영광 불갑사 나한상	99. 4. 14	8
49	1999	봉화 소천리 석불좌상	99. 5. 16	1
50	1999	경주 용담사 불상	99. 6월경	1
51	1999	금산 신안사 목사자상	99. 6. 9	1
52	1999	경산 환성사 석가불상 복장유물	99. 7. 9	1(일괄)
53	1999	제천 김기현의 묘 문인석	99. 9. 4	2
54	1998	음성 유천리 불상	99. 9. 9	1
55	1999	고령 귀원사 불상	99. 10. 2	2
56	1999	청양 정혜사 관세음보살좌상	99. 10. 20	1
57	1999	제천 장곡리 석불입상	99. 12. 23	1
58	2000	원주 법천사 석조불상과 용두	00. 8. 10 - 8. 29	3

도난장소(소유자 관리자)	소유별	회수일자	회수량	비고
서울 성북구 안암동 5가 15 개운사	사찰			
경북 구미시 해평면 월호리 397번지 해평초등학교	개인			
강원 영월군 수주면 무릉1리 3반	기타			
경북 상주시 서성동 63번지 상주포교당	사찰	97. 4. 20	1	
경북 문경시 산북면 금용리 410. 김용사 화장암	사찰	97. 7. 23	4	
경북 영천시 신령면 화남리 499번지 한광사	사찰			
전북 순창군 풍산면 대가리 김해김씨 (종중소유 도종산)	개인	98. 2. 15	2	
충북 괴산군 소수면 몽촌리 산 12-7	개인			
충북 괴산군 소수면 몽촌리 산 12-7	개인			
충북 괴산군 청천면 청천리 산 3-1 경주김씨 묘역	개인			
충북 괴산군 감물면 오창리 산 28 (김홍보 묘소) (김종옥)	개인			
대구시 달성군 논공읍 노이리 노홍지 (갈실못옆)(함안조씨문중)	문중			
경북 군위군 군위읍 내량2리 뒷산(원각사내)	사찰			
충북 충주시 용탄동 680번지(윤경로)	기타			
경북 군위군 군위읍 내량2리 뒷산(원각사내)	사찰			
충북 충주시 용탄동 680번지(윤경로)	기타			
경북 문경시 영순면 율곡리 산 29-1 홍귀달 묘소	개인	99. 5. 24	2	
전남 구례군 마산면 황전리 12 화엄사 라한전	사찰			
경북 안동시 풍천면 금계리 탑마을내 마을쉼터	기타			
경북 안동시 풍천면 금계리 탑마을내 마을쉼터	기타			
충북 청원군 미원면 종암리 321(채기만)	문중			
전남 영광군 불갑면 모악리 8 불갑사 팔상전	사찰			
경북 봉화군 법전면 소천리 315-1(김성혁)	기타			
경북 경주시 양남면 효동2리 용담사	사찰	02. 6. 4	1	
충남 금산군 제원면 신안리 52 신안사	사찰			
경북 경산시 하양읍 사기리 150 환성사내	사찰			
충북 제천시 청풍면 용곡리 앞산 청풍 김씨 문중 묘중 김기현 묘	개인			
충북 음성군 금왕읍 유촌리 87	기타			
경북고령군 쌍림면 합가리 400 귀원사내	사찰			
충남 청양군 장평면 화산리 정혜사 대웅전내	사찰	02. 1. 26	1	
충북 제천시 송학면 장곡리 304-1	기타	02. 8. 24	1	
강원도 원주시 부론면 법천2리 산70 법천사지광국사현묘비일원내	사찰	00. 10. 24	3	

	년도	문화재명	도난일자	도난수량
59	2000	옥천 죽향리 사자상 등	00. 8. 14	3
60	2000	충주 미륵사지 불두	00. 9. 22	1
10		임실 신흥사 불상 [목각나한상]	00. 9. 29	1기
61	2000	임실 신흥사 목조나한상	00. 9. 29	1
62	2000	서산 신장리 석불좌상	00. 11. 27	1
	1999	여주 목아박물관 [도자기 등]	01. 6. 29 - 6. 30	19점
63	2001	청도 대운암 석불입상	01. 7. 3 - 7. 4	1
64	2001	영주 순흥면사무소 사천왕상	01. 7. 26	1
65	2001	안동 개목사 목조불상	01. 8. 5 - 8. 6	1
66	2001	함양 벽송사 목조아미타불좌상 등	01. 10. 13	3
67	2001	해남 미황사 목조동자상	01. 10. 15	7
18		영주 영전사 불상 [목조관세음보살좌상]	01. 12. 23	1점
68	2001	영주 영전사 목조관세음보살좌상	01. 12. 23	1
69	2002	목포 달성사 판관상, 동자상 등	02. 4. 17	6
70	2002	대전 대덕구 문인석, 동자석 등	02. 11. 14	8
71	2002	하동 쌍계사 문수보살동자상	02. 12. 13	1
72	2003	영주 유전리 석불입상	03. 12. 29 - 12. 30	1
73	2004	고창 문수사 시왕상 [진광대왕상 등]	04. 3. 18	4
74	2004	고창 문수사 인왕상	"	2
75	2004	고창 용화사 지장보살좌상	04. 4. 2	1
76	2004	제주 헌마공신 김만일의 묘 동자석	04. 5월중순	4
77	2004	영덕 기암리 석상	04. 6. 15	1
78	2004	영광 동간리 영광정씨 묘 무인석	04. 7. 2	2
24		남원 사율리 불상 [석불좌상 및 좌대]	04. 6월 - 7월	2점
79	2004	남원 사율리 석불좌상 및 대좌	04. 6월 - 7월	2
80	2004	익산이씨 종묘 문인석	04. 7. 1 - 8. 31	2
81	2004	경주박물관 석인상	04. 10. 26	1
	2002	보성 징광옹기 [좌불상 등]	04. 11. 14	9점
82	2004	보성 징광옹기 불좌상 등	04. 11. 14	9
83	2004	합천 안불마을 석불좌상	05. 1. 5	1

도난장소(소유자 관리자)	소유별	회수일자	회수량	비고
충북 옥천군 옥천읍 죽향초등학교 내	기타			
충북 충주시 상모면 미륵리 58 미륵리 사지 내	사찰	01. 7. 11	1	
전북 임실군 관촌면 상월리360 신흥사	사찰	00. 10. 18	1	
전북 임실군 관촌면 상월리360 신흥사	사찰	00. 10. 18	1	
충남 논산시 음암면 신장리 불당골 (신장마을주민)	사찰	00. 12. 15	1	
경기도 여주군 강천면 이호1리 396-2 목아불교 박물관 전시실 내 (박찬수)	전시관			
경북 청도군 청도읍 유호리 산 1-1 대운암 내	사찰			
경북 영주시 순흥면 읍내리 314-3 순흥면사무소내	기타	05. 4. 7	1	
경북 안동시 서후면 태장리 개목사 원통전 내	사찰			
경남 함양군 마천면 추정리 벽송사 보광전 내	사찰			
전남 해남군 송지면 서정리 미황사 응진당 내	사찰			
경북 영주시 풍기읍 동부6리 401-1 영전사 내	사찰	02. 1. 26	1	
경북 영주시 풍기읍 동부6리 401-1 영전사 내	사찰	02. 1. 26	1	
전남 목포시 죽교동 317 달성사 명부전 내	사찰			
대전광역시 대덕구 읍내동 124-12 이정복가옥	개인	04. 11. 20	8	
경남 하동군 화개면 운수리 208 쌍계사 금강문 내	사찰			
경북 영주시 봉현면 유전리 151 (유전리마을주민)	기타			
전북 고창군 고수면 은사리 산190-1 문수사 명부전내	사찰	04. 6. 8	4	
전북 고창군 고수면 은사리 산190-1 문수사 명부전내				
전북 고창군 대산면 연동리 산 75 용화사 대웅전내	사찰			
제주도 남제주군 남원면 의귀리 헌마공신 김만일 묘 (경주김씨문중)	개인			
경북 영덕군 축산면 기암리 산35-1 (마을주민)	기타			
전남 영광군 군남면 동강리 영광정씨 선산 내 (정일주)	개인	05. 1. 22	2	
전북 남원시 덕과면 사율리 2 (이홍기)	기타	08. 11. 17	1	10년 남원 원각사 소장
전북 남원시 덕과면 사율리 2 (이홍기)	기타	08. 11. 17	1	10년 남원 원각사 소장
전북 익산시 왕궁면 동봉리 산73-1	개인	05. 2. 5	2	
경북 경주시 인왕동 76 국립경주박물관	전시관			
전남 보성군 벌교읍 징광리 소재 징광옹기 내	개인	05. 3. 23	9	
전남 보성군 벌교읍 징광리 소재 징광옹기 내	개인	05. 3. 23	9	
경남 합천군 가회면 오도리 안불마을	기타	05. 2. 5	1	

	년도	문화재명	도난일자	도난수량
84	2005	통영 안정사 명부전 도명존자상	05. 1. 28	1
85	2005	대전 동구 고산사 불상 대좌	05. 3. 1	1
86	2005	홍성 상하리 석불상	05. 3. 15	1
2	2003	목포 달성사 불상 [시왕의상, 판관입상, 녹사입상 등]	05. 3. 19	4점
87	2005	목포 달성사 시왕상 등	05. 3. 19	5
4	2004	서산 용현리 불상 [석조비로자나불좌상]	05. 3. 19	1점
88	2005	서산 용현리 석조비로자나불좌상	05. 3. 19	1
5	2004	옥천 대성사 [대세지보살좌상 복장유물]	05. 6. 4	1(일괄)
89	2005	옥천 대성사 대세지보살좌상 복장유물	05. 6. 4	1(일괄)
6	2004	아산 배미동 미륵보살상	05. 3월초	1점
90	2005	아산 배미동 미륵보살상	05. 3월초	1
91	2005	남원양씨의 묘 문인석	05. 3. 2	1
7	2005	남원양씨의 묘 [문인석 및 장명등]	05. 3. 2	2점
92		광주 양림사 불좌상	05. 11. 11	1
9	2006	포항 흥해향교 제기 [제기류]	05. 11. 2	29점
93		산청 주세후 묘내 문인석	05. 8월경	2
94	2006	경주 신평리 석조비로자나불좌상	06. 4. 30	1
95	2006	거창 신이충 묘내 장군석	05. 8월경	3
96	2006	용인 오달천, 오도종, 오도룡 묘 동자석	06. 5. 30	6
97	2006	구례 화엄사 지장암 보광전 목조관음보살좌상	06. 7. 4 이전	1
98	2006	예천 비안공 김삼근 묘 문인석	06. 9. 8이전	2
20		부여 정각사불상	06. 11. 20	2점
21	2006	경주 강산리 이시창 묘의 비석 [가첨석, 귀부]	06. 11. 20	2점
99		부여 정각사불상	06. 11. 20	2
22		동두천 이영원 묘 [문인석]	06. 1월	2점
100	2006	동두천 이영원 묘 문인석	06. 1월	2
101	2007	창녕 이성휘 묘의 문인석	07. 2. 4	1
102	2007	김해 백룡암 석조지장보살좌상	07. 2. 6 - 2. 7	1

도난장소(소유자 관리자)	소유별	회수일자	회수량	비고
경남 통영시 광도면 안정리 1888 안정사 명부전 내	사찰			
대전 동구 대성동 산 3 고산사 대웅전 내	사찰	05. 4. 2	1	
충남 홍성군 홍북면 상하리 하산부락	기타			
전남 목포시 죽교동 317 달성사 지장전 내	사찰	05. 3. 28	4	
전남 목포시 죽교동 317 달성사 지장전 내	사찰	05. 3. 28	4	
충남 서산시 운산면 용현리 산2-10 서산마애삼존불 관리사 앞	기타			
충남 서산시 운산면 용현리 산2-10 서산마애삼존불 관리사 앞	기타			
충북 옥천군 옥천읍 교동리 297-6 대성사	사찰			
충북 옥천군 옥천읍 교동리 297-6 대성사	사찰			
충남 아산시 배미동 산32-3	기타	06. 1. 12 (대구성불사 보관)	1	내사종결 (형사범에 해당하지 않음)
충남 아산시 배미동 산32-3	기타	06. 1. 12 (대구성불사 보관)	1	
전북 남원시 화정동 한우물 남원양씨 종중산 (양재규)	개인			
전북 남원시 화정동 한우물 남원양씨 종중산 (양재규)	개인			
광주 광산구 두정동 475 양림사	사찰			
경북 포항시 흥해읍 옥성리 132 흥해향교	향교			
경남 산청군 산청읍 옥산리 465-3 (팔계주씨 종중)	기타			
경북 경주시 건천읍 신평리 433	F			
경남 거창군 거창읍 동변리 (거창신씨 대종회)	기타			
경기도 용인시 모현면 오산리 산5 (해주오씨 추단공파종중)	개인			
전남 구례군 마산면 황전리 12 화엄사	사찰			
경북 예천군 호명면 직산리 산122 (안동김씨 대종중)	문중			
충남 부여군 석성면 정각리 354 정각사	사찰	06. 11. 26	2	괴산경찰서
경북 경주시 산내면 강산리 1121-1 이시창 묘지(경주이씨문중)	기타			
충남 부여군 석성면 정각리 354 정각사	사찰	06. 11. 26	2	괴산경찰서
경기 동두천시 상봉암동 산63-2 (이명수)	개인			
경기 동두천시 상봉암동 산63-2 (이명수)	개인			
경남 창녕군 대합면 이방리 이성휘 묘 (덕진이씨문중)	개인	08. 12. 9	1	
경남 김해시 대동면 덕산리 107-1 백룡암 대웅전	사찰			

	년도	문화재명	도난일자	도난수량
103	2007	문경 율곡리 홍언방 묘 문인석	07. 12. 10	2
10		보은 수문리 구수목 묘의 [문인석]	08. 1. 27 - 2. 7	2
104	2006	영덕 도독공 충효당 현판 [忠孝當]	06. 2월경	1
	2008	보은 수문리 구수목 묘 문인석	08. 1. 27 - 2. 7	2
	2006	영덕 영3리 마을제 당 [석조미륵불]	08. 8월 중	1
105	2008	영덕 영3리 마을제 당 석조미륵불상	08. 8월 중	1
106	2008	안성 봉산리 밀양박씨 청량공파 박억령 묘내 장군석	08. 9월 초순 이전	2
14	2006	안동하회1리 '겸양 류운용' 묘 앞 석물 [양석]	09. 1. 29 - 2. 1사이	2
	2006	울주 울주군 최진립 장군 묘의 [장군석]	08. 11. 24 - 11. 18사이	3
계	2006	군위 서경리 불상 [석조여래입상]	2008년 말경	1
1	2006	공주 대교리 류진항 묘의 석조문화재 [양석, 장명등]	09. 1. 10 - 2. 9사이	5
2	2006	임실 덕계리 석불상 [선각마애불좌상]	09. 3월 중	1
3	2006	서귀포 수산리 '제주고씨효열정려비' 석비각 [지붕석 및 벽석]	08. 9월 - 09. 6. 17	2
4		통영 안정사 목조각품 [목동자상]	09. 7. 5 - 7. 6	2
5	2007	청양 적곡리 도림사지 [연화대좌]	08. 2. 12 - 09. 6. 28	1
107	2009	울주 울주군 최진립 장군 묘 장군석	08. 11. 24 - 11. 18 사이	3
108	2009	군위 서경리 석불입상	08년 말경	1
109	2009	임실 덕계리 마애불좌상	09. 3월 중	1
110	2009	통영 안정사 목조동자상	09. 7. 5 - 7. 6	2
111	2009	청양 적곡리 도림사지 연화대좌	08. 2. 12 - 09. 6. 28	1
112	2009	문경 봉서리 봉서사지 석불좌상	2003 - 2004년 사이	2
113	2011	천안 봉양리 원주김씨 두암공파 묘 장군석	06. 10. 6 - 11. 26 사이	4
114	2011	광양 중흥사 석불좌상	11. 12. 18	1
115	2012	서울 도봉 밀양박씨문중 한성판윤 박신규 묘 문인석 등	11. 9월 - 12. 9. 9 사이	6
116	2013	창원 상천리 석불입상	13. 1 - 4월 사이	1
117	2013	진안 마이산 탑사 석조미륵불상	13. 4. 30	2
118	2013	음성 사정리 석조보살입상	12. 11월경	1
119	2013	여수 죽림사지 석조비로자나불좌상	2012. 05. 07 이후	1
120	2014	군위 평호리 법성사 경내 석조비로자나불입상과 불상	2006. 10. 16 - 2013. 6. 8 사이	2

도난장소(소유자 관리자)	소유별	회수일자	회수량	비고
경북 문경시 영순면 율곡2리 산96 (홍충진 등,부림홍씨 문중)	문중			
충북 보은군 마로면 수문리 능성구씨문중 (회장 구철회)	개인			
경북 영덕군 축산면 도곡리 136 충효당(무안박씨 도와공파 종친회)	서당			
충북 보은군 마로면 수문리 능성구씨문중 (회장 구철회)	개인			
경북 영덕군 병곡면 영3리 814	기타	08. 9. 18	1	
경북 영덕군 병곡면 영3리 814	기타	08. 9. 18	1	
경기 안성시 고산면 봉산리 산59-1	문중			
경북 안동시 풍천면 하회1리 화산 중턱	문중	09. 4. 16 환부	2	
울산 울주군 언양읍 반연리 산157	문중	09. 4. 16 환부	2	
경북 군위군 소보면 서경리 584	국유	08. 3. 2	1	"
충남 공주시 장기면 대교리 산1	개인	09. 3. 26	5	장명등 (공주경찰서 압수) / 양석4점 (문화재청 회수)한 후 공주경찰서에 인계
전북 임실군 삼계면 더계리 음지마을	국유	09. 6. 5	1	대구 달서경찰서에서 압수 회수하여 임실군에 환부
제주도 서귀포시 성산읍 수산리 1395	문중			
경남 통영시 광도면 안정리 1888	사찰			
충남 청양군 장평면 적곡리 67 도림사지 내	국유			
울산 울주군 언양읍 반연리 산157	문중	09. 4. 16 환부	2	
경북 군위군 소보면 서경리 584	국유	08. 3. 2	1	
전북 임실군 삼계면 더계리 음지마을	국유	09. 6. 5	1	
경남 통영시 광도면 안정리 1888	사찰			
충남 청양군 장평면 적곡리 67 도림사지 내	국유			
경북 문경시 호계면 봉서리 62	국유			
충남 천안시 성남면 봉양리 353-2	개인			
전남 광양시 옥룡면 운평리 90-1 중흥사 대웅전	사찰			
서울 도봉구 도봉동 도봉산등산로 입구 버스주차장 우측 안쪽 100m지점	문중			
경남 창원시 북면 상천리 산183	국유			
전북 진안군 마이산 탑사 미륵단(탑사)	사찰			
충북 음성군 사정2리(부용산 옛절터)	국유			
전남 여수시 소라면 죽림리 117-4	여수시			범인검거
경북 군위군 소보면 평호리 139 법성사 내	군위군			

(문화재청 안전기준과 자료 제공)

〈표5〉 조선공예전람회 목록

회	목록 번호	불상명	수량	크기	비고
1	30	고구려철관세음보살입상	1	1척 7촌 5분	평양출토
	31	고구려도금불입상	1	4촌 9분	
	32	고구려도금입불	1	3촌	
	34	불상 등	2		고구려 출토
	35	석불	1	1척5분	고구려 출토
	36	신라동불입상	1	6촌	
	37	신라동불입상	1	2촌	
	38	신라도금불입상	1	3촌 8분	
	39	신라동불좌상	1	5촌	
	40	신라동불입상	1	7촌 2분	
	41	신라동불좌상	1	5촌 4분	
	42	신라도금불입상	1	7촌 4분	
	43	신라동불입상	1	4촌	
	44	신라동불입상	1	1척 3촌	중국작 ?
	45	삼국관음보살입상	1	6촌	
	46	삼국여의륜관음보살동상	1	7촌	
	63	고려금동좌불	1	3촌 8분	
	64	고려금동좌불	1	7촌 21분	
	65	고려도금좌불	1	1척 9촌 2분	
	181	이조목조채색인형(동자상)	1	2척 4촌 3분	
	464-472	고구려출토석상파편 등	9		목록
	512	신라입불	1		목록
	513	신라좌불	1		목록
2	546	고려청동좌불	1		목록
	547	불	1		목록
	548	좌불	1		목록
	549	금박압좌불	1		목록
	550	도금좌불	1		목록
	551	도금입불	1		목록
	571	목조관세음상	1		목록
	572	목조입불	1		목록
	888	이조좌불	1		목록
	22	신라도금입불	1	9촌	
	23	신라도금의상	1	1척 7촌 5분	
	106	신라동불입상	1	4촌	1회출품작
	107	신라도금불입상	1	3촌 8분	1회출품작

회	목록 번호	불상명	수량	크기	비고
	108	신라동불입상	1	2촌	1회출품작
	109	신라동불입상	1	6촌	1회출품작
	110	신라동불좌상	1	5촌 4분	1회출품작
	111	신라동불좌상	1	5촌	1회출품작
	112	신라동불입상	1	1척 3촌	1회출품작
	120	고려금동좌불	1	3촌 8푼	1회출품작
	121	고려도금좌불	1	1척 9촌 2푼	1회출품작
	124	여의륜관음보살동상	1	7촌	1회출품작
	125	목조입상	1	2척 4촌	
	250	이조목조금박관음입상	1	3척 3촌	
	251	이조목조채색인형	1	2척 3촌	1회출품작
	641	고려동좌불	1		목록
	642	고려도금좌불	1		목록
	643	고려금박압좌불	1		목록
	644	고려목조관세음상	1		목록
	648	이조도금입상	1		목록
	649	이조좌불	1		목록
	650	이조입상	1		목록
	651	이조도금좌상	1		목록
3	23	고려좌불	1	9촌 2푼	
	409	신라도금불	1		목록
	410	신라소불	1		목록
	411	신라청동좌불	1		목록
	412	신라동좌불	1		목록
	413	신라도금입불	1		목록
	414	신라입불	1		목록
	431	삼국청동입불	1		목록
	595	고려 도금좌불	1		목록
	596	고려 청동좌불	1		목록
	597	고려 금박압좌불	1		목록
	598	고려 동좌불	1		목록
	1063	이조입불	1		목록
	1075	금동입불	1		목록

회	목록 번호	불상명	수량	크기	비고
4	7	삼국류금관음입상	1	5촌 8푼	
	8	신라류금입불	1	3촌 5푼	
	9	신라류금입불	1	6촌 2푼	
	10	신라류금입불	1	8촌 8푼	
	11	신라류금좌불	1	2촌 6푼	
	12	신라동대입불	1	1척 3촌 5푼	
	209	목조비천인무악상 한쌍	2		
5	26	신라석조입불	1	2척 6촌	
	27	신라금동삼존입불	3	3촌 7푼 5촌 3촌 5푼	
	28	신라금동입불	1	9촌 4푼	
	29	신라청동입불	1	8촌 2푼	
	30	신라금동좌불	1	4촌 8푼	
	31	신라청동입불	1	8촌 5푼	
	33	신라반가사의상	1	5촌 9푼	
	34	고구려철조금착입불	1	9촌 5푼	주암리 출토
6	26	신라석조입불	1		목록, 원주 출토
	28	신라금동입불	1		목록
	29	신라청동입불	1		목록
	30	신라금동좌불	1		목록
	32	신라청동입불	1		목록
	33	신라반가사의상	1		목록
	34	고구려철조금착입불	1		목록, 주암리 출토
	327	고려동좌불	1		목록
	330	신라동대입불	1		목록
	335	고려도금좌불	1		목록
	336	고려청동좌불	1		목록
	337	신라도금불	1		목록
	1699	신라도금입불	1		목록
	1700	고려도금좌불	1		목록
	1710	고려철좌불	1		목록
	1712	신라입불	1		목록

회	목록 번호	불상명	수량	크기	비고
7	210	신라미륵보살상	1	2척 2촌 6푼	
	147	도금관세음보살입상	1	7촌	
	168	고려청동도금반가상	1	1척 7촌	2회출품작
	171	신라도급불대입상	1	9촌	2회출품작
	230	신라도금불입상	1	4촌 8푼	
	48	신라도금관음상	1		목록
	301	신라청동불입상	1		목록
	311	고구려철조금착입불	1		목록, 주암리출토
	335	고려도금칠성불	1		목록
	587	신라도금입불	1		목록
	588	신라금동좌불	1		목록
	589	신라소불	1		목록
	590	고려도금좌불	1		목록
	591	신라청동좌불	1		목록
	592	신라도금불	1		목록
	599	신라청동입불	1		목록
	600	고려금박압좌불	1		목록
	637	신라청동입불	1		목록
	638	고구려청동우상	1		목록
	673	백제 반가상	1		목록
	676	고려도금좌불	1		목록
	677	신라도금불	1		목록
	678	신라도금입불	1		목록
	679	신라도금소불	1		목록
	683	삼국좌불	1		목록
	684	신라도금불	1		목록
	685	신라도금입불	1		목록
	796	신라도금입불	1		목록

『문화재보호법』 개정안 (『문화재 관계 법령집』 2011. 04)

<제 92조>

① 국가지정문화재를 손상, 절취 또는 은닉하거나 그 밖의 방법으로 그 효용을 해한 자는 3년 이상의 유기징역에 처한다.

② 다음 각 호의 어느 하나에 해당하는 자는 2년 이상의 유기징역에 처한다.

1. 제 1항에 규정된 것 외의 지정문화재 또는 가지정문화재를 손상, 절취 또는 은닉하거나 그 밖의 방법으로 그 효용을 해한 자
2. 일반동산문화재인 것을 알고 일반동산문화재를 손상, 절취 또는 은닉하거나 그 밖의 방법으로 그 효용을 해한 자

③ 다음 각 호의 어느 하나에 해당하는 자는 2년 이상의 유기징역이나 2천만 원 이상 1억 5천만 원 이하의 벌금에 처한다.

2. 제 1항·제 2항 또는 제 1호를 위반한 행위를 알고 해당 문화재를 취득, 양도, 양수 또는 운반한 자
3. 제 2호에 따른 행위를 알선 한 자

④ 제 1항과 제 2항에 규정된 은닉 행위 이전에 타인에 의하여 행하여진 같은 항에 따른 손상, 절취, 은닉, 그 밖의 방법으로 그 지정문화재, 가지정문화재 또는 일반동산문화재의 효용을 해하는 행위가 처벌되지 아니한 경우에도 해당 은닉 행위자는 같은 항에 정한 형으로 처벌한다.(공소시효 배제)

<제 87조>

④ 다음 각 호의 어나 하나에 해당하는 문화재의 매매 등 거래행위에 관하여는「민법 제 249조」선의취득에 관한 규정을 적용하지 아니한다. 다만, 양수인이 경매나 문화재매매업자 등으로부터 선의로 이를 매수한 경우에는 피해자 또는 유실자(遺失者)는 양수인이 지급한 대가를 변상하고 반환을 청구할 수 있다.(선의취득 배제)

1. 문화재청장이나 시·도지사가 지정한 문화재
2. 도난물품 또는 유실물인 사실이 공고된 문화재(문화재청 홈페이지 게재)
3. 그 출처를 알 수 있는 중요한 부분이나 기록을 인위적으로 훼손된 문화재

주석

잃어버린 불상 이야기

1. 『조선일보』, 2001년 4월 25일.
2. 『조선일보』, 1967년 10월 25-26일, 2003년 5월 17일.
3. 이구열, 『한국문화재 수난사』(돌베개, 1996), 247-248쪽 ; 『경향신문』, 1963년 2월 5일.
4. 『조선일보』, 2004년 12월 28일.
5. 지금까지 도난문화재와 관련된 책으로는 『불교문화재 도난백서』(대한불교조계종 총무원, 1999) ; 『도난문화재 도록』 I(문화재청, 2004) ; 『도난문화재 도록』 II(문화재청, 2006) ; 『도난문화재 도록』 III(지정편) 1985-2010(문화재청, 2010) 등이 나와 있다.

1. 국보급 불상의 도난 및 미수 사건

1. 『동아일보』, 1967년 10월 24-25일 및 『조선일보』, 1967년 10월 25-26일.
2. 『조선일보』, 1967년 10월 27일, 11월 9-10일.
3. 연가7년명 불상을 발견한 사람에게는 포상금으로 40만원을 지급하였다(『조선일보』, 1967년 10월 25일).
4. 김영태, 「연가7년명 고구려 불상에 대하여」, 『삼국시대 불교신앙연구』(불광출판부, 1990), 263-268쪽 : 이 논문에서 처음으로 『천불경』에 나오는 賢劫一千佛 중 제 29번째 부처의 이름이 인현의불이라는 근거를 제시하였다.
5. 김리나, 「삼국시대 불상양식연구의 제문제」, 『한국 고대불교조각 비교연구』(문예출판사, 2003), 24-25쪽.
6. 황수영, 「신국보 고구려 연가7년명 금동여래입상」, 『미술자료』 8호(1963), 30-32쪽 ; 김원룡, 「연가칠년명 금동여래상 명문」, 『고고미술』 5-9(1964) 및 제 1-100호 합집 상권(1979), 567쪽 ; 윤무병, 「연가7년명 금동여래상의 명문에 대하여」, 『고고미술』 5-10(1964) 및 제 1-100호 합집 하권(1979), 1-2쪽.
7. 김영태, 앞의 논문, 263-268쪽 ; 이순자, 「고구려 불상의 미의식-연가7년명 금동불입상을 중심으로-」, 『강좌미술사』 12호(1999), 213-219쪽.
8. 『조선일보』, 2003년 5월 17일.
9. 『동아일보』, 2003년 5월 17일.
10. 『동아일보』, 2003년 5월 27일.
11. 『조선일보』, 2003년 5월 26일.
12. 『동아일보』, 2003년 5월 23일, 5월 26일.
13. 김영배, 「공주의당출토 금동보살입상」, 『백제문화』 7·8 합집(1975), 259-264쪽 ; 김리나, 「삼국시대 불상의 형식 분류와 양식 계보」, 『한국고대불교조각비교연구』(문예출판사, 2003), 46-48쪽.
14. 『동아일보』, 1950년 3월 7-8일 및 『조선일보』, 1950년 3월 8-9일 ; 이구열, 「광복 직후의 문화재 사건들」, 『문화사학』 27호(2007), 1103-1114쪽 ; 이구열,『한국문화재 수난사』(돌베개, 1996), 118-119쪽.
15. 『동아일보』, 1950년 3월 10일.
16. 『동아일보』, 1950년 3월 13일.
17. 『조선일보』, 1950년 3월 8-10일, 14일, 16일 및 『동아일보』, 1950년 3월 7- 8일, 16일, 24일, 4월 20일.
18. 『조선일보』, 1950년 3월 8일.
19. 송 원, 「내가 걸어온 고미술계 30년」, 『월간문화재』 통권 제 16호(1973. 3), 15쪽 ; 이구열, 앞의 책, 123-125쪽.
20. 정규홍, 『유랑의 문화재』(학연문화사, 2009), 265-268쪽.

21. 김리나, 앞의 논문, 43-45쪽.
22. 김리나, 「백제와 일본 고대 불교조각 비교」, 『한국 고대불교조각비교연구』(문예출판사, 2003), 177-178쪽.
23. 정규홍, 『위기의 문화재』(학연문화사, 2010), 419-427쪽.
24. 이분희, 「불교문화재 도난현황과 추이분석」, 『불교문화재 도난백서』(문화재청, 1999), 287쪽.
25. 『현대불교신문』, 2000년 4월 5일.
26. 『조선일보』, 1997년 12월 9일.
27. 최소림, 「흑석사 목조아미타불좌상 연구-15세기 불상양식의 이해-」, 『강좌미술사』 15호(2000), 77-100쪽.
28. 윤무병, 「수종사팔각오층석탑내 발견유물」, 『김재원박사회갑기념논총』(1969), 947-966쪽.
29. 『동아일보』, 1974년 10월 10일.
30. 『동아일보』, 1974년 10월 11일.
31. 『동아일보』, 1974년 11월 16일.
32. 이인암, 「목숨 걸고 지킨 선사의 유물」, 『신동아』(1970. 3) ; 정규홍, 『유랑의 문화재』, 406-407쪽 재인용.
33. 문현순, 「고려시대 말기 금동불감의 연구」, 『미술사학연구』 179호(1988. 9), 33-72쪽.

2. 보물급 불상의 도난 및 미수 사건

1. 『불교문화재 도난백서』, (대한불교조계종 총무원, 1999), 199쪽 ; 『도난문화재 도록』 III(지정편) 1985-2010(문화재청 2010), 19쪽.
2. 이숙희, 「통일신라시대 비로자나불상의 신라적 변용과 특성」, 『미술사학연구』 250·251호(2006), 60쪽(『통일신라시대 밀교계 불교조각 연구』, 학연문화사, 2009, 165-168쪽 재수록).
3. 『도솔산선운사지』(선운사, 2003), 279-280쪽 ; 『불교문화재 다시 읽기-되찾은 문화재 되살린 문화재』(대한불교조계종 불교중앙박물관, 2012. 10), 120-123쪽.
4. 『경향신문』, 1963년 2월 5일.
5. 『동아일보』, 1928년 8월 19일 및 『매일신보』, 1928년 9월 23일.
6. 『동아일보』, 1975년 6월 30일, 1976년 12월 3일 및 『조선일보』, 1976년 12월 4일.
7. 『동아일보』, 1976년 12월 3일, 12월 4일, 12월 7일 및 『조선일보』, 1976년 12월 8일.
8. 『조선일보』, 1981년 4월 5일 및 『동아일보』, 1981년 4월 6일.
9. 안병찬, 「통도사 소장 금은제아미타삼존불상의 복장물 조사」, 『불교미술사학』 제 3집 (통도사성보박물관 불교미술사학회, 2005), 257-265쪽.
10. 황수영, 「통도사 금동아미타삼존불상」, 『통도사 금동아미타삼존불상의 종합적 고찰』(통도사 성보박물관, 1991. 5), 1-20쪽 ; 송은석, 「통도사성보박물관 소장 금은제아미타삼존불좌상 연구」, 『불교미술사학』 제 3집(통도사성보박물관 불교미술사학회, 2005), 101-123쪽 ; 문현순, 「1450-1460년대 기년명 아미타삼존불에 대한 고찰」, 『불교미술사학』 제 3집(2005), 129-154쪽.
11. 장충식, 「통도사 금동아미타불 복장기에 대하여」, 『통도사 금동아미타삼존불상의 종합적 고찰』(1991. 5), 21-43쪽.
12. 『조선일보』, 1997년 3월 17일.
13. 『도난문화재 도록』 III(지정편) 1985-2010, 21쪽 ; 『불교문화재 도난백서』, 272-273쪽.
14. 허흥식, 「불복장의 배경과 조상경」, 『서지학보』 10호(1993.9), 45-64쪽.
15. 『조선일보』, 1999년 3월 22일 및 『동아일보』, 1999년 3월 22일.
16. 문명대, 「비로자나삼신불도상의 형식과 기림사 삼신불상 및 불화의 연구」, 『불교미술』 15호: 특집 기림사의 불교미술(1998), 78쪽.
17. 이분희, 「도갑사 목조문수 보현동자상에 대한 고찰」, 『영암 도갑사 목조문수 보현동자상』 (영산문화재연구소·도갑사, 2013. 6), 130-132쪽.
18. 『다라니집경』외 한글대장경 257(동국역경원, 1999), 20-21쪽.
19. 『불교신문』, 1997년 2월 25일.
20. 『삼국유사』 권 4 의해 제5 자장정율조.

21. 이숙희, 「통일신라시대 지권인 비로자나불상 연구의 쟁점과 문제」, 『미술사논단』 7호(1998. 하반기), 232-233쪽.

3. 시도지정문화재 불상의 도난 및 미수 사건

1. 『불교문화재 도난백서』(대한불교조계종 총무원, 1999), 196쪽.
2. 문명대, 「고려 후기 단아양식(신고전적 양식) 불상의 성립과 전개」, 『고문화』 제22집(1983. 5), 33-71쪽(『고려 조선 불교조각사 연구』 삼매와 평담미, 예경, 2003, 219-220쪽 재수록).
3. 강인구, 「서산 문수사 금동여래좌상복장유물」, 『미술자료』 18호(1975. 12), 1-18쪽.
4. 『동아일보』, 1989년 7월 14일 ; 『불교문화재 도난백서』, 194-195쪽 ; 『불교문화재 다시 읽기-되찾은 문화재 되살린 문화재』, (대한불교조계종 불교중앙박물관, 2012), 130-131쪽.
5. 홍사준, 「무량사오층석탑 해체와 조립」, 『고고미술』 117호(1973. 3), 2-8쪽.
6. 문명대, 「조선 전반기 조각사론」, 『삼매와 평담미』 한국의 불상조각 4(예경, 2003), 315-317쪽.
7. 박영숙, 「고려시대 지장도상에 보이는 몇가지 문제점」, 『고고미술』157호(1983. 3), 19쪽.
8. 진홍섭,「고려 후기의 금동불상에 나타나는 라마불상양식」, 『고고미술』 166·167호(1985. 9), 15-16쪽.
9. 문명대, 「조선전기 조각양식의 연구(1)」, 『이화사학연구』 13·14호(1983), 53쪽.
10. 『도난문화재 도록』 III(지정편) 1985-2010 (문화재청, 2010), 43쪽.
11. 『도난문화재 도록』 III(지정편), 89쪽.
12. 『도난문화재 도록』 III(지정편), 79쪽.
13. 이민형, 「17세기 후반의 조각승 단응의 불상연구」, 『미술사학연구』 278호(2013. 6), 170-172쪽.
14. 『연합뉴스』, 2014년 5월 29일.
15. (주) 마이아트 옥션 주관 불교미술품 특별경매 예정품과 한국미술박물관 소장 유물에 대한 도난문화재 확인 조사 결과 불상류 3점, 불화류 19점, 복장유물 16점, 조각류 2점, 지석류 336점 등 총 406점의 도난문화재가 확인되었다(문화재청 안전기준과 2014년 7월 11일 발표 보고문) ; 『다시 찾은 성보』 (대한불교조계종·경찰청·문화재청, 2014), 10쪽 사진 참조.
16. 『불교문화재 다시 읽기-되찾은 문화재 되살린 문화재』, 132-133쪽.
17. 최성은 「귀족적 미의식의 정착: 12세기말-13세기의 보살상」, 『고려시대 불교조각 연구』(일조각, 2013), 316쪽.
18. 『불교문화재 다시 읽기-되찾은 문화재 되살린 문화재』, 114-119쪽.
19. 『동아일보』, 1974년 10월 10일.
20. 『불교문화재 다시 읽기-되찾은 문화재 되살린 문화재』, 168-169쪽.

4. 비지정문화재 불상의 도난 및 미수 사건

1. 『도난문화재 도록』 II(문화재청, 2005) 비지정 도 72.
2. 『도난문화재 도록』 II, 비지정 도 36.
3. 『군위·대구지역 사찰 현지조사 결과보고』 (문화재청 안전기준과 사범단속반, 2014. 4. 29일자 발표.).
4. 문명대, 『대구 청계사 고려 석비로자나불입상의 고찰』, 『강좌미술사』 36호(2011.6), 569-577쪽.
5. 『도난문화재 도록』 II, 비지정 도 5.
6. 韓偉, 「法門寺唐代金剛界大曼荼羅成身會造像寶函考釋」, 『文物』(1992年 第8期), 41-54쪽 ; 吳立民·韓金科, 『法門寺地宮唐密曼荼羅之硏究』 (香港 : 中國佛敎文化出版有限公司, 1998), 134-267쪽.
7. 이숙희, 「비로사 비로자나불상과 아미타불상에 관한 연구」, 『시각문화의 전통과 해석』 (예경, 2007), 164-168쪽.
8. 『하남의 불교유적 정밀지표조사』 - 법화사지·약정사지·교산동사지-(하남역사박물관, 2007), 17쪽.

9. 최선주, 「고려초기 관촉사 석조보살입상에 대한 연구」, 『미술사연구』 14호(2000. 12), 28-31쪽.
10. 『관촉사유적기』(죽암문인협회, 1949), 11-12쪽.
11. 『불교문화재 도난백서』(대한불교조계종 총무원, 1999), 209쪽.
12. 최선일, 「조각승 색난의 활동과 불상양식」, 『17세기 조각승과 불상연구』(한국연구원, 2009), 132-133쪽.
13. 『불교문화재 도난백서』, 203쪽.
14. 『한국의 사찰문화재』전라남도 III (문화재청·문화유산발굴조사단, 2006), 18-19쪽.
15. 최선일, 「조선후기 전라도 조각승 색난과 그 계보」, 『미술사연구』 14호(2002. 12), 48-49쪽 ; 『성보』(불갑사성보박물관, 2011), 42-47쪽.
16. 최성은, 「우리나라의 나한조각」, 『나한』 (국립춘천박물관, 2003), 192쪽.
17. 김정희, 「고성 옥천사 명부전 도상의 연구」, 『정신문화연구』 22(1987), 255-278쪽.
18. 문화재청 안전기준과, 2014년 8월 11일 발표 보고문.
19. 『불교문화재 도난백서』, 229-230쪽.
20. 『동아일보』, 1985년 1월 4일.
21. 『불교문화재도난백서』, 186쪽.
22. 권강미, 「통일신라시대 사자상의 수용과 전개」, 『신라의 사자』(국립경주박물관, 2006), 216쪽.
23. 『도난문화재 도록』 II, 시도지정 도 3.
24. 전나나, 「조선왕릉 석인상 연구」, 『동악미술사학』 제 12호(2011.6), 65-102쪽.
25. 김은선, 「조선 전기 경기 묘제 석조미술의 이해」, 『경기 묘제 석조미술』 상(경기도 박물관, 2007), 232-253쪽.
26. 『불교문화재 도난백서』, 192쪽.
27. 김두하, 『장승과 벅수』 (대원사, 1993), 48-60쪽.

5. 기사를 통해 알려진 불상 도난 사건과 뒷이야기

1. 『황성신문』, 1910년 2월 8일.
2. 『황성신문』, 1910년 5월 12일.
3. 『매일신보』, 1916년 1월 5일.
4. 『매일신보』, 1916년 6월 20일 : 심원사는 중부 내륙의 명산인 보개산에 위치하고 있으며 석대암, 남암, 지장암, 성주암 등 여러 암자를 거느렸던 지장도량의 본산이다. 『유점사 본말사지』에 따르면 심원사는 647년(신라 진덕여왕 원년) 영원조사에 의해 최초로 창건되었다고 전한다. 한말 의병활동의 본거지로서 건물이 전소되어 재건되었으나 6·25 한국전쟁으로 다시 전소되었다. 2003년 발굴조사를 거쳐 현재 극락보전이 복원되었다.
5. 『매일신보』, 1916년 4월 13일 ; 『유점사본말사지』에 의하면 유점사 53불은 1905년까지는 온전하게 내려오다가 17구를 도난당하였으며 그중 9구는 개성에서 찾았다고 한다. 그러나 유점사는 6·25 한국전쟁 때 완전 불타 없어졌기 때문에 불상의 소재지를 파악할 수 없고 다만 사진만 전해지고 있다. 한국 고대 불교조각 연구에 귀중한 자료로서 불상의 일부는 일제강점기때 보물로 지정까지 받았으나 지금은 불상의 소식을 알길이 없다.
6. 『매일신보』, 1917년 6월 27일.
7. 『매일신보』, 1917년 12월 8일.
8. 『동아일보』, 1923년 11월 13일.
9. 『매일신보』, 1925년 3월 22일.
10. 『매일신보』, 1926년 1월 19일.
11. 『동아일보』, 1927년 5월 17일.
12. 『매일신보』, 1927년 10월 6일.
13. 『동아일보』, 1928년 1월 30일.
14. 『동아일보』, 1928년 7월 21일.
15. 『동아일보』, 1928년 8월 10일 및 『중외일보』, 1928년 8월 10일.
16. 『매일신보』, 1928년 8월 26일.
17. 『매일신보』, 1928년 11월 11일.
18. 『조선일보』, 1929년 4월 10일.
19. 『매일신보』, 1929년 5월 2일.
20. 『동아일보』, 1930년 10월 4일.
21. 『동아일보』, 1931년 3월 26일.
22. 『동아일보』, 1931년 5월 17일.
23. 『동아일보』, 1931년 5월 22일.
24. 『동아일보』, 1931년 6월 11일.
25. 『매일신보』, 1931년 6월 16일.

26. 『매일신보』, 1931년 7월 25일.
27. 『매일신보』, 1931년 10월 27일.
28. 『동아일보』, 1932년 1월 8일.
29. 『동아일보』, 1932년 4월 11일.
30. 『동아일보』, 1932년 6월 8일 및 『매일신보』, 1932년 6월 8일.
31. 『매일신보』, 1932년 6월 9일.
32. 『동아일보』, 1932년 6월 18일.
33. 『동아일보』, 1932년 6월 23일.
34. 『동아일보』, 1932년 7월 3일.
35. 『동아일보』, 1932년 7월 15일.
36. 『매일신보』, 1932년 10월 3일.
37. 『매일신보』, 1932년 10월 21일.
38. 『동아일보』, 1933년 1월 9일.
39. 『동아일보』, 1933년 1월 12일.
40. 『매일신보』, 1933년 2월 7일.
41. 『매일신보』, 1933년 4월 9일.
42. 『매일신보』, 1933년 8월 13일.
43. 『동아일보』, 1933년 8월 17일.
44. 『동아일보』, 1933년 8월 20일 및 『조선중앙일보』, 1933년 8월 23일.
45. 『동아일보』, 1933년 9월 12일 및 『조선중앙일보』, 1933년 9월 12일.
46. 『매일신보』, 1933년 10월 31일.
47. 『동아일보』, 1933년 12월 1일.
48. 『동아일보』, 1934년 6월 29일.
49. 『동아일보』, 1934년 11월 3일.
50. 『동아일보』, 1935년 4월 16일 및 『매일신보』, 1935년 4월 16일.
51. 『조선중앙일보』, 1935년 6월 23일.
52. 『동아일보』, 1936년 6월 25일.
53. 『매일신보』, 1936년 12월 2일.
54. 『조선일보』, 1959년 11월 21일.
55. 『동아일보』, 1962년 5월 11일.
56. 『조선일보』, 1967년 7월 25일 ; 석굴암 본존불 이마에 있었던 백호는 1917년 9월 일제강점기 때 이미 도난당하였던 것을 1966년 8월에 수정으로 보수했던 것이다(정규홍, 『석조문화재 그 수난의 역사』, 학연문화사, 2007. 4, 50-53쪽).
57. 『동아일보』, 1972년 3월 13일.
58. 『조선일보』, 1974년 10월 12일.
59. 『동아일보』, 1976년 6월 17일.
60. 『동아일보』, 1977년 3월 24일.
61. 『동아일보』, 1982년 12월 14일.
62. 『황성신문』, 1910년 7월 3일.
63. 『동아일보』, 1927년 6월 28일.
64. 『매일신보』, 1932년 4월 23일.
65. 『중앙일보』, 1932년 4월 25일, 4월 28일.
66. 『동아일보』, 1932년 4월 26일.
67. 『동아일보』, 1932년 5월 3일.
68. 『매일신보』, 1932년 5월 5일.
69. 『매일신보』, 1932년 5월 20일.
70. 『조선중앙일보』, 1933년 8월 28일.
71. 『매일신보』, 1934년 12월 6일.
72. 『동아일보』, 1939년 6월 23일.
73. 『동아일보』, 1939년 9월 20일.
74. 『동아일보』, 1939년 9월 23일. 실제 불상 도난사건으로 인한 구형의 예이다.
一. 구형 언도 징역 1년 6개월 징역 1개년, 벌금 2백원 벌금 2백원 上田 朴
二. 同 同 栢村 恒雄
三. 징역 2개년 징역 2개년 光吉 薰
四. 同 同 金吉洙 五. 同 同 李三九.
75. 『동아일보』, 1939년 9월 3일.
76. 『동아일보』, 1956년 9월 1일.
77. 『조선일보』, 1991년 3월 1일.
78. 『동아일보』, 1999년 8월 18일.
79. 『동아일보』, 2001년 3월 13일.
80. 『동아일보』, 2001년 8월 4일.
81. 『조선일보』, 2005년 4월 1일.
82. 『조선일보』, 2006년 5월 22일.
83. 『황성신문』, 1910년 4월 24일.
84. 『매일신보』, 1917년 1월 21일.
85. 『동아일보』, 1923년 5월 29일.
86. 『조선일보』, 1923년 10월 11일.
87. 『중외일보』, 1929년 6월 7일.
88. 『매일신보』, 1930년 3월 14일 및 『중외일보』, 1930년 3월 21일.
89. 『매일신보』, 1930년 4월 17일.
90. 『매일신보』, 1930년 8월 16일.
91. 『조선중앙일보』, 1935년 5월 19일.

92. 『동아일보』, 1960년 11월 3일.

93. 『동아일보』, 1962년 2월 28일.

94. 『조선일보』, 1970년 9월 30일.

95. 『조선일보』, 1973년 6월 23일 및 『동아일보』, 1973년 6월 23일.

96. 『조선일보』, 1974년 10월 12일.

97. 『세계일보』, 1990년 1월 19일.

98. 『중앙일보』, 1999년 4월 25일.

99. 『동아일보』, 2006년 9월 7일.

100. 『동아일보』, 1929년 12월 6일 및 『매일신보』, 1929년 12월 5일.

101. 『동아일보』, 1930년 10월 28일 및 『매일신보』, 1930년 10월 28일.

102. 『조선중앙일보』, 1934년 3월 15일.

103. 『조선중앙일보』, 1935년 6월 3일.

104. 『동아일보』, 1956년 4월 26일.

105. 『동아일보』, 1967년 5월 5일.

106. 『동아일보』, 1978년 11월 8일.

107. 『동아일보』, 2003년 5월 24일.

108. 『매일신보』, 1914년 5월 9일.

109. 『매일신보』, 1917년 1월 21일.

110. 『매일신보』, 1927년 2월 19일.

111. 『매일신보』, 1930년 5월 25일.

112. 『매일신보』, 1930년 9월 7일.

113. 『동아일보』, 1932년 2월 7일.

114. 『동아일보』, 2000년 2월 12일.

115. 『동아일보』, 2008년 3월 18일.

116. 『동아일보』, 1931년 11월 16일, 12월 19일 및 『매일신보』, 1931년 11월 15일, 12월 18일 및 『중앙일보』, 1931년 12월 21일.

117. 『동아일보』, 1932년 4월 9일.

118. 『매일신보』, 1932년 4월 17일, 4월 24일 및 『동아일보』, 1932년 1월 17일, 1월 19일, 4월 19일.

119. 『동아일보』, 1932년 4월 26일.

120. 『동아일보』, 1935년 6월 10일 및 『조선중앙일보』, 1935년 6월 12일.

121. 『동아일보』, 1966년 9월 20일.

122. 『동아일보』, 1966년 9월 24일.

123. 『중앙일보』, 1966년 9월 20일 및 『한국일보』, 1966년 9월 20일.

124. 『조선일보』, 1966년 9월 20일, 9월 21일.

125. 『조선일보』, 1979년 3월 22일.

126. 『조선일보』, 2001년 4월 25일 및 『동아일보』, 2001년 4월 25일 ; 『한국의 사찰문화재』 경상남도 I(불교문화재연구소, 2009), 251쪽.

127. 『조선일보』, 1925년 1월 16일.

128. 『매일신보』, 1928년 11월 1일.

129. 『매일신보』, 1938년 8월 23일 및 『동아일보』 1938년 8월 23일.

130. 『동아일보』, 1940년 1월 6일.

131. 『매일신보』, 1942년 11월 12일.

132. 김재원, 「숙수사지 출토 불상에 대하여」, 『진단학보』 19집(1958.5), 7-24쪽.

133. 『동아일보』, 1968년 3월 5일.

134. 『동아일보』, 1971년 11월 8일 및 『조선일보』, 1971년 11월 9일.

135. 『동아일보』, 1974년 7월 17일.

136. 『동아일보』, 1974년 8월 29일 및 『조선일보』, 1974년 8월 30일.

137. 『조선일보』, 1992년 11월 30일 및 『동아일보』, 1992년 11월 30일.

138. 『경향신문』, 1993년 2월 4일.

139. 『조선일보』, 1993년 9월 25일 및 『동아일보』, 1993년 9월 25일.

140. 『조선일보』, 1994년 6월 13일 및 『동아일보』, 1994년 6월 13일.

141. 『조선일보』, 2004년 12월 28일

142. 『동아일보』, 1955년 2월 25일.

143. 『동아일보』, 1973년 8월 25일.

144. 『조선일보』, 1974년 9월 28일.

145. 『조선일보』, 1982년 10월 26일.

146. 『조선일보』, 1995년 5월 10일 및 『동아일보』, 1995년 5월 10일.

147. 『현대불교신문』, 2000년 4월 5일.

148. 『매일신보』, 1917년 7월 13일.

149. 『매일신보』, 1917년 7월 15일.

150. 『동아일보』, 1926년 4월 25일.

151. 『동아일보』, 1938년 8월 2일, 8월 10일.

152. 『조선일보』, 1968년 1월 13일 및 『동아일보』, 1968년 1월 13일.

153. 『조선일보』, 1969년 3월 21일.

154. 『동아일보』, 1974년 4월 8일 및 『조선일보』, 1974년 4월 12일.

155. 『조선일보』, 1974년 7월 5일 및 『동아일보』, 1974년 7월 5일.

156. 『조선일보』, 1974년 7월 7일.

157. 『동아일보』, 1974년 7월 30일 및 『조선일보』, 1974년 7월 31일.

158. 『동아일보』, 1974년 7월 31일.

159. 『조선일보』, 1974년 11월 30일.

160. 『동아일보』, 1976년 3월 29일.

161. 『조선일보』, 1976년 12월 21일.

162. 『동아일보』, 1979년 3월 21일.

163. 『동아일보』, 1983년 12월 27일.

164. 『서울신문』, 1991년 3월 17일 및 『한겨레신문』, 1991년 3월 17일.

165. 『한겨레신문』, 1997년 4월 23일.

166. 『동아일보』, 1998년 7월 28일 및 『경향신문』, 1998년 7월 28일.

167. 『조선일보』, 2001년 5월 30일.

168. 『동아일보』, 2001년 5월 30일.

169. 『동아일보』, 2001년 6월 28일.

170. 『동아일보』 2003년 10월 25일 및 『조선일보』, 2003년 10월 25일.

171. 『조선중앙일보』, 1934년 2월 6일.

172. 『동아일보』, 1934년 6월 2일.

173. 『조선일보』, 1978년 7월 9일.

174. 『조선일보』, 1979년 3월 22일.

175. 『조선일보』, 1983년 12월 28일.

176. 『서울신문』, 1990년 12월 4일.

177. 『동아일보』, 1994년 6월 18일.

178. 『한국일보』, 1994년 7월 27일.

179. 『한겨레신문』, 1995년 3월 13일.

180. 『한겨레신문』, 1996년 5월 28일.

181. 『조선일보』, 2005년 5월 4일.

182. 『동아일보』, 2006년 9월 7일.

183. 『동아일보』, 1923년 12월 23일.

184. 『매일신보』, 1931년 5월 2일.

185. 『매일신보』, 1939년 8월 8일.

186. 『동아일보』, 1959년 6월 11일.

187. 『동아일보』, 1959년 6월 21일.

188. 『동아일보』, 1991년 10월 9일.

189. 『경향신문』, 1996년 4월 30일.

190. 『문화일보』, 1998년 6월 9일.

6. 불교문화재 도난 현황과 불법 거래

1. 도난된 문화재 중 회수되는 경우는 그다지 많지 않다. 세계적으로 도난문화재가 회수되는 경우는 평균 10-20% 정도로 통계상 우리나라 도난문화재 회수율과 거의 비슷하다. (한상우, 「경남지역의 문화재 도난실태와 대응방안」, 『경남발전』 87호, 2007. 7, 76-91쪽 ; 『문화재 도난 보호대책의 문제점과 개선방안』 문화재청 동산문화재과, 2006. 3).

2. 일제강점기 때 수난당한 우리나라 문화재에 대해서는 다음과 같은 책과 논문을 참고하기 바람. 이구열, 『한국문화재수난사』(돌베개, 1996) ; 이구열, 「일제의 한국문화재 파괴와 약탈」, 『한국독립운동사연구』 11집(1997), 379-392쪽 ; 정규홍, 『우리 문화재 수난사』-일제기 문화재 약탈과 유린-(학연문화사, 2005. 6) ; 정규홍, 『석조문화재 그 수난의 역사』(학연문화사, 2007. 4) ; 정규홍, 『유랑의 문화재』(학연문화사, 2009. 1) ; 정규홍, 『위기의 문화재』(학연문화사, 2010. 4).

3. 『동아일보』, 2002년 1월 30일.

4. 일본으로 유출된 불교문화재를 총망라하여 정리한 책이 발간되었다. 『해외유출 불교문화재』(일본편)(대한불교조계종 총무원, 2007. 12).

5. 정규홍, 『우리 문화재 반출사』(학연문화사, 2012), 432-458쪽.

6. 『조선공예전람회도록』 1-7, 1934 / 11, 1941. 10(경인문화사, 1992. 6 영인본) 참조.

7. 정규홍, 『유랑의 문화재』, 262-290쪽.

8. 송원, 「내가 걸어온 고미술계 30년」 『월간문화재』 통권 제16호(1973. 3), 15-17쪽.

9. 『대구일보』 1957년 9월 12일 ; 송 원, 「대구 시립박물관 소장 중요문화재 다량도난사건의 전모」, 『월간문화재』 통권 17호(1973. 4), 12-31쪽.

10. 『조선일보』, 1961년 5월 20일.

11. 『조선일보』, 2009년 3월 19일 ; 김경임, 『클레오파트라의 바늘』 세계문화유산약탈사(홍익출판사, 2009), 386-387쪽.

12. 김경임, 위의 책, 395-396쪽.

13. 『경향신문』, 2001년 11월 7일.

14. 『불교문화재 도난백서』(대한불교조계종 총무원, 1999) : 이분희, 「불교문화재 보존실태 및 대책과 방안」, 『되찾은 문화재 되살린 문화재』(불교중앙박물관, 2012), 226쪽.

15. 이분희, 「불교문화재 도난현황과 추이 분석」, 『불교문화재 도난백서』(대한불교조계종 총무원, 1999), 279-288쪽.

16. 이 설, 「문화재청도 자문하는 도굴꾼의 세계」, 『신동아』 50권 9호 통권 576호(동아일보사, 2007. 9), 274-281쪽.

17. 『동아일보』, 2013년 3월 29일 : 해외문화재 실태조사는 문화재관리국 한국문화재연구소에서 1986년과 1993년에 현지 조사한 『해외소재 한국문화재목록』이란 책자가 있다(이분희, 「해외유출 불교문화재 현황과 환수방안」, 『성보』제 9호, 대한불교조계종 성보보존위원회, 2007. 12, 70-86쪽).

18. 『문화재청 보도자료』, 문화재청 안전기준과(2013년 6월 13일자) ; 『경향신문』, 2013년 6월 14일.

19. 『머니투데이』, 2012년 4월 26일.

20. 이동기, 「문화재 환수협약의 성립경위와 현황」, 『법학논총』 제22권 제 1호(2009.8), 140쪽.

21. 高升, 「國際法視野下中國追索非法流失文物的策略研究」, 『湖南科技大學學報』 11권 6기(사회과학판, 2008), 49쪽.

22. 『서울신문』, 1994년 6월 6일.

23. He Shuzhong, "Illicit Excavation in Contemporary China", in Trade in Illicit Antiquities : The Destruction of Words Archaeological Heritage, 2001, 20-22쪽 ; 이동기, 앞의 논문, 142쪽 재인용.

24. 한상우, 「한국의 문화재 수출금지 정책에 관한 비판적 고찰」, 『정신문화연구』 제 28권 제2호(2005 여름호), 125쪽.

25. Wang Li Mei, Cultural Property Forum : The Export Polices of China, Korea, Japan, Japan Society, New York, April 9, 2003 ; 이동기, 앞의 논문, 141쪽 재인용.

26. 이화순, 『인터넷 미술품 경매현황 및 발전방안에 관한 연구』(중앙대학교대학원 석사학위논문, 2001), 36-64쪽.

27. 박병래, 『백자에의 향수』(심설당, 1980), 76-77쪽.

28. 김상엽, 「일제강점기의 고미술품 유통과 경매」, 『근대미술연구』(2006), 168쪽.

29. 정규홍, 『유랑의 문화재』, 381쪽.

30. 이광표, 『명품의 탄생』(산처럼, 2009), 297쪽.

31. John Larrabee, Price is placed on the Priceless, USA TODAY, March 17, 1995 ; 이동기, 앞의 논문, 113쪽 재인용.

32. The 1970 UNESCO Convention on the Means of Prohibiting and Preventing the Illicit Import, Export and Transfer of Ownership of Cultural Property, Nov. 14, 1970, 823 U.N.T.S. 231, 10 I.L.M. 289, 1971[이후 1970 UNESCO 협정] ; 홍성필, 「문화재의 불법유통에 관한 국제적 규제」, 『국제법학회논총』 제 45권 제 1호(통권 제87호)(2000), 240쪽 재인용.

33. ICOM, ICOM Code of Professional Ethics, Paris : International Council of Museums, 1986 ; 한상우, 앞의 논문, 118쪽 재인용.

34. 『서울신문』, 1995년 8월 13일.

35. 송호영, 「문화재반환사건에 있어서 민법 및 국제사법상 몇가지 쟁점」 - 1995년 Unidroit 문화재 환수협약의 관련규정을 고려하여-, 『국제사법연구』15호(2009.12), 300-303쪽.

36. 홍성필, 앞의 논문, 239-248쪽.

37. 『문화재반출관련 감정기준 개선연구용역 결과보고서』(문화재청, 2007), 14-15쪽 ; 何戊中, 「중국의 문화재 보호와 관리」, 『아시아문화』 제13호(1997), 309-313쪽 ; 이동기, 「중국의 문화재 보호 관련 법률 체계 연구」, 『법학논총』제 23권 제2호(2011), 181-183쪽.

38. 『문화재관계법령집』(문화재청, 2011. 4), 78-79쪽 및 101-102쪽.

39. 송호영, 앞의 논문, 299쪽.

40. 인터폴은 전세계 179개 국가로 구성된 정부간의 기구로 그의 운영기구로는 총회와 집행이사회가 있으며 40여개 국가에서 모인 100여명의 경찰이 프랑스 리옹에 위치한 사무국에서 일하고 있다. 그 목적은 각국의 법률과 세계 인권선언의 정신을 존중하면서 전세계 사법기관간의 상호협조를 최대화하고 범죄의 예방과 해결에 효과적으로 기여할 수 있는 기구를 창설 및 개발시키는 것이다(조부근, 「문화재의 국제적 불법거래에 관한 고찰」, 『월간문화재』 37호(2004), 396쪽).

7. 북한 문화재의 중국 밀반출과 위작

1. 백승구, 「북한 문화재 도굴 실태」, 『월간조선』 통권 396호(2013. 3), 194-201쪽.
2. 안보국 홍보실, 「외화벌이로 팔려나간 북한의 유물」, 『향군』 통권 237호(1993), 34-35쪽.
3. 이성수, 「북한의 문화재 현황과 실태」, 『국토』 289호(2005. 11), 127-128쪽.
4. 『세계일보』, 1992년 12월 2일.
5. 『해외의 문화재 반출·입, 유통, 감정제도 실태조사보고서』-일본, 중국-(문화재청, 2006. 6), 71-82쪽.
6. 『조선일보』, 2012년 10월 4일.
7. 『서울신문』, 1996년 9월 7일, 9월 8일 및 『조선일보』, 1996년 9월 7일 및 『중앙일보』, 1996년 9월 7일.
8. 『한겨레신문』, 1997년 8월 1일 ; 『해외의 문화재 반출·입, 유통, 감정제도 실태조사보고서』, 71-82쪽.
9. 『동아일보』, 2005년 7월 15일.
10. 『조선일보』, 2005년 5월 4일.

부록

1. 『조선일보』, 1990년 4월 7일 및 『중앙일보』, 1990년 4월 7일.
2. 『한국일보』, 2013년 2월 28일.
3. 『동아일보』, 2003년 1월 30일.
4. 『동아일보』, 2003년 1월 30일.
5. 『서울신문』, 2013년 6월 29일.
6. 『한국일보』, 2013년 2월 15일, 2월 17일, 10월 9일 및 『동아일보』, 2013년 5월 13일, 10월 9일.
7. 菊竹淳一, 「對馬·壹岐の朝鮮系彫刻」, 『佛敎藝術』 95호(每日新聞社, 1974), 16-38쪽 ; 菊竹淳一, 「朝鮮の佛像」, 『對馬の美術』(西日本文化協會, 1978), 211-258쪽.
8. 문명대, 「서산 부석사 금동관음보살좌상의 의의와 왜구에 의한 대마도로의 유출」, 『서산문화춘추』 제 8집(2013. 2), 1-8쪽 ; 최성은, 『고려시대 불교조각연구』(일조각, 2013), 362-365쪽 ; 정은우, 「서일본지역의 고려불상과 부석사 금동관음보살좌상」, 『동악미술사학』 제 14호(2013. 5), 73-89쪽.